현대인의 인문학

현대인의 인문학

염철현

CONTEMPORARY HUMANITIES

KU PRESS
고려대학교출판문화원

머리말

인문학이란 무엇일까? 서강대학교 최진석 명예교수의 인문학에 대한 정의는 깊은 공명을 일으킨다. "인문은 인간의 무늬이며 결이고 동선이다. 과거는 인간의 동선 뒤쪽이고 미래는 앞쪽 방향이다. 인문학은 인간이 그리는 무늬를 탐구하는 학문이다. 인문학을 배우는 목적이란 인간이 그린 인문(人文)의 정체를 알기 위해서다." 대가의 간결하고 쉬운 정의가 아닐 수 없다. 비로소 인문의 창(窓)을 통해 시원한 바람이 들어온다. 인문학 하면 떠오르는 학문은 문학·역사·철학이다. 인문학이란 인간이 걸어온 흔적과 동선을 좇아 그 정체를 탐구하는 학문임에도 그 범위와 대상이 얼마나 협의적·파편적이었는가를 단번에 알 수 있다. 누굴 탓할 수 있겠는가? 우리 교육이 지향해 온 철학과 방향성의 문제였다고밖에 할 수 없을 것이다. 우리 스스로가 인문학이 고고한 상아탑 속에 존재하는 것인 양 스스로 만든 울타리에 갇혀 인문학의 본질을 축소시켰지 않았나 하는 생각을 지울 수 없다.

인문학의 본질을 알면 누구든지 인문학의 대상이 될 수 있고 인문학을 탐구하는 주체가 될 수 있다. 인문학의 대상은 작은 단위의 개인부터 집단, 지역사회, 국가, 세계, 우주 등으로 확장된다. 작은 세계들이 모여 세상의 모든 것과 연관을 맺게 된다. 빗방울이 냇물이 되고 강을 이루는 이치와 맞닿는다. 인문학의 주제는 이들 대상이 남긴 온갖 유형의 흔적과 동선이다. 인문학의 대상과 주체와 주제를 따라가면 과거 사람들은 어떻게 살았으며, 문제 해결을 위해 어떻게 행동했고, 그 행동이 초래한 결과는 어떠했는가를 알 수 있다.

인간의 동선을 따라가면 인문학적 상상력과 통찰력의 길목과 마주하게 되고, 그 길목은 역사의 안목과 삶에 필요한 지혜의 교차점으로 이어진다. 스티브 잡스는 인문학의 소양과 인문정신으로 무장한 기업가이다. 그는 IT 기술이 인문학과 기술의 교차점에서 나온다는 사실을 알아차렸다. “소크라테스와 이야기를 나눌 수 있다면 나의 기술을 주어도 좋다”라는 이야기는 빈말로 들리지 않는다. 이 말이 곧 애플의 현재를 말해주고 미래를 예견하는 잣대다. 과학과 기술이 진보할수록 인문학적 성찰이 필요한 이유이기도 하다. 인문학적 상상력과 창의력이야말로 인류가 고도의 문명을 꽃피울 수 있는 원동력이라고 생각한다.

이 책은 호모 사피엔스가 그린 다양한 분야와 주제를 인문 정신으로 탐구하고 성찰한 결과물이다. 현재의 위치에서 독자들은 타임머신 '인문호'를 타고 과거와 미래를 여행하게 될 것이다. 가상현실도 증강현실도 아니다. 여행의 행선지는 '팩트'를 통해 짜였다. 여러 갈래의 행선지가 있지만 꼭 보아야 할 목록도 있을 것이다. 시간을 더 많이 할애하여 눈여겨볼 행선지는 어디이고 주마간산 격으로 눈길만 주고 지나갈 행선지를 결정하는 것은 독자의 몫이다. 행선지로는 전염병, 궁궐, 전쟁, 표류, 역사, 정치, 지도자, 리더십, 우정, 권위, 권력, 자유, 정의, 다양성, 혁신, 인간의 본질, 종교, 학습, 인권, 신뢰, 통합, 포용, 사상, 희망 등 인간이 그린 무늬와 동선이 낳은 결과물들이 망라되어 있다. 무려 75곳의 인간의 동선과 만날 수 있다.

저자는 KBS 휴먼다큐멘터리 〈인간극장〉의 소재와 스토리야말로 인문학의 철학과 정신을 구현하고 있다고 생각한다. 평범한 사람들의 실제 삶과 현장을 밀착 취재하는 방식으로 전개되는 이 프로그램이 20년 넘게 장수 프로그램으로 사랑받는 이유일 것이다. 프로그램의 기획 의도에서 밝힌 것처럼, 타인의 삶에 대한 공감의 폭을 넓히고, 자신의 삶을 성찰할 수 있는 계기를 제공하기 때문이다. 인간의 동선과 흔적을 따라 그들의 삶을 진솔하게 보여준다. 희로애락의 인간 냄새를 물씬 풍긴다. 이 프로그램은 쫓기듯이 앞만 보며 바쁘게 살고 있는 현대인들에게 사는 게 무엇인지? 왜 살아야 하는지? 성공이란 무엇인가? 어떻게 살아야 하는가? 등 평범하지만 진지한 화두를 던진다. 삶과 인문학을 접목시킨 멋진 프로그램이다.

저자는 인문학이 근본적으로 추구하는 인간의 본질을 탐구할 목적으로 틈틈이 글을 써왔다. 어떤 인문학의 주제를 파고들 것이냐 하는 것은 연구자마다 다를 수 있다. 저자는 주로 인간과 인간, 인간과 자연의 관계에서 나타나는 인간성의 본질이라든지 인간의 동선에서 비롯된 역사적 교훈에 대해 들여다보았다. 인문학 주제에 대해 저자만의 방식으로 성찰한 결과물이 책으로 나오게 되었다. 땀의 결실을 확인할 수 있는 것은 행운이고 보람이다. 아낌없이 도움을 주고 동기부여를 해준 고려사이버대학교와 관계자에게 감사의 말을 전한다.

이 책은 75개의 주제를 다섯 개의 대주제, 즉 기원, 위기, 사유, 리더십, 전환으로 범주화하고 이 대주제에 각각의 하위 주제를 포함시켰다. 인간의 문명사적 전개 과정을 관찰하면 시작이 있으면 위기가 발생하기 마련이고 그 위기를 어떻게 극복할 것인가에 대해 사유하며 지도자와 구성원이 리더십을 발휘하여 문제를 해결하면서 인류 문화의 전환을 이루어왔다는 생각에서다. 구체적으로 의미를 부여하면 1부 '기원'(시공을 초월한 지혜와 영감), 2부 '위기'(원인과 극복을 위한 인류의 노력), 3부 '사유'(깊고 넓게 두루 생각해 보기), 4부 '리더십'(리드하는 삶을 사는 법), 5부 '전환'(역사의 흐름을 바꾼 인물과 사건)이다. 물론 주제가 많고 동선이 길어지면서 대주제와 하위 주제 간의 연관성이 떨어질 수 있고 하위 주제 간에도 내용과 성격이 경계선상에 있을 수 있을 것이다. 이 점에 대해서는 독자들에게 양해를 구한다. 그리고 한 가지 더 이야기하면, 세 잎 클로버의 꽃말은 '행복'을 의미한다. 독자들이 주제를 읽으면서 행복에 필요한 지혜를 찾길 바라는 마음에서 각 주제 말미에 '행복'을 의미하는 세 잎 클로버를 표시하고, 그 아래에 추가로 살펴볼 만한 자료를 넣었다.

고려대학교출판문화원과 인연을 맺게 된 것에 개인적으로 특별한 의미를 부여하고 싶다. 저자가 고려대와 인연을 맺은 것은 20대 이후 오늘에 이르기까지 살아온 시간의 3분의 2에 해당한다. 마음의 고향, 고려대학교의 고려대학교출판문화원에서 이 책을 발간하게 된 것은 큰 영광이 아닐 수 없다. 김상용 원장님과 관계자 여러분께 깊은 감사의 인사를 드린다. 이 책을 통해 독자들이 인문학은 우리들의 삶 자체이며 인간의 모든 생각과 행동은 인문학의 씨앗이라는 생각을 하는 데 도움이 되면 좋겠다. 씨앗을 발아시키고 열매를 맺게 하는 것은 각자의 몫이다. 인문학의 문턱을 낮추는 기회가 되기 바란다. 마지막으로 이 책은 선배들이 그려놓은 무늬와 동선이 없었다면 세상에 나오지 못했을 것이다. 인문학 선배와 스승들에게 감사를 전한다.

2021년 6월
북촌 화정관에서
염철현 드림

차례

3부 | 사유—깊고 넓게 두루 생각해 보기

4부 | 리더십—리드하는 삶을 사는 법

1부

기원

시공을 초월한 지혜와 영감

〈세한도(歲寒圖)〉

스승이 제자에게 그려준 정표

2020년 8월 19일 추사 김정희(1786-1856)의 작품 〈세한도〉가 국민의 품으로 돌아왔다. 국민의 품으로 돌아왔다는 것은 〈세한도〉가 제주에서 서울로, 서울에서 도쿄로, 도쿄에서 서울로 왔다 갔다 하는 우여곡절 끝에 용산 국립중앙박물관에 기증되었기 때문이다. 박물관은 곧 국민의 품이다. 박물관에 안착하기 전 무려 열 명의 소장가를 거쳤다. 이상적(추사의 제자)-김병선(이상적의 제자)-김준학(김병선의 아들)-민병휘(휘문의숙 설립자)-민규식(민병휘의 아들)-후지쓰카 지카시(경성제국대학교 교수)-손재형(국회의원)-이근태(개성 출신 사설금융업자)-손세기(개성 출신 사업가)-손창근(손세기의 아들). 〈세한도〉의 운명이라 고밖에 달리 설명할 길이 없다. 지하의 추사도 기뻐할 것이다. 제2차 세계대전 중 손재형이 후지쓰카 지카시로부터 〈세한도〉

를 돌려받은 일화는 듣기만 해도 가슴 뭉클하다. 이러니 우리나라의 대표적인 서화가요, 3·1운동 민족대표 33인 중 한 사람이었던 오세창(1864-1953)은 구사일생으로 간신히 화를 피한 〈세한도〉를 다시 보게 된 감회를 "마치 황천에 갔던 친구를 다시 일으켜 악수하는 심정이다"(오주석 1999, 143 재인용)라고 하였다. 오세창의 아버지 오경석은 이상적의 제자였으니 〈세한도〉를 다시 보게 된 감회가 특별했을 것이다. 재능은 하늘에 내리지만 그 감동은 땅 위의 인간이 만든다.

메마른 붓으로 그린 〈세한도〉를 보면 황량하고 고졸한 분위기가 풍기는 한 폭의 미완성 스케치처럼 느껴진다. 허름한 집 주위에 솟아있는 늙은 소나무와 잣나무가 대칭으로 마주보고 있을 뿐이다. 여기서 짚고 가야 할 내용이 있다. 논란이 되는 그림 속의 송백(松柏)의 정체다. 송(松)은 소나무가 확실한데 백(柏)에 대해서는 의견이 다르다. 경북대학교 박상진 명예교수는 우리나라에서 '백'은 잣나무와 측백나무를 의미하지만 중국에서는 측백나무 종류 전체를 뜻한다고 하면서 추사의 귀양 당시 제주도에는 잣나무가 자라지 않았다고 주장한다. 송백을 소나무와 잣나무로 보는 것은 무리가 있다는 것이다. 잣나무가 아니라 제주도에서 흔히 볼 수 있는 해송인 곰솔로 추정하고 있다. 송백을 본래 뜻으로 읽으면 소나무와 측백나무이고 그림 속의 실제 나무로 보면 소나무와 곰솔로 추정한다.

그림 속의 나무의 이름은 추사만이 정확히 알고 있겠지만 후대에 다른 의견들이 분분하다는 것 자체가 이 그림이 평범하지 않다는 방증일 것이다. 나무가 소나무와 측백나무든 소나무와 해송이든 〈세한도〉에는 추사가 궁핍한 상황과 변함없는 제자의 의리와 인간성을 보여주는 데 아무런 문제가 없다. 〈세한도〉의 예술적 가치는 추사가 그림에 부여한 휴머니티가 아닐까 싶다. 추사 특유의 '문자향 서권기(文字香 書卷氣)'를 느끼게 하는 발문의 내용은 대략 아래와 같다(한정주 2015, 578 재인용).

> 지난해에 《만학(晩學)》과 《대운(大雲)》 두 책을 보내주고 올해에는 우경(藕畊)의 《문편(文編)》 보내오니, (…) 천만 리 머나먼 곳에서 구입해 오고, 그것도 여러 해가 걸려서 얻은 것으로 일시에 얻을 수 있는 것이 아니다. 더욱이 세상은 도도히 흐르는 물결처럼 오직 권세와 이익만을 좇아 따라가서 마음을 기울이고 공적을 쏟아붓는 것이 상례인데, 권세와 이익에 붙지 않고 바다 밖에 있는 초췌하고 메마른 나같은 사람에게 돌아왔도다.

세상의 인심도 사람의 마음도 다 변하기 마련이다. 계절이 바뀌면 산천의 색깔이 바뀌는 자연의 이치와 하등 다를 바가 없다. 그러나 변함없이 자신을 대해주는 제자를 본 스승의 마음은 울컥했을 것이다. 군자가 따로 있겠는가? 권력과 이해관계를 좇아 이리저리 왔다 갔다 하지 않는 사람, 상대가 곤궁에 처했을 때나 그렇지 않을 때나 변함없이 대하는 사람이 바로 군자라고 할 것이다.

‘세한’의 원문은 ‘세한연후지송백지후조(歲寒然後知松柏之後凋)’이다. ‘혹한이 물러간 후에야 비로소 소나무와 잣나무가 늦게 시든다는 것을 안다.’ 원래 《논어》에 나오는 말이지만, 추사는 자신의 처지를 세한(혹한)에 비유했다. 혹한은 절해고도 제주에서 유배 생활을 하는 추사의 곤궁하고 씁쓸한 처지를 말한다. 당시 제주는 척박한 지역이었고 가는 것도 뭍으로 나오는 것도 쉽지 않았다. 완도에서 배를 타야 하는데, 운이 없어 풍랑을 만나면 목숨을 보장할 수 없었다. 금수저로 태어나 큰 어려움 없이 자라 권세를 누리면서 재능을 떨쳤던 추사에게 제주 생활은 그야말로 한겨울의 동장군이나 다름없었을 것이다. 송백은 변함없이 푸른 자태를 유지하는 인간의 의리, 곧은 지조, 절개를 뜻하는데 제자 이상적의 인품을 비유한다. 그림 속의 황량하고 초라한 집 곁에 서있는 곧고 젊은 나무는 제자 이상적(1804-1865)을 형상화하고 있다(김만선 2008, 37).

〈세한도〉를 받아본 이상적의 생각이 궁금하다. 제자는 스승에게 다음과 같은 답장을 올렸다. 솔직하게 자신의 심정을 드러낸 답장의 요지는 대강 이렇다. ‘스승의 과분한 칭찬에 어찌할 바를 몰라 눈물만 흘렸습니다. 인간적으로 속세의 권세와 이득에 흔들리지 않는 사람이 어디 있겠습니까마는 사제 간의 의리를 지키기 위해 한 작은 일이었습니다. 중국인 지기들에게 이 그림을 보여주었을 때 제가 속세에 초연한 인물로 비춰질까 봐 걱정됩니다’(오주석 1999, 141 재인용).

〈세한도〉 한 폭을 엎드려 읽으매 눈물이 저절로 흘러내리는 것을 깨닫지 못했습니다. 어찌 그다지도 제 분수에 넘치는 칭찬을 하셨으며, 그 감개 또한 그토록 진실하고 절실하셨습니까? 아! 제가 어떤 사람이기에 권세와 이득을 따르지 않고 도도히 흐르는 세파 속에서 초연히 빠져나올 수 있겠습니까? 다만 구구한 작은 마음에 스스로 하지 않을래야 아니할 수 없었을 따름입니다. (…) 이번 사행 길에 이 그림을 가지고 연경에 들어가 표구를 해서 옛 지기 분들께 두루 보이고 시문(詩文)을 청하고자 합니다. 이 그림을 보는 사람들이 제가 참으로 속세를 벗어나고 세상의 권세와 이득을 초월한 것처럼 여기는 것이니 어찌 부끄럽지 않겠습니까? 참으로 과당하신 말씀입니다.

추사는 국내보다 중국에서 더 유명세를 탄 천재형의 인물이다. 요즘 식으로 표현하면 글로벌 슈퍼스타요, 한류의 시조다. 추사 연구의 최고 권위자이면서 손재형에게 무상으로 〈세한도〉를 넘겨주었던 후지쓰카 지카시는 추사를 청조학(淸朝學, 청나라의 학문)의 일인자로 꼽을 정도였다. 이런 대학자를 통유(通儒)라고 하던가.

추사는 아무나 가까이하지 않은 까다로운 성정의 소유자였지만 문하에 많은 제자들을 받아 훈련시켰다. 그는 신분의 높고 낮음이나 직업의 귀천을 따지지 않고 잠재성이 있으면 받아들였다. 특히 추사의 제자 중에는 중인 계급이 많았는데 〈세한도〉의 주인공 이상적도 통역관 출신의 중인이었다. 심지어 해남 대흥사의 초의선사와는 동갑내기로 평생 석교의 우정을 쌓았다. 많은 제자들 중에 왜 이상적에게 〈세한도〉를 주었을까?

이상적은 조선 후기 대표적인 통역관이었는데 무려 열두 번에 걸쳐 청나라 사신단의 일행으로 왕래할 정도였다. 국가에서 청에 사신단을 파견할 때는 통역으로 으레 이상적을 찾았던 것 같다. 이런 경력 때문에 이상적은 청의 문인이나 학자들과 교류가 활발했고 이를 토대로 스승이 필요로 하는 희귀 도서들을 구해 제주에 보내주었다. 그가 추사에게 전해주었다는 책들은 당시 구하기도 어려울 뿐 아니라 그 값도 기와집 몇 채 값이었다. 아무리 제자가 스승이 부탁한 책이라고 하더라도 결코 쉽게 할 수 없는 일이다. 스승의 입장에서도 그렇게 귀한 책을 비싸게 구입하여 유배 신세가 된 자신에게 보낸 것에 얼마나 가슴 뭉클하였겠는가? 〈세한도〉에는 스승이 제자의 한결같은 마음과 정성에 고마움을 표하는 답례의 마음이 담겨있다. 그것도 주저리주저리 많은 내용을 담는 것보다 솔직 담백하게 고도의 절제된 마음을 실어서 말이다.

〈세한도〉가 국보로서 가치를 부여받게 되고 소장가들의 애간장을 태우는 것은, 신분과 직업을 뛰어넘어 스승과 제자가 나눈 송백의 푸르른 지조와 변치 않은 의리가 아닐까 싶다. 고금의 동서를 따져보아도 찾아보기 쉽지 않은 고귀한 인간애의 실천이다. 세상에는 돈으로 살 수 없는 것이 있다. 그중 하나가 바로 세한의 정신이다. 기증자는 〈세한도〉에 담긴 예술성과 그 정신을 독점하지 않고 모든 사람들과 공유하며 '세한 정신'을 실천하였다. 기증자와 세한 정신이 공명을 일으켰다. 〈세한도〉의 화폭에는 장무상망(長毋相忘)의 인장이 새겨져 있다. 세한이 담고 있는 정신을 오래도록 서로 잊지 말자는 뜻이다. 추사가 우리 모두에게 주고자 하는 메시지가 아닐까 싶다.

〈세한도〉는 70cm가량의 그림이다. 이 그림에 인문학적 가치를 치솟게 만든 것은 20명의 청나라와 조선의 문인들이 남긴 감상문 때문일 것이다. 추사의 예술과 휴머니즘이 빚어낸 한중 문예교류다. 〈세한도〉와 감상문을 합치면 무려 14m 69.5cm가 된다. 연이 하늘 높이 올라가려면 바람이 적당히 불고 꼬리를 붙여야 한다. 〈세한도〉가 연이라면 감상문은 연을 높이 올라가게 한 바람과 꼬리에 다름 아니다. 인걸은 간데없고 강산은 변해도 세한의 정신을 고대하는 인간의 마음은 변함이 없다.

김만선. (2008). 《유배》. 갤리온.
박동춘. (2014). 《추사와 초의》. 파주: 이른아침.
박철상. (2018). 《세한도》. 파주: 문학동네.
석한남. (2017). 《다산과 추사, 유배를 즐기다》. 시루.
오주석. (1999). 《옛 그림 읽기의 즐거움》. 솔.
오주석. (2008). 《그림 속에 노닐다》. 솔출판사.
유홍준. (2018). 《추사 김정희》. 창비.
한정주. (2015). 《호, 조선 선비의 자존감》. 파주: 다산초당.
허경진. (2016). 《조선의 중인들》. 알에이치코리아.
《조선일보》. (2021). 〈추사의 '세한도' 속에 잣나무는 없다〉. 1월 22일.

소학동자 김굉필

동양의 도덕률, 《소학》

《소학》은 아동용 유학 경전 교재다. 남송 시대 주희와 유청지가 《소학》을 편집하고 주석을 달았다. 어렸을 적부터 유학 경전을 공부하는 데 어려움을 느끼는 초심자들을 위한 입문서이다. 대개 8세 정도의 아이들이 꼭 배우고 실천해야 하는 내용을 기존 경전에서 발췌하고 이를 쉽게 해석하여 소개하고 있다. 주요 참고 문헌은 《의례》, 《예기》, 《춘추》, 《논어》, 《맹자》 등 다양한 경전이다. 주희는 발간사에서 《소학》 편찬의 의의를 이렇게 설명한다. "반드시 어릴 적에 배우고 익히도록 한 것은 배움은 지혜와 함께 자라고, 교화는 마음과 함께 이뤄지게 해서 그 배운 것과 실천이 서로 어그러져 감당하지 못하게 되는 근심을 없게 하고자 해서이다."

《소학》 하면 떠올리게 되는 유학자가 있다. 김굉필(1454-

1504). 그는 김종직의 제자이자 조광조의 스승이다. 성리학의 정통 계보를 이으면서 선비 정신의 본보기를 보여준 동방오현 중 한 명이다. 동방오현은 김종직, 김굉필, 조광조, 이언적, 이황이다. 김굉필은 대학자이었지만 평생 《소학》을 손에서 놓지 않았다. 이황은 김굉필을 '근세 성리학의 조종'이라고 추앙했다. 김굉필의 스승 김종직은 30세 이전까지는 모든 학문의 시작을 《소학》에 두어야 한다고 할 정도로 《소학》 공부를 중요하게 가르쳤다(한정주 2015, 193). 김굉필 스스로도 '소학동자'로 일컬으면서 《소학》을 실천하는 데 평생을 바쳤다. 30세가 된 뒤에야 비로소 《소학》 외의 다른 글을 읽었으며 후학들을 가르쳤다(한정주 2015, 193). 이런 제자가 있으면 스승은 말 한마디도 천금같이 해야 할 것 같다. 대단한 제자다. 동갑내기 남효온은 김굉필을 다음과 같이 소개하고 있다(서정문, 2013 재인용).

> 사람들이 국가의 일을 물으면, 언제나 '《소학》이나 읽는 동자가 어찌 큰 의리를 알겠는가?'라고 하였다. 일찍이 시를 지어, '공부해도 오히려 천리 알지 못했는데, 《소학》 읽고 나서야 지난 잘못 깨달았네'라고 하자, 스승 김종직이 '이것이 곧 성인 될 수 있는 바탕이다. 요즘 세상에 이만한 사람이 어디에 있겠는가?'라고 하여 높이 평가하였다.

옛 성현들은 한결같이 《소학》을 필독서로 추천했다. 먼저 사람됨의 바탕이 형성된 다음에 학문에 정진해야 한다는 뜻이다.

주자는 "《소학》은 집터를 닦고 재목을 준비하는 것이며 《대학》은 그 터에 재목으로 집을 짓는 것이다"(송의호 2019)라고 비유했다. 《소학》 원전을 옮긴 윤호창은 《소학》을 "완전한 인간됨을 위한 동양의 도덕률"(주희·유청지 2019, 13)이라고 평가했다. 적절한 표현이 아닐 수 없다. 《소학》의 구성은 유학의 원리를 충실히 담은 총 6편으로 구성된다. 교육의 길(立教), 인간의 길(明倫), 수양의 길(敬身), 고대의 도(稽古), 아름다운 말(嘉言), 착한 행동(善行).

조선의 대학자들도 《소학》의 가르침에 공감했다. 율곡 이이는 《소학집주》를 써서 《소학》 공부의 표준을 제시했다. 퇴계 이황 역시 《성학십도》에서 〈소학도〉를 그렸다. 다산 정약용은 《소학》의 주해서에서 잘못된 것과 부족한 것을 보완하여 《소학보전》을 썼고, 당시 어린이 교육이 《천자문》에만 치우친 폐해를 바로잡고자 《소학주관》을 쓰기도 했다. 또한 다산은 《소학》을 통해 유배라는 최악의 상황에서도 스스로를 바로 세우고 큰 일을 이룰 수 있게 하는 수신을 깨달았다고 한다(조윤제 2021, 25-26).

《소학》의 내용은 현대인들의 관점에서 보면 실천하기 어려울 뿐 아니라 시대와 동떨어진 내용들로 가득 차있다. 타임머신을 타고 먼 과거로 되돌아간 느낌이 들 것이다. 사고 체계와 관점의 간극이 매우 크다. 오늘날 《소학》의 내용을 이야기하면 '라테'보다 훨씬 이전의 '라테'를 이야기하는 사람으로 볼 게 뻔하다. 주희도 《소학》을 편찬하면서 그런 우려를 나타냈다. "《소학》을 읽는 사람들은 옛날과 지금은 시대적 기준이 다르다고 해서 이를 실천에 옮기지 않는다. 그러나 이들은 옛날이나 지금이나 다름이 없는 것은 당연히 처음부터 실행하지 않으면 안 된다는 것을 모르는 것이다"(주희·유청지 2019, 25).

인간이 따라야 할 행동 기준이나 규범은 과거와 현대라는 시간과 공간을 뛰어넘어 변치 않는 공통점이 있기 마련이다. 옛사람들은 공부는 단순히 지식만을 습득하는 것이 아니라 인격 수양의 과정으로 보았다. 《소학》은 완전한 인간의 완성을 위한 기준은 무엇이고, 학문을 연마하기에 앞서 인간 됨됨이가 왜 중요한가를 알려주는 도덕률이다. 그 도덕률은 과거와 현대라는 시간과 공간을 뛰어넘어 변치 않는 진리이기도 하다. 《소학》을 통해 옛사람들이 완전한 인간의 완성을 위해 무엇을 생각하고 또 무엇을 가르쳤는가를 짚어보게 된다.

조윤제. (2021). 《다산의 마지막 습관》. 청림.
주희·유청지. (2019). 《소학》. 윤호창 옮김. 홍익출판사.
한정주. (2015). 《호, 조선 선비의 자존심》. 파주: 다산초당.
서정문. 〈나는 소학동자, 나랏일을 어찌 알겠는가—남효온의 「사우명행록」 중 김굉필〉. 한국고전번역원. https://www.itkc.or.kr/bbs/boardView.do?id=75&bIdx=31764&page=1&menuId=10063&bc=0.
송의호. (2019). 〈도학(道學) 개척한 '소학동자' 김굉필〉. 《월간중앙》, 6월.

한국의 궁궐 ①

인문학의 프로토타입

서강대학교 최진석 명예교수는 인문학의 개념을 쉽게 소개한다. 인문이란 '인간의 무늬' 혹은 '인간의 결'이며 '인간의 동선'이다. 과거는 인간의 동선 뒤쪽이고 미래는 앞쪽 방향이다. 인문학은 인간이 그리는 무늬를 탐구하는 학문이다. 인문학을 배우는 목적은 바로 인간이 그린 무늬의 정체를 알기 위해서다. 무늬의 정체를 알면 인간의 본실을 꿰뚫게 된다.

우리나라 궁궐은 인문학의 정수요, 인문의 프로토타입(원형)이다. 궁궐은 선조들이 그렸던 무늬이며 흔적이다. 그것은 단순한 건축물이 아니다. 음양의 조화, 통치 철학, 왕조의 역사, 민초들의 희로애락이 고스란히 배어있다. 인문학의 프로토타입이라 부르는 이유다. 인문 정신과 철학이 배어있는 5대 궁궐(경복궁, 창덕궁, 창경궁, 경희궁, 덕수궁)의 역사를 알면 한국인이 그린 무늬의 정체를 알게 된다.

1392년 이성계는 개성에서 조선을 개국했지만, 왕조의 터전인 도성이 자리를 잡기까지는 우여곡절을 겪었다. 역성혁명으로 정권을 잡은 그는 고려의 세력이 잔존해 있는 개성보다 다른 곳으로 도성을 옮기고 싶었을 것이다. 1394년 한양 천도를 단행하고 이듬해 1395년 경복궁을 완공했다. '경복(景福)'은 '왕과 그 자손, 온 백성들이 태평성대의 큰 복을 누리기를 축원한다'는 의미다. 개인이나 나라에 이보다 좋은 작명은 없을 듯싶다.

태종 이방원이 임시 왕으로 세운 정종은 1399년 개성으로 환도하여 과도기 내각을 관리했다. 1405년 태종은 한양으로 환도했다. 강력한 왕권을 지향했던 태종이 한양으로 재천도하면서 도성으로 굳어졌다. 한성이 된 것이다. 한양으로 환도하면서 태종은 멀쩡한 경복궁을 놔두고 창덕궁을 지었다. 이방원은 정권을 잡는 과정에서 1, 2차 왕자의 난으로 손에 피를 묻혔다. 정권 장악을 가로막는 세력은 가차 없이 죽였다. 그 피비린내 나는 곳이 경복궁이다. 심리적으로 경복궁을 기피했다. 꿈에 가위에 눌렸을 것이다. 아무리 정신력이 강해도 피는 의지보다 진한 법이다. 국정은 창덕궁에서 보고 외국 사신을 맞이할 때는 경복궁을 이용했다. 창덕궁이 법궁(정궁)이고 경복궁이 이궁(별궁)처럼 쓰였다.

태종은 세종에게 왕위를 물려주고 상왕 정치를 펼쳤다. 국방 분야는 자신이 관장했다. 세종은 상왕이자 아버지 태종을 위해 창덕궁 곁에 수강궁을 지어 모셨다. 건강하게 천수를 누리라는 뜻이다. 성종은 수강궁을 중건하여 창경궁이라 이름 붙였다. 창덕궁과 창경궁은 담을 맞대고 있어 둘을 합쳐 동궐이라 한다. 두 궁궐을 그린 〈동궐도〉는 국보로 지정되어 고려대학교 박물관과 동아대학교 박물관에 소장되어 있다.

1592년 시작된 임진왜란과 뒤이은 정유재란은 엄청난 유형의 인적·물적 피해 못지않게 무형의 피해를 입혔다. 수많은 문화재가 불에 타 소실되거나 파괴·훼손되었다. 우리나라 문화재의 암흑기다. 경복궁, 창덕궁, 창경궁이 소실되었다. 경복궁은 성난 백성들이 불을 질렀다. 선조는 백성들에게 안심하라는 말을 해놓고 몰래 피란을 떠났다. 한국전쟁 때 '국군이 괴뢰군을 물리치고 있으니 안심하고 생업에 종사하라'는 라디오 방송을 틀어놓고 피란을 떠난 이승만 정부를 보는 것 같다. 전쟁은 인간의 동선과 흔적을 지우는 몬스터다.

선조는 피란지에서 돌아와 월산대군(세조의 장손)의 옛 사저를 행궁으로 사용하였다. 왕이 사용하는 공간이니 걸맞은 이름을 필요로 했고 이 행궁을 격상시켜 경운궁(훗날 덕수궁)으로 불렀다. 일국의 왕이 도성에 왔는데 거처할 공간이 없어 사저를 사용할 수밖에 없는 비참함이다. 선조는 창덕궁 중건을 서둘렀다.

선조 때 시작된 창덕궁 중건은 뒤이은 광해군 때에 완료되었고, 법궁이 되었다. 선조와 광해군은 전쟁 후유증으로 고통받는 백성보다는 궁궐을 짓는 데 관심이 많았다. 왕조 시대의 한계다. 왕실의 위신과 체통이 우선이고 다음이 백성이다. 광해군은 경덕궁(훗날 경희궁)을 짓기 시작했으나 완공을 보지 못하고 인조반정으로 퇴위당했다. 인조반정과 이듬해 벌어진 이괄의 난으로 창덕궁이 불타 인조는 한동안 경덕궁에서 정사를 보았다. 창덕궁이 중건되어 그곳으로 거처를 옮긴 뒤에 경덕궁을 이궁으로 삼았다. 영조는 경덕궁의 이름을 경희궁으로 바꾸었다.

조선 왕조를 상징하는 경복궁은 어떻게 되었는가? 경복궁은 1867년(고종 4년) 흥선대원군이 복원할 때까지 270여 년간 폐허로 남겨졌다. 이로써 한양에는 경복궁, 창덕궁, 창경궁, 경희궁 4개의 궁궐이 존재하게 된다. 역대 국왕들은 형제들의 혈흔이 낭자한 경복궁을 기피한 느낌을 지울 수 없다. 명당을 후손들이 망쳐놓았다. '경복'의 좋은 의미는 어디 가고 없다.

덕수궁의 유래도 궁금하다. 1895년 명성황후 시해 사건 뒤 러시아 공사관으로 피신해있던 고종은 1년 뒤 환궁하면서 경복궁이 아니라 선조가 머물던 경운궁을 법궁으로 삼아 옮겼다. 이후 고종은 1897년 대한제국을 선포하고 경운궁에 석조전을 비롯한 많은 서양식 건물을 새로 지으며 근대적 궁궐로서 황궁의 면모를 갖추었다. 헤이그 특사 사건을 빌미로 일제에 의해 강제로 퇴위당한 고종은 상황(上皇)으로 물러나고 뒤를 이은 순종은 1907년 창덕궁으로 옮겨갔다. 고종 황제가 머무른 경운궁은 고종의 장수를 빈다는 의미에서 덕수궁(德壽宮)이라 불리게 되었다. 서울에 5대 궁궐이 자리 잡게 된 약사다.

왕조 시대 궁궐의 역사는 곧 왕조사이면서 그 나라 역사다.

궁궐의 수난사가 왕조의 수난사요 그 나라의 수난사다. 선조들이 그린 역사의 무늬다. 역사는 선택 또는 취소 버튼이 아니다. 후세들이 버튼을 눌러 찬란한 역사만을 선택하고 부끄러운 역사를 취소할 수 있는 선택지가 아니다. 싫든 좋든 우리의 역사다. 역사의 시행착오를 반복하지 않는 것이 관건이다.

김영상. (1994). 《서울 六百年 1》. 대학당.
유홍준. (2017). 《나의 문화유산답사기 9》. 파주: 창비.
최진석. (2013). 《인간이 그리는 무늬》. 고양: 소나무.
〈경희궁〉. 서울역사박물관. https://museum.seoul.go.kr/www/intro/annexIntro/annex_20/annex_20_02.jsp?sso=ok/.
문화재청 국가문화유산 포털. http://heritage.go.kr/heri/idx/index.do.
문화재청 궁능유적본부 경복궁관리소. https://www.royalpalace.go.kr/.
문화재청 궁능유적본부 덕수궁관리소. http://www.deoksugung.go.kr/.
문화재청 궁능유적본부 창덕궁관리소. http://www.cdg.go.kr/.
문화재청 궁능유적본부 창경궁관리소. https://cgg.cha.go.kr/.

한국의 궁궐 ②

건축 구조 및 원리

유학의 이념을 통치 철학으로 한 조선 왕조 시대에는 궁궐을 건축하는 데도 정해진 구조와 원리를 따랐다. 황궁과 왕궁의 건축 원리도 다르다. 공통점이자 대원칙은 《주례》의 원리인 '좌묘우사 전조후침'이다. 북악산 아래 정궁 경복궁을 중심으로 좌에 종묘, 우에 사직단을 배치했다. 정사(政事) 목적의 건물은 앞에 배치하고 생활 건물은 뒤편에 배치했다. 황궁은 5문 3조 5단 월대, 왕궁은 3문 3조 3단 월대 구조다.

조선의 궁은 왕궁이다. 3문 3조의 원칙을 따랐다. 경복궁은 3문(광화문, 홍례문, 근정문)을 거쳐 정전인 근정전에 이른다. 3조는 외조, 치조, 연조다. 외조는 외국 사신을 맞이하고 문무백관이 조회하는 권역으로 민가의 사랑채에 해당한다. 치조는 왕이 정무를 보는 사정전 권역이다. 편전이라고 한다. 연조는 왕과 왕비의 생활공간으로 왕의 침소인 강녕전과 왕비의 침소인 교태전, 당시 살아있는 대왕대비를 위한 자경전이며 민가의 안채에 해당한다.

궁궐은 왕조의 상징이면서 통치 이념을 담는다. 궁과 궐의 건물 이름은 '사서오경' 등의 유학 경전에서 그 뜻을 취하였다. 경복궁(景福宮)은 그 뜻을 《시경》에서 가져왔는데 "이미 술에 취하고 덕에 배부르니 군자는 만년토록 그대의 큰 복을 누리리라"라는 뜻이다. 광화문(光化門)은 경복궁의 정문으로 오문(午門)으로 부르다 세종 대부터 광화문으로 고쳐 불렀다. 광화문의 뜻은 《서경》의 "빛이 사방을 덮고 교화가 만방에 미친다(光被四表 化及萬方)"에서 유래하였다.

3문을 거쳐 근정전에 이르게 된다. 정도전이 태조 이성계에게 근정전의 유래를 설명했다(김영상 1994, 151-152 재인용).

> 임금으로서 오직 부지런해야 하는 것만 알고 부지런해야 하는 바를 모르면 그 부지런하다는 것이 오히려 번거롭고 까다로움에 흘러 보잘것없는 것이 됩니다. 아침엔 정무를 보고, 낮에는 사람을 만나고, 저녁에는 지시할 사항을 다듬고, 밤에는 몸을 편안히 하는 것이 임금의 부지런함입니다.

근정전에 뒤에 사정전(思政殿)이 나타난다. 역시 정도전이 태조에게 그 의미를 설명했다(김영상 1994, 164-165 재인용).

> 천하의 이치란, 생각을 하면 이를 얻고 생각이 없으면 이를 잃는 법입니다. (…) 임금 된 몸으로서 진정 깊이 생각하고 곰곰이 살피지 아니한다면 어찌 일의 옳고 그름을 가리어 처리하며 사람이 어질고 어질지 못한 일을 가리어 나아가게 하고 물러가게 하오리까. (…) 사람에 있어서 생각한다는 것은 사람을 쓰고 부리는 일의 극치인 것입니다.

정도전은 조선 건국의 청사진을 짜고 실행에 옮기는 데 결정적인 역할을 담당했다. 그는 유교 이념에 투철한 유학자였고 유교 원리를 통치 구조와 이념뿐 아니라 궁궐 건축에도 투영했다. 새 왕조가 자리 잡을 한양 신도시를 건설하는 데 수많은 민초들이 부역에 동원되었다. 정도전이 건물을 짓는 데 지킨 원칙이 있다. '검소하지만 누추하지 않고, 화려하지만 사치스럽지 않다'이다. 검소하면 누추하게 보일 수 있고 화려하면 사치스럽다는 생각이 드는데, 위정자의 애민 정신을 들여다보는 것 같아 흐뭇하다. 이 원칙은 김부식의 《삼국사기》 중 〈백제본기〉에 나오는 말로서 궁궐 건축에 국한된 것이 아니라 한국인의 미학으로 승화되었다(유홍준 2017, 126-127). 이웃 나라 중국이나 일본, 유럽의 건축과 비교하면 알 수 있다. 그들의 건축에 비해 우리의 옛 건축들이 화려하지 않지만 누추하지도 않음은 민초의 노역을 배려한 선조들의 배려가 배어있지 않은가 싶다. 유교의 원리를 따르되 민본의 유연한 통치술을 발휘한 것이다. 밀물과 썰물의 조수가 바뀌듯 정부는 바뀌게 마련이다. 썰물

정부가 밀물 정부에 남겨야 할 유산은 민초들에 대한 '배려 정치'가 아닐까 싶다.

김영상. (1994). 《서울 六百年 1》. 대학당.
박종화. (1997). 《대하소설 세종대왕》. 기린원.
유홍준. (2017). 《나의 문화유산답사기 9》. 파주: 창비.
장지연. (2018). 《경복궁, 시대를 세우다》. 너머북스.
한정주. (2015). 《호, 조선 선비의 자존심》. 파주: 다산초당.
문화재청 국가문화유산 포털. http://heritage.go.kr/heri/idx/index.do.
문화재청 궁능유적본부 경복궁관리소. https://www.royalpalace.go.kr/.

한국의 궁궐 ③

5대 궁궐의 변천과 수난사

조선 개국 후 도읍지의 위치를 결정할 때 고려해야 할 요소가 있었다. 외적 방어에 유리한 지형적 위치에 교통이 편리하고 식량과 물 공급이 수월하게 이루어지는 입지 조건을 갖춰야 했다. 전국의 명당 후보지들이 추천되었다. 한양의 무악, 북악을 비롯하여 경기도 장단군 백학산 일대, 도봉산 기슭 양주군, 계룡산 일대. '선 민심안정, 후 천도'를 주장하는 부류도 있었다. 이성계는 천도 반대에도 불구하고 서둘렀다. 고려 왕조의 터인 개성에서 빨리 벗어나 새 왕조에 맞는 새 도읍지를 건설하고 싶었을 것이다.

계룡산 일대가 후보지로 급부상하여 이성계가 직접 답사를 다녀온 뒤 도읍터로 정하고 실제 10개월 동안 축성 공사를 했다. 이 계획은 도참 연구로 이름을 떨친 하륜의 반대 상소로 중

지되었다. 하륜은 산이 서북향으로 뻗쳤고 물은 동남방으로 빠져나가는 지세이므로 도읍터로 적당치 못하다고 주장했다. 하륜은 그 대안으로 무악 주산론을 들고 나왔다. 국가의 수도를 정하는 중대사를 얼마나 성급하게 결정하였는가를 짐작할 수 있다. 논란 끝에 한양이 도읍지로 결정되었다. 한양을 도성으로 결정하는 과정에서 무학 대사와 정도전의 의견이 갈렸다.

조선 건국의 설계자였던 정도전은 북악을 주산으로 하여 그 아래 정궁(법궁)을 세우고 낙산을 좌청룡, 인왕산을 우백호로 하자고 주장했다. 무학 대사의 생각은 달랐다. 무학 대사는 이성계의 정신적 지주이면서 신생국 조선의 국사(國師)이기도 했다. 이성계는 숭유억불 정책을 국시로 채택했음에도 불구하고 고승을 국사로 임명하였다. 지금의 대통령 자문위원장인 셈이다. 무학 대사와 이성계는 보통 사람의 인간관계를 뛰어넘어섰다. 무학 대사는 인왕산을 주산으로 삼고 북악을 좌청룡, 남산을 우백호로 하고 인왕산 아래에 정궁을 세워야 한다고 주장했다.

유교 이념에 따라 한양 도성을 건설하려는 정도전과 신승 무학 대사의 대결에서 이성계는 정도전의 손을 들어줬다. 정도전은 유교적 질서에 따라 임금이 거처할 정궁은 남쪽을 향해야 하는데 인왕산을 주산으로 하면 방향이 틀리다고 주장했다. 이성계는 무학 대사의 의견을 따르지 않은 것이 마음에 걸렸지만, 유교적 통치 이념과 질서에서 보면 정도전의 주장이 틀리지 않았다. 전해오는 이야기에 따르면 무학 대사는 북악을 주산으로 결정하자 개탄하면서 "나의 말을 좇지 아니하면 200년 후 반드시 후회할 때가 있을 것이다"(박종화 1997, 316)라는 예언을 남겼다고 한다. 1592년 임진년 동아시아 전쟁이 발발했으니 무학 대사의 말이 결코 허언이 아니었나 보다.

한편 무학 대사와 정도전이 도성 위치를 놓고 벌인 논쟁에 대한 반론을 눈여겨볼 필요가 있다. 17세기의 시대적 상황이 이런저런 논쟁을 만들어냈다는 주장이다. 17세기는 임진왜란 후 병자호란과 정묘호란이 잇따라 일어났을 뿐 아니라 소빙기 현상으로 각종 기상 이변과 가뭄 등의 자연재해와 전염병이 연속되어 사회적 불안이 고조되었던 시기였다. 소빙기는 지구의 평균 온도가 정상보다 매우 낮았던 시기를 말한다. 왜란과 두 번의 호란으로 피해가 워낙 컸던 탓으로 이 난을 경험한 뒤 왕조의 기틀을 잡는 정도(定都)에 무엇인가 잘못이 있어 국난이 생긴 것이 아닌가 하는 반사적 사회심리가 이런 종말론적 전설을 낳게 되었다는 것이다. 한양 정도는 풍수지리설이나 도참설에 의한 영향을 무시할 수는 없겠지만 최종적인 결정은 조운, 육상 교통, 물 조달, 외적 방어 등 유가적 인식 아래 이루어졌다(이태진 1994 참조).

한양 정도가 유가적 인식에 따른 결정이었든 아니든 창건 작업은 착착 진행되었다. 1395년 조선 왕조의 정궁이자 상징인 경복궁이 창건되었다. 이후 차례로 창덕궁, 창경궁, 경희궁, 덕수궁이 완성되었다. 5대 궁궐은 전쟁과 반정으로 소실과 중건을 반복하여 마치 조선의 역사를 축소해 놓은 듯하다.

먼저 경복궁부터 살펴보자. 임란으로 소실되기 전 경복궁은 정궁이었지만 홀대를 받았다. 태종은 1405년 개경에서 한양으로 재천도하면서 창건한 창덕궁에서 정사를 봤다. 경복궁에서 형제들과 정적들을 죽이느라 피를 많이 보았기 때문에 기피했다. 불타버린 경복궁은 1867년 고종 대에 와서 중건되었다. 무려 275년 동안 방치되었다. 역대 왕조는 중건을 위한 여력이 없었던 것인지 의도적으로 무관심한 것인지 궁금한 일이다.

일제의 경복궁 흔적 지우기는 악랄하고 집요했다. 1910년 강제 병합 이후 조선 왕조의 법궁이라는 상징성을 갖고 있는 경복궁을 본격적으로 훼철하기 시작했다. 1915년 많은 전각을 헐고 민간에 건자재를 팔아넘겼으며, 명성황후 시해 현장인 건청궁을 헐고 조선총독부 미술관을 세웠다. 1915년 근정전 앞에 조선총독부 건물을 세우기로 확정하고 흥례문 권역을 헐고 이듬해부터 공사에 들어가 1927년 준공되었다. 이 과정에서 광화문이 헐려 동북쪽 담장으로 이전되었다. 광화문은 1968년 복원되었다. 1917년 창덕궁에 대규모 화재가 일어나자 이를 복구한다며 강녕전과 교태전을 헐어 창덕궁으로 옮겼다. 해방 후 대한민국은 조선총독부 건물을 정부청사로 사용하다 1997년 김영삼 정부 시절에 철거했다.

1405년 창건된 창덕궁은 경복궁의 이궁(離宮)으로 약 200년 동안 왕조의 통치 공간으로 사용되었으나 임진왜란으로 소실되었다. 1610년 왜란으로 소실된 궁궐 중 가장 먼저 중건되었다가 1623년 인조반정으로 다시 소실되었다. 1647년 창덕궁이 중건되어 1867년 흥선대원군에 의해 경복궁이 중건되기 전까지 조선의 법궁 역할을 하였다. 창덕궁 비원으로 불리는 후원의 조경은 우리나라의 대표적인 왕실 정원으로서 가치가 높다. 일제는 창덕궁의 후원만 강조하여 관리소 이름을 비원청이라고 했다. 창덕궁을 비원이라고 부르는 것은 적절한 표현이 아니다. 창덕궁의 정원은 후원, 금원과 함께 비원이라고 불렸으니 '창덕궁 비원'이라고 해야 한다. 창덕궁은 남아있는 조선의 궁궐 중 그 원형이 가장 잘 보존되어 있고 자연과의 조화로운 배치와 한국의 정서가 담겨있다는 점에서 1997년 유네스코 세계유산으로 등록되었다.

창경궁은 1418년 세종이 아버지 태종을 위해 지은 수강궁(상왕전)을 성종 대에 리모델링하고 확장한 것이다. 담을 두고 창덕궁과 나란히 있다고 하여 두 궁을 아울러 동궐이라 불렀다. 1592년 임진왜란으로 소실된 것을 1616년 광해군이 중건했다. 다시 이괄의 난 때 소실, 중건된 이후에도 소실과 중건을 반복했다. 1909년 일제는 동궐에서 창경궁을 분리하여 동물원, 식물원으로 만들고 창경원이라 바꿔 불렀다. 궁이 원으로 바뀌고 창경원은 관광과 소풍 장소가 되었다. 1983년 동물원과 식물원을 과천 서울대공원으로 옮기고 창경궁 이름을 되찾았다.

경희궁은 광해군 1623년 창건되어 이궁으로 사용되었다. 경희궁의 처음 명칭은 경덕궁이었으나 원종(1580-1620, 인조의 아버지이면서 왕세자를 지내지 않고 왕으로 추존됨)의 시호인 '경덕'과 같은 발음이라 하여 1760년 영조가 경희궁으로 바꾸었다.

경희궁은 도성의 서쪽에 있다고 하여 서궐이라고도 불렸는데, 이는 창덕궁과 창경궁을 합하여 동궐이라고 불렀던 것과 대비되는 별칭이다. 1910년 일제는 궁궐의 일부를 헐어 일본인을 위한 학교인 경성중학교(훗날 서울고등학교)를 세웠다. 경희궁에 남아있던 중요한 전각들이 대부분 헐려나갔고, 그 면적도 절반 정도로 축소되어 궁궐의 모습을 잃어버렸다. 경희궁은 3대 궁궐 중 하나지만 훼철 정도가 가장 심했다. 원래 궁터는 서울역사박물관, 서울시교육청, 축구협회, 구세군회관 자리를 포함할 정도였다. 1980년 서울고등학교가 강남으로 학교를 옮기면서 일부가 복구되었다.

덕수궁은 더 많은 우여곡절을 겪었다. 1593년 선조는 피란지 의주에서 한양으로 환도하였다. 경복궁, 창덕궁, 창경궁이 모두 소실되어 갈 곳이 없었다. 월산대군 후손의 저택을 시어소(임금의 임시 거처)로 정하고, 정릉동 행궁으로 삼았다. 1611년 광해군은 이 행궁을 경운궁이라고 이름 지었다. 1618년 인목대비를 유폐하고 서궁으로 낮춰 불렀다. 덕수궁은 고종이 일제의 침탈에서 벗어나 자주독립국으로서 위상을 되찾으려는 수난의 역사와 관련이 깊다. 고종은 을미사변(1895년)으로 신변의 위협을 느껴 러시아 공사관으로 거처를 옮겼다. 아관파천(1896년)이다. 신변의 안전 문제가 해결된 1897년 2월 덕수궁으로 환궁하였다.

덕수궁에서 고종은 대한제국을 선포하고 황제로 즉위한 후 황궁으로서의 규모와 격식을 갖추게 됐다. 1904년 덕수궁에 대화재가 일어나 많은 건물이 소실됐다. 1905년 을사늑약이 체결되는 망국의 한을 간직한 곳이기도 하다. 1907년 고종은 헤이그 밀사 파견으로 강제 퇴위되고 순종이 즉위했다. 이때 경운궁에서 덕수궁으로 이름이 바뀌게 된다. 덕수궁은 정릉동 행궁 → 경운궁 → 서궁 → 경운궁 → 덕수궁으로 이름이 바뀌는 복잡한 변천사를 겪었다.

5대 궁궐은 조선 건국에서부터 현대에 이르기까지 전쟁, 반란, 화재 등의 원인으로 파괴·훼철·소실되는 수난과 변천을 겪었다. 특히 일제에 의한 조선 왕가 전통 지우기는 그 행동과 방법이 악랄하고 교묘한 민족정기 말살 정책이었다. 궁궐은 조선 500년, 일제강점기, 광복, 한국전쟁, 근대화, 산업화, 민주화로 점철된 근현대사를 지켜본 역사의 산 증인이다. 궁궐의 수난은 곧 우리 민족의 수난사이지만 지켜나가야 할 역사의 터전이다. 그곳은 우리 민족의 희로애락의 역사가 스며든 곳이기도 하다.

김영상. (1994). 《서울 六百年 1》. 대학당.
박종화. (1997). 《대하소설 세종대왕》. 기린원.
이태진. (1994). 《한국사시민강좌 14》. 일조각.
〈경희궁〉. 서울역사박물관. https://museum.seoul.go.kr/www/intro/annexIntro/annex_20/annex_20_02.jsp?sso=ok.
문화재청 국가문화유산포털. http://heritage.go.kr.
문화재청 궁능유적본부 경복궁관리소. https://www.royalpalace.go.kr.
문화재청 궁능유적본부 덕수궁관리소. http://www.deoksugung.go.kr.
문화재청 궁능유적본부 창경궁관리소. https://cgg.cha.go.kr.
문화재청 궁능유적본부 창덕궁관리소. http://www.cdg.go.kr.

자(字), 호(號) 뭐가 중한디!

이름은 함부로 부르는 것이 아니여

넷플릭스에서 방영하는 〈삼국지〉에서는 등장인물을 소개하는데 이름과 자(字)를 적고 있다. 유현덕(유비), 조맹덕(조조), 손중모(손권), 관운장(관우), 장익덕(장비), 조자룡(조운), 여봉선(여포), 제갈공명(제갈량), 사마중달(사마의). 독자들은 괄호에 적혀 있는 이름이 더 익숙할 것이다. '현덕'이나 '공명'이라고 부르는 것은 그들의 자(字)를 일컫는다. 옛사람들은 왜 이렇게 복잡하게 이름을 만들어 불렀을까? 현대인에게 이름이란 한 번 지어 부르면 평생 사는 데 문제가 없는데 말이다.

옛사람들은 이름을 귀하게 생각했다. 태어날 때 부모가 지어 준 이름을 함부로 부르지 못하도록 했다. 이름은 족보나 관직과 같은 공식 문서에 사용되었다. 어릴 적에는 아명을 지어 불렀다. 기휘(忌諱)라고 하여 임금이나 높은 이의 이름자가 나타나는 경우에는 뜻이 통하는 다른 글자로 바꾸거나 획의 일부를 생략하였다. 또 피휘(避諱)는 이름을 함부로 부르지 못하게 하는 금기 문화가 만들어 낸 관습이다. 예를 들어 달구벌을 의미하는 대구(大邱)는 원래 대구(大丘)로 적었다. 그러나 대구의 구(丘)가 공자의 이름 구(丘)와 같다고 해서 획을 추가하여 오늘날 대구(大邱)로 고쳐 쓰고 있다.

자는 성인이 되기 위해 치르는 관례와 관계된다. 관례는 대개 15-20세 사이에 치르는데 이 관례를 치른 후 자(字)를 짓게 된다. 이 자는 자기 마음대로 지어서 사용하는 것이 아니다. 부모나 친척 혹은 어른이나 스승이 지어주는 것이다. 또 유의할 점은 이름의 의미와 관계되는 자를 짓는 것이 불문율이다. 전통사회에서 관례를 치르고 자를 갖는다는 것은 중요한 의식이었는데, 바로 그가 성인이 되었다는 징표이기 때문이다. 이 자는 자기보다 윗사람이나 친구들 사이에서 사용되었고, 아랫사람이나 나이 어린 사람이 함부로 부를 수 없게 했다. 혹시 정미용, 이숙헌, 김사능, 이경호, 김원춘이라고 부르면 어떤 인물인지 종잡을 수 없을 것이다. 순서대로 정약용, 이이, 김홍도, 이황, 김정희의 자이다. 우리는 대개 다산, 율곡, 단원, 퇴계, 추사 등 그들의 호를 부르기 때문에 전혀 낯선 인물이 되고 만다.

호는 자신의 이름을 감추고 싶은 욕구에서 새로 만든 이름이다. 이 호를 짓는 것은 정해진 규칙이 없다. 그래서인지 호는 윗사람이나 아랫사람 누구나 편하게 부를 수 있다. 굳이 작호론을 따지자면 자신이 거처하는 곳의 이름을 취해 호를 짓고

(연암 박지원, 성호 이익), 자신의 용모나 신체적 특징을 빌려 짓고(표암 강세황, 미수 허목), 자신이 존경하는 인물에서 호를 짓고(오원 장승업, 완당 김정희), 자신이 하는 일이나 직업을 빗대 호를 짓고(호생자 최북, 고산자 김정호), 서적이나 고전에서 호를 취한 경우(남명 조식, 공재 윤두서)도 있다.

연암 박지원이 쓴 〈홍덕보 묘지명〉의 일부를 보면서 이름, 자, 호가 이떻게 쓰이는가를 확인해 보자. "전 영천 군수 남양 홍담헌 휘(諱: 생전의 이름) 대용, 자 덕보가 금년 10월 23일 유시에 운명하였나이다." 홍덕보는 홍대용을 말한다. 홍대용은 북학파의 비조이면서 조선 최고의 과학자 중 한 명이다. 그의 호는 담헌이고 자는 덕보다. 연암이 홍대용의 자를 사용한 것을 보면 둘이 서로 친한 관계였음을 나타낸다. 퇴계 이황과 남명 조식은 동갑내기였다. 이때는 서로 호와 자를 써도 된다. 만약 이황과 이이처럼 나이 차이가 나면 어떻게 호칭할까? 이황은 이이의 호 율곡이나 자 숙헌이라고 불러도 되지만, 이이는 이황의 자(경호)를 불러서는 안 된다. 퇴계라는 호를 사용해야 한다.

자, 호는 옛사람들에게는 자신의 정체성을 나타내는 상징이다. 요즘도 비슷한 현상을 볼 수 있다. 요즘도 연배가 지긋한 어른들은 자기의 본명이 함부로 불리는 것을 꺼려한다. 옛사람들은 생애 발달 단계에 따른 감정의 변화를 알고 미리 준비했는지도 모른다. 현대인에게는 번잡하게 보일지 몰라도 옛사람들의 문화를 이해하고 그들의 소통 방식을 알기 위해서는 자와

호를 알아야 하는 이유이다.

박희병. (2016). 《연암을 읽는다》. 파주: 돌베개.
한정주. (2015). 《호, 조선 선비의 자존심》. 파주: 다산초당.

기록은 기억보다 위대하다

사마천의 《사기》 이야기

사마천의 《사기(史記)》는 단순한 역사서로 볼 수 없다. 시공을 뛰어넘어 불후의 세계문화유산으로 평가받고 있는 이 역사서가 세상에 나오기까지는 사마천의 가슴 아린 아픔과 고난, 그리고 바윗돌처럼 단단한 신념이 얽혀있기 때문이다.

사마천의 조상은 대대로 왕실의 사관인 태사였다. 아버지 사마담은 황실의 태사령으로 궁중의 예의 제도를 관장하고 천문역법에 따라 해가 끝나면 새 역법을 바치며, 국가의 큰 행사가 있으면 길일을 선택하여 올리는 역할을 수행하였다. 사마담은 태사령으로 있던 시절 한 무제(재위 B.C. 141-B.C. 87)가 한나라 최초로 태산에 올라 거행하는 봉선 의식에 제외되는 바람에 앓고 있던 병이 악화되어 사망에 이르게 되었다. 왕조 시대 봉선 의식은 제왕이 하늘과 땅에 왕의 즉위를 고하는 매우 중요한 의식이라는 것을 생각한다면, 태사령으로 의식에 참가하지 못하게 되었다는 것은 자신의 천명이 다했다고 생각할 정도로 엄청난 사건이었을 것이다. 봉선례(封禪禮)에서 '봉(封)'은 높은 산에 제단을 쌓고 하늘에 올리는 제사이며, '선(禪)'은 낮은 산에서 땅에다 올리는 제사다. 대개 태산에서 봉례(封禮)를 올렸고, 태산 북쪽 양보산(梁父山)에서 선례(禪禮)를 시행했다. 봉선례를 올린 역대 제왕은 진 시황제, 전한 무제, 후한 광무제, 송 진종 등이다(위리 2021, 16).

이때 사마담은 《사기》를 쓰고 있었는데, 아들 사마천에게 자신이 완성하지 못한 역사책을 집필해 달라는 유언을 남겼다. 가업도 아닌 역사서 집필을 유언으로 남긴 경우는 매우 이례적이라 할 수 있다. 아들의 능력을 믿고 있는 아버지임에 틀림없다. "소자가 영민하지는 못하나, 아버님께서 순서대로 정리해 두신 옛 문헌들을 빠짐없이 모두 논술하겠습니다."

사마천은 아버지가 세상을 떠난 지 3년 후, 서른여덟 살에 태사령 직위를 계승하여 본격적으로 역사서를 집필하던 중 그의 일생을 뒤흔드는 사건이 발생한다. 친구 이릉 장군이 전쟁 중 흉노족에 투항하였다. 황제는 사마천에게 이릉의 투항에 대한 생각을 물었다(샤리쥔 2021, 430 재인용).

> 이릉은 부모를 지극히 효성스럽게 섬기고, 사람들과 교유할 때는 성실과 신뢰를 지켰으며, 나라를 위해 자기 몸을 돌보지 않았습니다. 이번 출정에서 궁지에 빠지기는 했으나 아주 많은 적을

죽였습니다. 그가 죽지 않은 것은 어쩌면 나중에 기회가 있을 때 폐하께 보답하고자 도모한 것일 수도 있습니다.

모두가 이릉을 비난하는 가운데 사마천은 소신에 따라 친구를 변호했는데, 심기가 상한 황제는 그에게 사형 언도를 내렸다. 사형 언도를 받게 되면 세 가지 중 하나를 선택할 수 있었다. 첫 번째는 허리가 잘려 죽는 것이고, 두 번째는 50만 전이라는 거금을 속죄금으로 내고 풀려나는 것이며, 세 번째는 궁형을 받고 살아남는 것이다. 남성의 생식기를 제거하는 궁형은 거세당한 후 바람과 햇빛이 없는 곳에서 100일 동안 견뎌야 목숨을 건질 수 있었다. 너무나 치욕스러운 형벌이라 형을 받기보다는 자결하는 것이 상례였다고 한다.

사마천은 치욕적인 궁형을 선택한다. 이때 그의 나이 마흔여덟 살이었다. 아버지의 유언도 있었지만 발분 의식이 발동했다. 《사기》를 완성시켜 치욕을 상쇄하겠다는 일념으로 버텨냈다. 어지간한 부자가 아니고서야 속죄금을 내는 것은 불가능했으니, 궁형이냐 자결이냐 양자택일의 길목에서 사마천은 유방을 도와 큰 공을 세운 한신을 생각했다고 한다. 한신이 무뢰한의 가랑이 밑을 기는 치욕을 견디고 훗날 중용되었듯이, 궁형의 치욕과 울분을 감수하고라도 기필코 살아남아 역사서를 완성하겠다는 의지를 불태웠다. "태산보다 더 무거운 죽음이 있고 기러기 깃털보다 더 가벼운 죽음이 있다"라고 하면서 《사기》를 완성하기 전에는 헛되이 죽을 수는 없다는 결의를 다졌다(조윤제 2021, 104). 후세의 일부 사람들이 《사기》를 '비방의 책'이라거나 '화풀이 저서'로 깎아내리는 이유이다(샤리쥔 2021, 376-377).

사마천은 장장 16년에 걸쳐 불후의 명저 《사기》를 완성했다. 그의 나이 쉰다섯 살이었다. 기전체 형식의 《사기》는 〈본기〉를 중심으로 〈세가〉, 〈표〉, 〈서〉, 〈열전〉으로 구성된다. 〈본기〉는 연대순으로 제왕의 언행과 업적을, 〈세가〉는 제후국의 흥망성쇠와 제후의 업적을, 〈표〉는 연대별로 각 시기의 중대 사건을, 〈서〉에서는 각종 제도의 연혁을, 그리고 〈열전〉에서는 영웅과 간신 등 대표적인 인물들의 활동을 기록하였다.

《사기》는 인간의 본질을 날카롭게 꿰뚫고 있는 인문학의 진수가 아닐 수 없다. 인간의 영광과 좌절, 성공과 실패, 대립과 갈등, 배반과 우정, 탐욕과 자선, 이익과 손해 등 인간의 본질을 소신 있게 그려냈다. 《사기》는 중국만이 아니라 우리나라, 일본 등 동아시아 역사서에 절대적인 영향을 끼쳤을 뿐 아니라 산문, 소설, 희곡, 문장 학습에도 적지 않은 영향을 주었다. 당나라에서는 《사기》를 관리 임용 시험의 필수 과목으로 지정했다. 오늘날 국가공무원이나 공공기관 입사 시험에서 한국사를 필수과목으로 지정한 것과 같은 이치다.

《사기》 이야기가 나오면 우리나라 백곡 김득신(1604-1684)을 떠올리게 된다. 조선 중기 시인이자 독서왕으로 널리 알려진 백곡은 어릴 때 천연두를 거듭 앓아 학습장애를 가졌다. 그는 〈사기열전〉 중 〈백이전〉을 1억 3천 번을 읽었다고 한다(김득신

2014, 269). 도대체 하루에 몇 번을 읽었을 때 이런 대기록을 달성할 수 있을까 싶다. 작년 충북 증평에서는 독서왕 김득신 문학관을 개관하였다.

사마천은 치욕이냐 자결이냐는 일생일대의 갈림길에서 치욕스러운 삶을 선택하였지만, 그는 사성(史聖)으로 평가받으면서 한때의 치욕을 영원한 찬사로 이어지게 했다. 딱딱하고 지루할 법한 역사서가 사마천의 인간적인 시련과 고통을 포개 읽으면 훨씬 흥미롭다. 기록은 기억보다 훨씬 더 강력하다. 목숨을 걸고 기록하여 후세에 역사를 남긴 호모 사피엔스의 위대함을 확인한다. 치욕과 울분을 극복하고 역사의 고전을 완성한 사마천의 인간 승리다. 《사기》는 중국 역사 3천 년과의 소통을 넘어 '무엇을 위해 살 것인가', '삶의 핵심 가치를 어디에 둘 것인가'에 대한 현대인의 물음표에 느낌표와 따옴표를 제시하고 있다.

김득신. (2014). 《백곡 김득신의 산문》. 신범식 옮김. 파주: 조율.
사마천. (2005). 《사기열전》. 김원중 옮김. 을유문화사.
샤리쥔. (2021). 《시간의 압력》. 홍상훈 옮김. 파주: 글항아리.
소준섭. (2011). 《사마천 경제학》. 파주: 서해문집.
위리. (2021). 《제왕의 스승 장량》. 김영문 옮김. 더봄.
조윤제. (2021). 《다산의 마지막 습관》. 청림.

인의예지신(仁義禮智信)의 나라

소프트파워의 원천

조선 왕조는 철두철미한 유교 국가였다. 국가 통치의 이데올로기로 뿌리를 내린 유교는 어떤 환경의 변화에서도 흔들림이 없었다. 한 가지 예를 들어보자. 고종은 1895년 교육개혁을 단행했다. 갑오개혁의 일환으로 교육에 관한 조칙을 발표했는데 이를 〈교육조서〉 또는 〈교육입국조서〉라고 한다. 우리나라 최초의 근대식 교육법령이다. 이때 소학교, 중학교, 대학교 교육체계를 갖추려고 했다. 소학교와 중학교 정도에서 개혁은 멈췄다. 성균관은 그대로 두었다. 유림이 강하게 반대해서다.

1392년 개국 후 5백여 년 만에 중국 중심의 교육체계에서 서양 중심의 교육을 도입하려고 했다. 유림이 반대하면 어찌해 볼 수가 없다. 정통 유학자들의 집합이라고 할 수 있는 유림의 영향력을 무시할 수 없었다. 소중화를 자임하며 유교 통치의 모범국가를 자부해 온 '조선'은 교활하고 탐욕스러운 제국주의의 쉬운 먹잇감이 되었다. 일제강점기, 해방, 전쟁의 긴 암흑의 터널을 지나 근대화, 산업화, 민주화의 업적을 이루어낸 대한민국의 수도 서울의 기본 골격은 유교 철학이다. '빨리 빨리'의 DNA를 물려받은 한민족이 옛것의 흔적을 지우는 데 민첩하지만 유교 정신의 보존에 관한 한은 한마음이 아닐까 싶다. 유교 철학의 요체는 인의예지신이고, 인의예지신은 서울에서 그 명맥을 이어나가고 있다.

서울 4대문은 동대문, 서대문, 남대문, 북대문이다. 이 대문들의 현판은 평범하지 않다. 4대문은 단순한 건축물이 아니다. 시대의 변천과 상관없이 유교의 이상을 추구하고자 하는 염원이 새겨져 있다. 유교 철학의 핵심에 해당하는 오상(五常)으로서 인의예지신은 4대문과 보신각에 그 모습을 드러낸다. 오상은 인간 세계에서 변하지 않은 다섯 가지 진리다. 자연의 질서와 인간 본성에 대한 성찰이 담겨있다. 동대문은 인(仁)을 일으키는 흥인지문(興仁之門), 서대문은 의(義)를 돈독히 하는 돈의문(敦義門), 남대문은 예(禮)를 숭상하는 숭례문(崇禮門), 북대문은 지(智)를 넓히는 홍지문(弘智門)이라 이름 지었다. 신(信)은 보신각(普信閣)에 있다.

북대문에 대해서는 추가적인 설명이 필요하다. 처음부터 북대문은 홍지문이 아니었다. 정도전이 4대문의 이름을 지을 때 북대문의 이름을 소지문(炤智門)으로 하자는 의견도 있었지만 숙청문(肅淸門)으로 낙점되었다. 풍수지리설에 의해 북문을 열어놓으면 나라의 화를 자초하고 음기가 침범하여 부녀자들의 풍기가 문란해진다는 주장에 따라 폐문의 신세가 되어 실질적인 성문의 기능은 하지 못했다. 북대문이 중요한 역할을 하는 것은 기청제와 기우제를 지낼 때였다. 기우제를 지낼 때는 양기가 많은 남대문은 닫고 음기 서린 북대문을 열어 우기를 맞아들였다. 중종 때에는 숙정문(肅靖門)으로 이름을 바꾸었다. 숙종 때(1715년) 창의문(彰義門) 인근, 현재 상명대학교 인접 지역에 홍지문(弘智門)을 내어 백성들을 출입하게 했다. 서울 성곽과 북한산성을 이어주는 탕춘대성의 홍지문은 숙종의 친필 편액이 걸려있다. 이런 연유로 홍지문이 실질적인 북대문의 역할을 하게 하였다. 명목상 북대문은 숙정문으로 불리지만 기능적인 측면에서 북대문은 홍지문으로 볼 수 있다. 당초 성문 이름에 유교의 덕목인 오상의 이념을 넣지 않은 유일한 대문이었지만, 결국엔 홍지문을 세워 오상을 완성했다. 조선 개국 후 320여 년 만이다. 오상의 나라, 인의예지신의 나라다.

4대문과 보신각은 오행, 즉 수화목금토에 따라 이름을 지었다. 미술사학자 오주석은 4대문을 오행의 이치를 결부시켜 풀이한다. 대가의 흥미로운 풀이에 눈길이 멈춘다. 동쪽은 봄에 해당하는데 봄은 만물을 어질게 키워내기 때문에 '어질다(仁)'고 해서 동대문을 흥인지문(興仁之門)이라고 했다. 남쪽은 여름에 해당하는데 여름에는 모든 초목이 우거지고 무성하다. 제자리에서 정연한 질서를 이루며 자라고 분수를 벗어나지 않는다. '예(禮)가 있다'고 해서 남대문을 숭례문(崇禮門)이라고 했다. 서쪽은 가을에 해당한다. 가을에 찬바람이 불면 죽을 것은 누렇게 시들어 죽고 곡식이나 과일은 남겨진다. '의(義)를 돈독케 한다'는 뜻으로 서대문을 돈의문(敦義門)이라 불렀다. 북쪽은 겨울에 해당한다. 겨울이 되면 씨앗은 땅속에 묻혀있어야 다음을 기약할 수 있다. 그렇지 않으면 얼어 죽어 다음해를 기약할 수 없다. '슬기롭다(智)'는 뜻에서 북대문을 숙지문(肅智門)이라고 부르려 했다. 그러나 '지혜란 드러내지 않는다'라는 생각에서 숙청문(肅淸門)이라고 했다가 '고요하고 안정되어 있다'는 정(靖)자로 바꾸어 숙정문(肅靖門)이라고 불렀다. 동서남북의 가운데는 보신각(普信閣)이 있다. 아침에 33번을 울리면 33천(天)이 열리고 밤에 28번 울리면 하늘의 28수 별자리가 뜬다.

유가의 시조 공자의 이론을 보다 현실적으로 발전시킨 제자는 맹자다. 사숙(私淑)이라는 표현이 정확할 것이다. 공자보나 180년 후에 태어났다. 맹자는 공자의 학설을 이어받아 사단설(四端設)을 주장했다. 사단은 《맹자》 〈공손추편〉에 나오는 인간의 네 가지 마음(감정), 즉 측은지심(惻隱之心), 수오지심(羞惡之心), 사양지심(辭讓之心), 시비지심(是非之心)으로 각각 인, 의, 예, 지의 착한 본성(德)에서 발로되어 나오는 감정이다. 단(端)이란 선(善)이 발생할 가능성을 가진 시초를 말한다. 측은지심은 타인의 불행을 아파하는 마음, 수오지심은 부끄럽게 여기고 수치스럽게 여기는 마음, 사양지심은 타인에게 양보하는 마음, 시비지심은 선악시비를 판별하는 마음이다(이동희

1995 참조).

인의예지신의 구체적인 실천 계획은 4대문 안 궁궐 정문 현판에 새겼다. 정문을 자세히 들여다보라. 공통적으로 '화(化)'가 들어가는 이름을 지어 걸었다. 백성을 교화(敎化)하여 감화한다는 의미다. 교화의 사전적 의미는 '사람을 정신적으로 가르치고 이끌어 좋은 방향으로 나아가게 하는 것'이다. 불교에서는 '부처의 진리로 사람을 가르쳐 착한 마음을 가지게 하는 것'이다. 인간의 거친 심성을 부단한 교육으로 순화시켜야 한다는 유교적 교육관이다. 한민족의 교육열이 높을 수밖에 없는 이유다. 경복궁의 광화문(光化門), 창덕궁의 돈화문(敦化門), 창경궁의 홍화문(弘化門), 경희궁의 흥화문(興化門), 덕수궁의 인화문(仁化門). 덕수궁의 현재 정문은 대한문이지만 원래 이름은 인화문이었다. 고종·순종 시대를 거치면서 인화문이 대안문(大安門)으로, 대안문이 대한문(大漢門)으로 바뀌었다.

유가가 지향하는 기본 철학은 한국인의 마음속에 하나의 가치관으로 튼튼하게 뿌리를 내리고 생활화되었다. 가훈, 급훈, 사훈으로 인의예지신 중 한두 가지 덕목을 삼은 곳도 많다. 21세기 한국은 지구상에서 가장 역동적인 나라다. 인터넷 보급률이 가장 높고 세계 첨단 제품이 한국 시장에서 통했을 때 성공 가능성이 있을 정도다. 변화를 빨아들이고 내뱉는 리트머스요, 거대한 용광로다. 전통과 현대의 교묘한 조화를 이룬 나라다. 이 조화 속에서 한류가 세계를 열광케 하고 첨단 제품이 지구촌을 호령하는 소프트파워가 나오지 않나 싶다. 이 소프트파워를 한민족의 잠재력을 발현하는 원동력으로 이어나가면 좋겠다.

김영상. (1994). 《서울 六百年 1》. 대학당.
오주석. (2003). 《오주석의 한국의 미 특강》. 솔출판사.
장지연. (2018). 《경복궁, 시대를 세우다》. 너머북스.
《중앙일보》. (2008). 〈'한국의 문(門)'을 찾아서 ⑦ 숙정문〉. 4월 10일.
《한겨레: 온》. (2020). 〈숙정문(肅靖門)〉. 8월 10일.
이동희. 〈사단칠정〉. 한국민족문화대백과사전. https://encykorea.aks.ac.kr/Contents/Item/E0025438.

블랙리스트

악마의 유혹

박근혜 정부에서 '블랙리스트'는 정치적 용어가 되었다. 사전적 의미는 이렇다. '감시가 필요한 위험인물들의 명단. 흔히 수사 기관 따위에서 위험인물의 동태를 파악하기 위하여 마련한다.' 2016년 박근혜 정부는 야당의 유력한 대통령 후보로 거론된 문재인이나 박원순을 지지한 예술인과 세월호 침몰 사고에 대한 정부 시행령 폐기 촉구를 하거나 시국 선언을 한 문화예술인에 대해 정부의 지원을 끊거나 검열 및 불이익을 줄 목적으로 비밀리에 리스트를 작성했다. 블랙리스트에 등재된 인사는 9,473명. 살생부에서 살부가 블랙리스트라면, 생부는 화이트리스트다.

2016년 10월 당시 박원순 서울시장은 블랙리스트가 사실이면 대통령 탄핵감이라고 주장했다. 야권은 정부의 문화예술인 블랙리스트 작성 의혹에 대해 일제히 독재정부 시절의 정치 검열이라며 반발했다. 문화예술인에 대한 검열은 헌법이 보장한 표현의 자유를 부정하는 처사이고, 박정희의 유신 시대로 회귀하는 것과 다름없다는 비판이다. 당시 문재인 더불어민주당 대표도 "권력을 풍자하고 시대를 비판하는 중요한 사명을 가진 문화예술인들에 대한 블랙리스트는 이 정부의 예술적 무지를 드러내는 상징적인 사건"이라며 "지금이라도 진실을 밝히고 관련자들을 문책한 뒤 예술인에게 사죄하라"라고 촉구했다(정재호 2016).

〈트럼보〉(2015)는 우리나라 블랙리스트 사태를 연상시키는 영화다. 영화 각본가 제임스 트럼보(1905-1976)의 일대기를 그린 영화다. 당시 미국 정부는 그의 진보적인 신념과 표현을 문제 삼아 국가의 위험인물로 낙인을 찍고 블랙리스트에 올렸다.

미국판 블랙리스트의 역사를 좇아가 보자. 1920년대 이후 경제공황으로 물가가 치솟고 실업자가 쏟아지면서 사회가 혼란해졌다. 공산주의나 파시즘이 사회문제를 해결하는 하나의 대안으로 부상했다. 세계사적으로 사회적 혼란은 파시즘, 나치즘과 같은 국가 일당독재의 이데올로기를 잉태시키는 영양분이 된다. 미국 공산당은 1919년 공식 창당했다. 공장 노동자, 흑인, 소작농의 지지를 받았다. 공산당은 경제대공황 시기 미국 사회운동에 큰 영향력을 발휘했다. 미국 국민들은 분배구조와 평등문제에 더 많은 관심을 갖게 되었다. 오늘날 미국이 민주주의를 꽃피운 나라로 평가받고 있지만 훨씬 이전부터 이념 대결, 좌우 대결, 진보와 보수 대결이 끊이지 않았다.

트럼보는 할리우드 시나리오 극작가다. 그가 각본을 쓰거나 각색한 영화는 공전의 히트를 쳤고 최고의 몸값을 받았다. 영화계를 대표하는 잘나가는 작가였다. 〈로마의 휴일〉, 〈스파르타쿠스〉, 〈영광의 탈출〉, 〈브레이브 원〉 등이 그의 손을 거쳤다. 그가 블랙리스트에 등재된 계기는 할리우드 영화종사자 노조의 입장에 찬성한 것에서 비롯된다. 당시 제작자, 작가, 배우를 제외한 스태프들은 터무니없는 대우를 받았다. 보이지 않은 곳에서 일하는 스태프들은 찬밥 신세였다. 그들은 이를 개선하기 위한 합당한 요구를 해왔고 트럼보는 이를 지지했다. 합당한 요구에 합당한 지지였다. 당시 정치적 분위기는 노조의 파업을 지지하는 인사들을 공산주의자로 몰고 갔다.

미국은 제2차 세계대전을 승리로 이끌고 세계 강대국으로 진입했다. 종전 후 세계의 정치적 지형은 엄청난 지각 변동이 일어났다. 영국을 위시한 유럽 제국의 영향력이 약해지면서 미국이 자본주의 진영을 대표하게 되었다. 공산주의 진영에서는 소련이 패권 국가로 등장하고 중국 대륙에서는 장개석의 국민당 정부가 대만으로 쫓겨나다시피 했다. 소리 없는 전쟁이라는 냉전이 본격화되었다. 특히 1950년 한국전쟁은 자본주의 진영과 공산주의 진영의 대리전이었다.

1947년 미국 의회는 공산당원 등 반국가적·파괴적인 인사들의 음모를 밝히고 그들을 청산하기 위한 반미활동조사위원회를 조직했다. 상원에서는 1950년부터 매카시즘 광풍이 불어

닥쳤다. 이념 검증에 적색 공포까지 설상가상이었다. 위원회 활동은 1975년까지 이어졌다.

미국 사회도 40-50년 동안 블랙리스트라는 유령이 사회 분위기를 짓눌렀다. 광풍을 맞으면 끝장이었다. 위원회의 청문회에서 트럼보는 공산당원 활동 여부를 묻는 질문에 답변을 거부해 의회 모독죄로 기소되어 감옥 생활을 한다. 주류 사회에서 낙오자가 되었다. 트럼보와 가족 흑역사의 시작이다. 찰리 채플린도 매카시즘 때문에 미국에서 추방됐다.

위원회는 특히 교사, 군인, 공무원 등에 대한 조사를 강화했다. 표적수사였다. 블랙리스트에 오른 당사자들은 실직, 파산, 이혼하거나 심지어 자살까지 했다. 사회적 낙인은 개인과 가족의 삶을 피폐하게 만들고 갈가리 찢어버렸다. 영화배우로 유명한 존 웨인, 로널드 레이건(당시 영화배우협회 회장, 후에 대통령 당선) 등은 화이트리스트에 올라 승승장구했다. 반면 커크 더글러스(1916-2020)와 같은 영화제작자 겸 배우는 매카시즘 광풍에도 트럼보를 작가로 채용하고 외압에도 아랑곳하지 않았다. 미국 사회의 흑역사에서 최대의 피해자, 희생자는 개인과 그 가족이지만, 트럼보를 비춰보면 개인이 신념을 어디에 두고 그것을 어떻게 지켜나가느냐는 중요한 일이 아닐 수 없다.

우리나라 블랙리스트는 대통령의 승인을 받아 부하들이 실행했다. 정권 보호를 위해서라면 수천 명의 창작자의 작품 활동, 사회경제적 활동, 그들 가족의 생계와 안위는 안중에 없었다. 미국의 블랙리스트는 의회 차원에서 진행되었다. 만약 이것이

행정부 차원에서 발의되었다면 역시 탄핵감이었을 것이다.

1970년 3월 트럼보는 전미 작가상을 받는다. 사실 〈로마의 휴일〉과 〈브레이브 원〉의 아카데미 각본상은 그가 수상해야 맞다. 블랙리스트에 올라 정상적인 작가 활동을 하지 못한 탓에 엉뚱한 작가들이 대신 상을 탔다. 무려 11개의 가명으로 작품을 쓸 수밖에 없었다. 수상 소감에서 트럼보는 이렇게 일갈한다. "블랙리스트에는 악당도 영웅도 없다. 오직 희생자만 있을 뿐이다." 정치적으로 다른 신념을 가진 상대를 불순한 세력으로 몰아 세상과 단절시키고 삶을 질식시키는 블랙리스트는 악마의 유혹이고 민주주의의 역주행이다. 인간의 존엄성을 짓밟는 국가 권력의 횡포다. 독일 헌법 제1조 1항을 떠올린다. "인간의 존엄성은 훼손할 수 없다. 이를 존중하고 보호하는 것은 국가권력의 책무이다." 독일 헌법 첫머리에 등장하는 '인간 존엄성'은 블랙리스트가 난무하는 세상일수록 커다란 울림을 준다.

영화 〈트럼보〉는 국가 권력 행사의 정당성과 국민의 기본권 보호에 대해 생각하게 한다. "모든 권력은 국민으로부터 나온다." 민주국가의 지도자라면 국민으로부터 위임받은 권력을 자기 입맛대로 써서는 안 된다. 할리우드는 트럼보 사망 17년 후에 아카데미 각본상을 원래 임자에게 돌려주었다.

정재호. (2016). 〈박원순 "문화예술인 블랙리스트…대통령 탄핵 대상"〉. 《한국일보》, 10월 12일.

〈트럼보〉. (2015). 영화.

파나마 운하

초고속 수로 건설에 얽힌 이야기

2021년 3월 23일 수에즈 운하를 항해하던 거대한 화물선이 좌초되는 바람에 통항이 어렵게 되었다. 수에즈 운하는 아시아와 유럽을 잇는 초고속 수로다. 장기간 운하가 막히면서 유럽행 선박들은 희망봉을 돌아가야 했다. 9천km를 더 항해해야 하고 소요 기간도 7–10일 더 걸린다. 1970년대 중반 이후 45년 만에 희망봉으로 우회한다고 한다. 당시 이집트와 이스라엘은 수에즈 운하를 사이에 두고 군사적으로 대립했다. 지정학적·지경학적으로 해상요충지인 수에즈 운하가 막히면서 운하에 대한 관심도 높아졌다.

운하는 선박의 항행이나 관개, 급배수 등을 위해 만든 인공 수로다. 운하는 인간이 효율적으로 교류·이동하고 싶은 욕망의 분출 작용이며 인류가 남긴 경이로운 인공 구조물이 아닐 수 없다. 운하가 없다면 인간은 훨씬 더 많은 시간과 비용을 들여 태평양과 인도양, 대서양을 항해할 것이다. 터키와 중국을 잇는 실크로드가 천연의 육상 지름길이라면 대양과 대양을 이어주는 운하는 인공의 해양 지름길이다.

세계에는 많은 운하가 있지만 파나마 운하 건설에는 파란만장한 사연이 많았다. 파나마 운하의 길이는 이집트 수에즈 운하 길이의 정확히 2분의 1이다. 두 운하의 공사 기간은 엇비슷했다. 공사 기간에서 길이는 문제가 아니다. 공사 환경의 조건과 공사 기간은 비례한다. 파나마 운하 공사에 환경의 제약과 난관이 많았다는 방증이다.

1534년, 파나마 운하 건설에 가장 먼저 뛰어든 나라는 스페인이었다. 그럴 수밖에 없는 것이 스페인은 아메리카를 먼저 '발견'하고 여러 지역에서 식민체제를 구축·운영하는 과정에서 운하의 필요성을 절감했다. 그 필요성은 배를 타고 극지를 돌고 돌아 목적지까지 가본 사람들이 가장 잘 안다. 가장 필요성을 절감한 사람은 1592년 멕시코 아즈텍 문명을 파멸시킨 코르테스였을 것이다. 이후로도 잉글랜드(1668), 스코틀랜드(1689), 프랑스(1882)가 운하 건설을 시도했지만 포기했다. 운하는 육지를 연결하는 좁고 잘록한 지협을 뚫고 대양과 대양을 연결하는 초대형 프로젝트가 아니던가. 프랑스는 1869년 수에즈 운하를 성공적으로 건설한 경험과 노하우를 바탕으로 파나마 운하 건설에 뛰어들었지만 실패했다.

왜, 유럽 국가들은 파나마 운하 건설의 실패를 반복했을까?

중동의 수에즈지협과 아메리카의 파나마지협은 주변 환경이 너무 달랐다. 수에즈지협은 건조한 사막지대였지만 지대는 평평했다. 반면 파나마지협은 산악지대가 많고 열대의 숲과 강으로 둘러싸였다. 열대의 강과 숲에는 치명적인 전사들이 우글거렸다. 모기다. 열대의 고온 고습한 운하 부지 주변에는 모기 천국이었다. 모기 매개 전염병인 말라리아와 황열병이 수많은 인명을 앗아갔다. 모기가 득실대는 공사 현장은 '킬링필드'에 다름 아니었다. 현지에서는 운하를 건설하는 것인가, 아니면 무덤을 건설하는가 하는 비난과 조롱이 난무했다.

미국은 재빨리 기회를 포착했다. 19세기 말 미국은 신흥 제국주의 국가로 부상한다. 유럽은 그동안 미국이란 젊은 호랑이를 키웠다. 주변 국가들은 신흥강국 미국이 유럽 제국주의와 다를 것으로 기대했다. 약소민족이 자주국가로 발돋움하는데 든든한 방패막이가 되어줄 것으로 기대했다. 기대는 환상에 불과했다. 미국은 겉과 속이 완전히 다른 나라였다. 국익을 위해서라면 국가 간의 신뢰를 손바닥 뒤집듯했고 밀약외교도 서슴지 않았다. 미국을 가장 믿었던 나라는 바로 우리의 조선이었다. 고종은 조미수호통상조약(1882)을 통해 중국을 견제하고 일본의 한반도 지배의 마수로부터 조선을 지켜내려 했지만 국제질서의 냉혹한 현실을 몰라도 너무 몰랐다. 오히려 미국만 쳐다보고 있다가 쓸 수 있는 카드도 놓쳐버렸다.

파나마 운하 건설 이전 미국의 산업기지는 동부에 위치하고 있어 태평양으로 진출하려면 남아메리카 칠레의 케이프 혼을 돌아야 했다. 미국의 동부는 태평양과 고립되어 있었다고 해도 과언이 아니다. 그 누구보다 운하의 필요성을 절감했다. 1902년 시어도어 루스벨트(재임 1901-1909)는 대통령으로 취임하자마자 프랑스로부터 파나마 운하 사업권을 4,000만 달러에 매입했다. 루스벨트는 1905년 가쓰라-태프트 밀약으로 조선을 일본에 넘긴 그 당사자다(루스벨트는 러일전쟁을 종식시킨 공로로 노벨평화상까지 받았다). 루스벨트는 국방부 해군 담당 차관보를 역임하면서 해양 진출의 필요성을 누구보다 잘 알았다. 급기야 1903년 파나마 운하 건설을 위해 콜롬비아의 한 주에 불과했던 파나마주를 독립시켰다. 무력개입을 통해서다. 신진 제국주의 호랑이가 발톱을 보인 순간이다. 미국식 제국주의 경영 방식이다. 유럽 국가들은 식민지를 세워 현지에서 식민경영을 했다면, 미국은 적극적인 내정간섭을 통해 국가를 전복시켜 목적을 달성한다.

1904년부터 본격적으로 운하 건설을 시작하여 1914년 8월 4일 개통했다. 운하의 길이는 82km다. 총 3억 8,700만 달러(현재 가치로 약 4천억 달러, 한화 약 471조 6천억 원)가 투입되었다. 2019년 우리나라 국가예산의 규모가 470조였다. 인명 손실도 컸다. 얼마만큼 난공사였는지 짐작할 수 없을 정도다. 2만 5천여 명이 사망한 것으로 집계되었는데 이 중 프랑스에서 시작한 공사로만 2만 2천 명이 사망했다. 공사로 인한 사고보다는 말라리아와 황열병 등 풍토병에 의한 희생자가 대부분이었다. 파나마 운하는 이후 미국이 독점적으로 관할하다 1977년

부터 파나마와 공동 운영했고, 1999년 파나마 소유가 되었다.

파나마 운하는 대서양 카리브해와 태평양을 연결한 초고속 수로다. 파나마 운하가 없다면 선박들은 남미 최남단 케이프 혼을 돌아가야 한다. 미국 선박이 대서양 뉴욕에서 태평양 샌프란시스코까지 항해한다고 가정하자. 파나마 운하 덕분에 케이프 혼을 돌 때의 22,500km에서 9,500km로 운항 거리를 단축시켰다. 운항 일수, 수송 거리, 비용 절감이 대단하다. 이러니 운하를 건설하려고 하지 않겠는가. 중국도 파나마 위쪽에 위치한 니카라과에 운하(길이 278km) 건설을 계획하고 있다. 운하를 놓고 미중 대결이 펼쳐지고 있다.

미국은 어떻게 파나마 운하 건설에 성공했는가? 운하 건설 공법 등을 제외하더라도 결정적 성공요인은 열대 모기 매개 질병을 퇴치하는 의약품 개발과 공중보건위생 개념의 도입이다. 특히 말라리아와 황열병을 퇴치하는 의약품 개발은 일등공신이었다. 프랑스에서 시작한 공사로 사망한 2만 2천 명 대부분이 모기 매개 전염병으로 사망했다는 것은 공사 진행의 최대 장애는 모기라는 사실을 알 수 있다. 유럽 국가들은 모기 때문에 공사를 포기하고 돌아갔다. 미국은 열대 질병을 극복하기 위해 공중보건위생 개념을 도입하고 의약품을 개발하면서 남아메리카에서 정치경제적 지배를 확대시킬 수 있었다. 대서양에서 태평양으로 진출하는 관문을 확보한 미국은 여세를 몰아 필리핀, 하와이, 쿠바, 사모아, 사이판, 괌 등의 섬을 점령하고 식민지로 삼을 수 있었다. 열대 풍토병을 퇴치할 수 있는 국가가 해양을 제패할 수 있었다.

실패학의 사례로 프랑스 이야기를 해보자. 수에즈 운하를 건설한 경험이 있는 프랑스는 파나마 운하 건설에 자신감을 보였다. 프랑스는 유럽 국가들 중 운하 건설 역량이 가장 뛰어난 국가였다. 그러나 지나친 자신감이 문제였다. 과도한 자신감을 가진 사람은 주변 사람들의 의견에 귀를 기울이지 않는 경향이 높다. 프랑스의 운하 건설 책임자들은 열대 모기가 전염시키는 말라리아와 황열병의 대처에 안이했다. 모기는 프랑스의 국가 프로젝트를 좌초시켰고 프랑스는 체면을 구겼다. 덩치는 작지만 열대의 강과 숲에 서식하는 모기는 이방인을 환영하지 않았다. 탱크와 대포보다 치명적이었다. 프랑스인들은 프랑스식 주거환경을 조성하기 위해 정원을 만들고 열대 개미의 접근을 막기 위해 나무 주위에 도랑을 만들기까지 했다. 열대 모기들을 위한 최상의 조건을 마련해 주었다. 유럽의 문명인들이 현지인들의 경고를 무시하고 고집을 피우다 엄청난 희생자를 만들어 냈다. 문명화란 곧 철저한 현지화라는 사실을 역사는 깨닫게 해 준다. 프랑스의 인상파 화가 폴 고갱도 운하 공사장에서 막노동을 했다. 이 가난하고 불우한 화가는 열대의 태양과 폭우 속에서 두 달 정도 일했는데 황열병과 말라리아에 시달리다 포기하고 돌아갔다고 한다(주경철 2015, 300-301 참조).

반면 운하 건설에 후발 주자로 뛰어든 미국은 유럽 국가들의 시행착오를 반복하지 않기 위해 철저한 준비를 했다. 미국이 우선적으로 관심을 가진 것은 열대 모기 퇴치를 위한 노동환경의 개선과 퇴치제 개발이었다. 노동자의 숙소를 청결하게 유지하고 모기 서식지를 근절하는 데 시간과 돈을 들였다. 이 노력은 효과를 보았다. 열대 제국주의 경영에 가장 큰 공로자는 의학의 발전이었다. 역사의 교훈에서 배우는 국가와 무시하는 국가와의 차이다. "인류에게 가장 큰 비극은 지나간 역사에서 아무런 교훈도 얻지 못한 데 있다." 토인비의 말이다. 역사의 반복은 시간과 공간에 차별을 두지 않는다. 인간은 역사의 냉혹함 앞에 속수무책일 때가 많지만, 먼저 깨닫고 준비하는 자에게는 기회의 역사가 될 수 있다.

마샬, 팀. (2016). 《지리의 힘》. 김미선 옮김. 사이.

와인가드, 티모시 C. (2019). 《모기》. 서종민 옮김. 커넥팅.

주경철. (2015). 《모험과 교류의 문명사》. 산처럼.

최태성. (2019). 《역사의 쓸모》. 다산초당.

《아틀라스》. (2019). 〈'미국의 세기' 연 파나마 운하〉. 4월 18일.

《연합뉴스》. (2016). 〈9년간의 대공사…366m 길이 배도 통행 '거뜬'〉. 6월 19일.

《조선일보》. (2017). 〈"어떤 공사였길래" 2만 명 넘는 근로자가 죽어간 기적의 운하〉. 4월 30일.

《한겨레》. (2016). 〈고갱이 삽질했던 그 운하처럼〉. 4월 6일.

《한겨레》. (2021). 〈수에즈운하 뒷시찌 막혀…HMM, 45년 만에 희망봉 돌아 유럽 간다〉. 3월 28일.

해양 강대국 영국의 등장

영국 vs. 스페인 전쟁

2021년 기준으로 유럽의 27개 국가들은 유럽연합(EU) 회원으로 정치적 연대와 경제적 교류를 이어나가고 있다(영국은 2020년 1월 31일에 탈퇴했다). EU 회원국은 제집처럼 이웃 나라를 넘나들 수 있다. 유럽 국가들을 하나의 공동체로 묶는다는 것은 결코 쉬운 일이 아니다. 현대에는 정치적·경제적·문화적 교류 등 실용적인 측면에서 공동체 존속을 위한 조건들을 찾아내고 있지만, 지금보다 훨씬 이전 유럽인들을 하나로 묶는 끈은 무엇이었을까? 공통분모는 로마 가톨릭이었다. 과거 유럽은 교황을 중심으로 한 종교 공동체에 가까웠다. 391년 로마제국 테오도시우스 황제가 기독교를 국교로 선포한 이후 기독교는 유럽과 유럽인의 정신과 사상의 뿌리로 자리 잡았다.

1517년 마르틴 루터가 종교개혁을 주창하면서 단일 종교 공동체는 지각변동을 일으켰고 가톨릭과 개신교로 쪼개졌다. 구교와 신교. 종교개혁은 유럽의 정치적 지형에 엄청난 변화를 가져왔다. 구교냐 신교냐에 따라 공동체는 이리저리 갈리고 합종연횡을 이뤘다. 영국 헨리 8세(재위 1509-1547)의 등장은 종교 공동체에 균열뿐 아니라 교황의 리더십에도 타격을 주었다. 루터의 종교개혁 주창이 가톨릭 교단 전체의 각성과 변화를 요구하는 공적 동기에서 비롯되었다면, 1534년 헨리 8세가 교황 체제에 반기를 들고 독자적인 노선을 걷기로 한 것은 국왕 개인의 사적 동기에서 비롯되었기 때문이었다. 국가마다 교황에 등을 돌리고 국왕의 종교적 신념과 정치 노선에 따라 구교 또는 신교를 선택할 수 있는 선례를 남겼다.

영국사에서 헨리 8세만큼이나 주목받는 인물도 드물다. 헨리 8세는 요절한 형의 아내이면서 왕비였던 캐서린과 결혼하였다. 캐서린은 스페인의 페르난도와 이사벨 공동왕의 딸이었다. 둘 사이에 딸(메리 튜더)을 두었지만 아들을 낳지 못했다. 왕조 시대에 왕비가 후계를 이을 아들을 생산하느냐의 여부는 중차대한 문제였다. 결혼 20년 만에 별거에 들어갔다. 혈기왕성했던 헨리 8세는 캐서린 왕비의 궁녀 출신 앤 불린과 혼인하고 싶었다. 교황 클레멘스 7세는 이혼을 승인하지 않았다. 헨리는 교황과 결별하고 수장령으로 영국의 교회를 로마 가톨릭 교회로부터 분리시켰다. 로마 가톨릭 교회와 수도원을 해산하고 재산을 몰수하였다. 헨리 8세 스타일의 종교개혁이었다. 과격하게 표현하면 종교의 사유화였다.

16세기 유럽은 이탈리아 피렌체를 중심으로 인본주의를 주창하는 르네상스가 활발하게 펼쳐지고 있었지만, 여전히 종교공동체의 색깔이 강했다. 특히 스페인은 가톨릭의 보호국으로서 교황의 절대적인 지지를 받았다. 영국만 해도 헨리 8세의 로마 가톨릭 탈퇴로 개신교 국가로 변모했다고 하지만 여전히 가톨릭 신자들과 갈등을 겪었다. 개신교의 뿌리가 탄탄하게 내리지 못했다. 헨리 8세의 뒤를 이어 왕위에 오른 에드워드 6세는 개신교를 지지했지만, 그 뒤를 이은 메리 여왕은 '피의 메리'로 불릴 만큼 개신교를 철저히 박해했다. 메리 1세 사후 즉위한 엘리자베스는 다시 개신교를 지지했다. 국왕이 어떤 종교적 색깔을 가지고 있느냐에 따라 '마녀 사냥'이 활개를 쳤다.

헨리 8세는 여섯 번 결혼했다. 왕위를 계승할 아들이 흉년이었다. 관전 포인트는 앤 불린과 결혼하여 딸 엘리자베스를 낳았는데, 엘리자베스가 아들이 귀한 튜더 왕조에서 우여곡절 끝에 여왕으로 등극한 것이었다. 엘리자베스 여왕은 영국을 섬나라 후진국에서 해양 강국으로 진출하는 발판을 놓았다. 엘리자베스 여왕을 주목한 이유다. 그녀는 1588년 유럽 최강의 군사력을 자랑하는 스페인과의 전쟁에서 승리하고, 변방의 섬나라에서 유럽의 중심 국가로 부상하는 계기를 마련했다. 여왕은 "짐은 국가와 결혼했다"라고 천명하며 평생 독신으로 살았다. 이 신념은 국정철학과 국정운영 방식에도 영향을 미쳤다.

영국과 스페인 전쟁의 원인은 여러 갈래로 분석되고 있다. 첫째, 구교와 신교의 갈등을 꼽을 수 있다. 가톨릭 보호국 스페인과 영국의 로마 가톨릭 교회 일탈에 불만이 컸던 교황이 합심해서 영국을 손보기로 한 것이었다. 둘째, 스페인령 네덜란드의 일부인 네덜란드 공화국에 대한 영국의 지원을 억제하고, '신세계'에 있는 스페인 영토와 대서양 보물 선단에 대한 영국의 공격을 차단하는 것이었다. 셋째, 엘리자베스 퇴위를 위한 전쟁이었다. 넷째, 스코틀랜드의 여왕이자 로마 가톨릭교도인 메리 스튜어트와 엘리자베스의 갈등을 꼽을 수 있다. 메리 스튜어트는 스코틀랜드 개신교 신자들의 반란으로 왕위를 아들 제임스에게 넘겨주고, 1568년 잉글랜드로 망명하였다. 메리 스튜어트는 자신이 헨리 8세 누나의 적손임을 내세워 엘리자베스 여왕의 잉글랜드 왕위를 찬탈할 음모를 꾸몄지만 1587년 암살 계획이 발각되어 처형되었다. 엘리자베스 여왕을 견제하던 메리 스튜어트가 처형되자 스페인은 해적 도발을 핑계로 영국에 선전포고를 하였다.

영국이 해양 강대국의 발판을 마련하게 된 것은 스페인과의 전쟁에서 승리를 거머쥐었기 때문에 가능했다. 영국과 스페인 전쟁에서 대다수의 전문가들은 영국의 패배를 예측했다. 다윗과 골리앗 싸움으로도 비유했다. 스페인은 해상 전투의 전력과 경험에서 압도적인 우위에 있었다. 괜히 무적함대가 아니었다.

영국은 종합적인 전쟁 수행 능력에서 스페인에게 밀렸지만 헨리 8세부터 준비해 온 비장의 무기가 있었다. 대륙의 청동 대포보다 포신이 긴 장거리 철 대포를 개발했다. 당시 영국 철 대포의 사거리는 평균 100m였지만, 스페인 청동 대포의 사거리는 평균 60m 내외였다. 철은 청동보다 생산 원가가 3분의 1에 불과하고 영국에서는 철이 많이 생산되었다. 전함(戰艦)을 개조하고 성능을 개선했다. 전함을 밑바닥이 평평한 평저선으로 바꿔 하중을 낮추고 회전력과 속도를 높였다. 상선을 무장시켜 갑판 위에서 대포를 발사하는 기존 방식과 달리 함포가 설치된 전함을 건조했다. 영국의 전함은 함포 사거리, 명중률, 속도 등에서 스페인 전함보다 우세했다. 영국군은 해상 근접전에 강한 스페인과의 백병전을 피하면서 치고 빠지는 전술로 승리를 거머쥐었다(홍익희 2021 참조). 역사는 전쟁의 승리에 '우연'이 끼어들 가능성이 희박하다는 것을 말해준다. 어떤 전쟁이든 상대보다 한발 앞선 준비와 전황에 맞는 맞춤형 전략전술의 구사가 전쟁의 승리를 견인하는 법이다.

하물며 영국군에게는 대운도 따라주었다. 운칠기삼(運七技三)이라고 했던가. 스페인 함대는 폭풍으로 작전 수행이 어려웠고 함선이 난파되었다. 계획했던 보병과의 연합작전도 차질을 빚었다. 이 폭풍을 '프로테스탄트 바람'이라고 부른다. 하느님은 개신교의 손을 들어주었다. 영국의 운명을 가르는 전쟁에서 엘리자베스 여왕 치세의 영국군이 승리함으로써 왕권을 보존할 수 있었고 영국이 해상 진출의 교두보를 놓는 계기가 되었다.

이 전쟁은 영국과 스페인 양국 간의 전쟁이 아니었다. 프로테스탄트 국가와 가톨릭 국가 간의 대리전의 성격을 띠었다. 전쟁 이후에도 스페인의 전성기는 한 세대 이상 지속되었지만 영국과 스페인의 전쟁 결과는 유럽의 정치세력의 판도에 중대한 지각변동을 일으켰다. 여왕은 전쟁에서 승리한 기쁨을 메달에 새겼다. "하느님께서 숨을 내쉬자 그들이 흩어졌다"(매팅리 2012, 559). 개릿 매팅리는 《아르마다》에서 영국과 스페인 전쟁의 결과에 대해 다음과 같이 분석·평가했다(매팅리 2012, 572-575).

> 가톨릭 연합과 프로테스탄트 연합 간의 전면전 성격을 띠었다. (…) 가톨릭의 수호자로 자처했던 스페인이 패하면서 가톨릭이라는 유일한 체제가 무너지고 민족국가 형성의 발판이 마련됐다. 일부 국가에서는 교황 중심의 절대적 신앙체계에서 벗어나 개별적인 종교의 자유를 찾는 계기가 되었다.

영국이 무적함대를 패퇴시켰다고 해서 곧바로 해상 패권을 거머쥘 수는 없었다. 해상 패권은 곧 유럽을 넘어 세계의 패권을 의미했다. 영국은 무적함대를 격파했지만 스페인은 여전히 유럽의 최강국의 자리를 사지하고 있었다. 스페인과 영국은 해상 패권 자리를 놓고 칼레 해전을 포함하여 30여 년간(1567-1604) 치열하게 싸웠다. 세계 3대 해전은 살라미스 해전(그리스 대 페르시아), 칼레 해전(영국 대 스페인), 트라팔가르 해전(영국 대 프랑스)이다. 영국은 칼레 해전과 트라팔가르 해전에서 승리하면서 '해가 지지 않는 나라' 대영제국의 초석을 놓았다. 앨프리드 머핸 미 해군 제독의 말처럼 "바다를 지배하는 자가 세계를 지배한다"(주경철 2015, 295-297 재인용)라는 말이 맞았다. 대영제국은 제2차 세계대전 후, 영국 식민지에서 독립한 미국에 패권을 넘겨주었다. 이 세상에 영원한 것이 있을까 싶다. 해가 뜨면 지고 달이 차면 기울기 마련이다. 역사의 진리 앞에 겸손해야 하는 이유다.

매팅리, 개릿. (2012). 《아르마다》. 콜린 박·지소철 옮김. 너머북스.

모로아, 앙드레. (1996). 《영국사》. 신용석 옮김. 기린원.

서머싯, 앤. (2005). 《제국의 태양 엘리자베스 1세》. 남경태 옮김. 들녘.

주경철. (2015). 《모험과 교류의 문명사》. 산처럼.

주경철. (2017). 《그해, 역사가 바뀌다》. 파주: 21세기북스.

《주간한국》. (2020). 〈세계사를 바꾼 1588년 칼레해전, 영국 해적이 스페인 무적함대를 깨다〉. 5월 13일.

홍익희. (2021). 〈영국이 해상권력 거머쥐자…유대인의 돈도 도버해협을 건넜다〉. 《조선일보》, 5월 11일.

〈medal〉. 영국박물관. https://www.britishmuseum.org/collection/object/C_M-6898.

종교 탄압

프랑스 용기병의 박해

프랑스의 앙리 4세(재위 1572-1610)는 1598년 '낭트 칙령'을 공포하여 개신교 신자(위그노)에게 종교의 자유를 허용했다. 그의 증손자 루이 14세(재위 1643-1715)는 1685년 '퐁텐블로 칙령'을 공포하여 개신교 신자들을 다시 탄압하고 프랑스를 완전한 가톨릭 국가로 되돌리고자 했다. '하나의 국가, 하나의 종교'라는 미명 아래 벌어진 참사였다.

전 세계적으로 종교 탄압과 박해와 관련된 사례는 헤아릴 수 없을 정도지만, 루이 14세 통치 아래 벌어진 종교 탄압은 해괴하기 짝이 없다. 왕의 근위대인 용기병을 개신교 신자의 가톨릭 개종 프로젝트에 투입했다. 용기병은 영어로 'dragoon'이라 하는데, 드래건이라는 이름의 소총으로 무장하고 말을 탄 데에서 비롯된 명칭이다. 오늘날 기갑 또는 기계화 부대다. 영영사

전에서도 'dragonnade(용기병 박해)'를 이렇게 정의하고 있다. "루이 14세 통치 아래 개신교 신자의 마을과 집에 주둔한 용기병들에 의한 박해."

루이 14세는 용기병의 박해를 승인하는 것이 하느님에 대한 의무라고 믿었다(모루아 2016, 336). 국왕은 용기병에게 개신교 신자 집에 주둔하며 가톨릭 개종을 강요하고 온갖 만행을 저지르도록 승인했다. 영화 007 시리즈 중 〈살인면허〉가 있는데, 국가에서 비가톨릭 신자를 대상으로 살인 허가를 내준 것이었다. 용기병은 개종하지 않은 개신교 신자들을 살해하거나 부녀자를 강간했다. 임종 시 로마 가톨릭 사제가 기름을 바르며 병이 낫기를 기원하는 종부 성사를 거부한 개신교 신자들의 묘지에서 시체를 꺼내 부관참시를 했다. 종교에는 이웃과 원수까지도 사랑하라고 가르치고 있지만 종교를 권력화·사유화하면 총, 대포보다 더 무섭다.

개신교 신자들은 끔찍한 공포와 박해를 모면하기 위해 일부 지역에서 개종했다. 하지만 대부분의 개종자들은 형식적으로 개종한 척했을 뿐 자신의 양심과 신앙을 버리지 않았다. 인간의 내면 깊은 곳에 자리 잡고 있는 신앙은 무력 앞에서도 쉽게 굴복하지 않는 법이다. 차라리 생명을 내놓는다. 믿음이란 불가사의한 신념이다. 신앙은 박해를 받을수록 강해지는 속성이 있다. 조선의 천주교 박해에서도 이를 증명하고 있지 않은가.

프랑스 역사에서 루이 14세는 강력한 절대왕정으로 유럽에서 프랑스의 영향력을 극대화시킨 왕으로 기술한다. 그는 4세의 어린 나이에 왕위에 올라 섭정과 반란의 시기를 거치면서 왕권 강화의 필요성을 뼈저리게 느꼈을 것이다. 사실 중세시대에는 국가의 통합을 위해서는 얼마든지 국교를 정할 수도 있다. 그러나 가톨릭 신자가 아닌 개신교 신자의 집에 군대를 주둔시켜 상상할 수 없는 만행을 저지르게 한 것은 이해할 수 없다. 종교 재판이나 마녀 사냥보다 훨씬 무자비하고 치졸하다.

개신교 신자들은 루이 14세의 끔찍한 박해와 탄압을 피해 영국, 네덜란드, 독일 그리고 멀리 아메리카로 탈출했다. 약 40만 명이 프랑스를 떠났다. 장기적으로 프랑스 국내 경제에도 타격을 주었다. 해외 이주자들 중 상당수는 기업인, 장인, 기술자 등 상공업자였다. 프랑스는 경제 발전에 필요한 지식과 기술을 갖춘 개신교 신자들의 국외 망명으로 자본 감소와 인재 고갈 현상을 겪게 되었다.

사가들은 루이 14세 통치기에 프랑스는 국력이 절정기에 이르렀다고 평가한다. 외화내빈이다. 백성들은 끊임없는 전쟁에 따른 부역과 세금에 시달렸다. 야만과 광기의 시대였다. 19세기 액턴 경의 "권력은 부패하기 쉽고, 절대 권력은 절대 부패한다"라는 경구에 절대적으로 부합한 왕이었다. 당시 백성들 사이에서는 이런 기도가 널리 퍼졌다고 한다. "베르사유에 계시는 우리 아버지시여! 이제 당신의 이름은 존경을 잃었고 당신의 왕국은 빛을 감추었으며 당신의 뜻은 천지 사방에 통하지 않습니다. 바라건대 굶주리는 우리에게 빵을 주십시오"(모루아 2016, 342). 군주가 한 당파, 한 종파의 왕이 되기로 결심하는 순간 광기와 야만의 역사로 치닫게 된다. 오늘날 민주주의 국가에서도 눈여겨볼 교훈이다.

모루아, 앙드레. (2016). 《프랑스사》. 신용석 옮김. 김영사.

〈루이 14세〉. 네이버 지식백과. https://terms.naver.com/entry.naver?docId=2852079&cid=56790&categoryId=56791.

자유의 여신상
비하인드 스토리

뉴욕은 항구도시다. 매년 3천만 명 이상의 관광객이 뉴욕을 찾는다. 관광객이 꼭 보고 싶어 하는 명소는 자유의 여신상이다. 거대한 규모의 동상이다. 받침대에서 횃불까지 전체 길이가 93.5m(여신상 전신의 길이 46m, 받침대의 높이 47.5m). 여신상의 오른손은 횃불을 들고 있고, 왼손에는 미국 독립기념일인 '1776년 7월 4일'이 새겨진 명판을 들고 있다. 머리에는 일곱 개의 뾰족한 가시가 달린 월계관이 씌어져 있다. 자유의 이념이 전 세계 육지와 바다에 전파되기를 소망한다.

여신상은 프랑스가 미국 독립 100주년을 기념하여 준 선물이다. 어떻게 기획·제작되었는지 알아보자. 여신상의 구상은 1865년 프랑스 역사가, 정치가, 시인, 작가였던 에두아르 드 라불레가 주도했다. 그는 열렬한 노예해방론자였고 미국의 노예해방에 환호했다. 당시 프랑스와 미국은 혈맹관계였다. 미국이 영국을 상대로 독립전쟁을 치를 때 프랑스는 미국을 지원했다. 역사적으로 프랑스와 영국은 앙숙 간이었다. 라불레는 독립 전쟁에서 형성된 두 나라의 우정과 친선을 기리고 자유를 찾은 미국의 독립 1세기를 기념하는 동상을 만들어 선물하기로 했다. 당시 프랑스는 나폴레옹 3세의 독재 치하에 놓여있어 자유에 대한 열망이 컸다.

라불레는 동상을 만들 조각가로 친구 프레데리크 오귀스트 바르톨디를 선정하였다. 바르톨디는 1871년 미국을 직접 방문하여 동상 건축과 관련하여 미국 관계자와 협의하고 동상이 들어설 부지를 물색하였다. 역할 분담을 하였다. 동상은 프랑스에서 제작하고, 받침대는 미국에서 건축하기로 했다. 프랑스로 돌아온 바르톨디는 본격적으로 동상 제작에 착수했다. 동상의 모델과 관련하여 여러 설이 있다. 여신상의 얼굴은 바르톨디 자신의 어머니를 모델로 하고 전체적인 분위기는 그리스 신화에서 착상했다고 한다. 바르톨디는 밤낮을 가리지 않고 동상 제작에 몰두하여 마침내 1884년 7월 동상을 완성시켰다. 파리 시내 건물 높이 15층에 해당하는 거대한 동상이었다.

1885년 6월 동상은 350개 조각으로 분해되고 214개의 나무 상자에 담겨 프랑스 군함에 의해 뉴욕항으로 운반되었다. 미국에서 받침대 조성을 위한 기금 모금은 지지부진했다. 프랑스에서 온 동상은 리버티섬에 방치된 채 1년의 세월을 보냈다. 이때 언론인 퓰리처가 적극적으로 기금 조성에 나섰다. 퓰리처는 동상이 세워지는 데 큰 기여를 했다. 자칫 동상이 프랑스로 되돌려 보내질 뻔했다. 미국은 동상 건립에 미온적이었다.

프랑스가 미국에 자유의 여신상을 선물한 가장 큰 이유는 꽤 계몽적이다. 라불레가 동상 건축을 위한 모금 행사에서 한 말이다. "자유의 여신상은 우리에게 진리와 정의, 계몽과 법을 통해서만이 자유가 존재한다는 것을 보여주고 있으며 이것이 우리가 갈망하는 신성한 자유다"(손영호 2003, 22 재인용). 여신상에는 프랑스인들의 자유를 향한 열망이 담겨있다. 그래서인가. 여신상은 대서양 건너편 유럽 국가, 특히 프랑스를 정면으로 향하도록 설치되었다.

1903년 작가이자 자선가인 조지나 슈일러는 여신상 좌대에 새겨 넣을 글귀 선정을 요청받았다. 슈일러는 미국의 시인 라자러스의 14행시 〈새로운 거인〉에서 마지막 5행을 새겨 넣었다.

> 너의 지치고 가난한 사람들을,
> 자유롭게 숨쉬기를 갈망하는 무리들을,
> 혼잡한 해안에 지쳐 쓰러진 가엾은 족속들을,
> 머물 곳 없이 폭풍우에 시달린 이들을 나에게 보내다오.
> 나는 황금빛 문 옆에 서서 횃불을 높이 들리라!
>
> –에마 라자러스, 〈새로운 거인〉(손영호 2003, 28 재인용)

미국은 이민국가다. 전 세계에서 이주한 이민자들이 만든 모자이크 국가다. 이민자들이 미국에 올 때 볼 수밖에 없는 자유의 여신상에는 프랑스인들의 소망이 담겨있다. 미국의 독립 이념과 자유, 평등, 박애의 프랑스혁명의 정신이 전 유럽에 전파되기를 바랐다.

인류 역사는 자유와 평등을 쟁취하기 위한 싸움이었다고 해도 과언이 아니다. 현대 민주주의 국가의 쟁점도 자유와 평등의 가치를 어떻게 조화롭게 균형 잡을 것인가에 있다. 자유의 가치에 무게중심을 두면 보수요, 평등의 가치에 무게중심을 두면 진보다. 자유의 여신상은 현대 국가와 시민에게 많은 함의를 제공한다. 오른손의 횃불은 왼손에 새겨진 〈미국 독립선언문〉의 의미를 널리 전파하려는 것이다. 〈독립선언문〉의 핵심어는 자유, 평등, 생명, 행복의 가치다. 이제 자유와 평등의 테제에 머물러 있지 말고 인류의 생명권, 행복권으로 확장해 나가야 한다. 아래는 〈독립선언문〉의 앞부분이다.

> 다음과 같은 사실을 자명한 진리로 받아들인다. 즉 모든 사람은 평등하게 태어났고, 창조주는 몇 개의 양도할 수 없는 권리를 부여했으며, 그 권리 중에는 생명과 자유와 행복의 추구가 있다.

덧붙여 미국은 1776년 7월 4일 〈독립선언문〉을 작성했다. 영국에게 일방적으로 독립을 선언했다. 이후 약 7년에 걸친 싸움 끝에 1783년 9월 3일 파리조약을 거쳐 독립을 인정받았다. 정확한 표기는 독립기념일이 아니라 독립선언일이 맞을 듯싶다.

손영호. (2003). 《마이너리티 역사 혹은 자유의 여신상》. 파주: 살림.
이길용. (1992). 《미국이민사》. 대한교과서주식회사.
〈독립선언문(1776)〉. 주한미국대사관. https://kr.usembassy.gov/ko/education-culture-ko/infopedia-usa-ko/living-documents-american-history-democracy-ko/declaration-independence-1776-ko.
Statue Of Liberty. https://www.nps.gov/stli/learn/historyculture/stories.htm.

2부

위기

원인과 극복을 위한 인류의 노력

전염병의 역사 ①

초연결시대의 전염병

코로나19로 78억 인류가 불안과 공포에 떨고 있다. 2019년 12월 시작된 이 바이러스가 5대양 6대주를 전염시키는 대유행이 되었다. 과학자들의 예측이 번번이 빗나갈 정도로 변이와 전파력이 역대급이다. 돌이켜보면 인류 역사는 전염병과의 투쟁사라고 해도 과언이 아니다. 세균과 바이러스에 관한 한 '완전 퇴치'라는 말은 어폐가 있다. 환경이 갖추어지면 다시 발병하는 것이 세균이고 바이러스의 특성이기 때문이다. 지구온난화로 극지방의 빙하가 녹으면서 그 안에 잠자고 있던 세균들도 깨어나기 시작했다는 소식도 들려온다. 페스트, 말라리아, 황열병, 콜레라, 천연두, 독감 등 세균과 바이러스는 완전히 사라진 적이 없다. 잠시 사라졌다 기회를 호시탐탐 엿보고 있다는 표현이 맞을 것이다.

윌리엄 맥닐은 인류사에 병균의 중요한 역할을 인정하자고 주장한다. 그는 인류사를 '매크로-기생'과 '마이크로-기생' 두 차원으로 구분한다. 매크로-기생이 인간이 인간을 착취하는 현상이라면, 마이크로-기생은 병균이 인간에게 일으키는 병리 현상을 가리킨다. 지구는 인간과 병균이 공존하며 상호작용을 하는 곳이다.

수많은 바이러스 중에서도 '흑사병'으로 알려진 페스트는 장기간 천문학적인 숫자의 생명을 앗아간 인류 최악의 역병으로 기록되고 있다. 이 전염병에 감염된 환자는 종국에는 피부가 검은색으로 변색되면서 사망에 이른다고 해서 흑사병이라는 이름이 붙었다. 이 페스트는 14세기 중반 시작되어 19세기 중반에 이르러서야 퇴치되었다. 무려 5백 년이다. 정말 지긋지긋하고 끔찍한 사건이다. 우리나라 역사로는 고려 말에 시작하여 조선 말에 종지부를 찍게 된다.

페스트의 전파 경로는 크게 두 가지 설이 있다. 첫 번째는 1346년(시점을 1347년이라고 주장하는 학자도 있고, 논란을 피하기 위해 1340년대 말로도 표기한다) 여름 페스트균에 감염된 쥐와 벼룩이 흑해 크리미아 반도 항구 도시 카파에 정박해 있던 제노바 상선에 기어올라 유럽에 전파되었다는 설이다. 두 번째는 중앙아시아의 건조한 평원 지대에서 시작하여 실크로드를 통해 유럽으로 확산되었다는 설이다. 두 가지 설을 조합하면 페스트는 중앙아시아에서 발생하여 실크로드를 통해 이동했고 선박을 경유하여 유럽으로 전파되었다.

페스트의 역학 구조는 최초로 감염된 쥐가 죽고, 죽은 쥐에서 기생하던 벼룩이 살아서 인간에게로 이동하여 이 벼룩이 인간의 살을 물어뜯고 2-6일 잠복기를 거쳐 병을 전염시킨다. 이 전염병에 감염된 쥐벼룩은 쥐의 피를 걸신들린 듯이 빤다. 피를 빨리던 쥐가 전염병으로 죽게 되면 벼룩은 필사적으로 다른 음식을 찾게 되고 인간 숙주를 발견하게 되면 인간에게로 이동한다. 벼룩은 곡물이나 모직물과 같은 부드럽고 하얀 옷감 속에서 50일까지 추위를 피해 숨어있을 수가 있다.

14세기 곡식과 옷감은 모두 무역의 주요 품목이므로 이 물품을 운송하는 것은 곧 인간에게 전염병을 퍼뜨리는 방식이 되었다. '뛰어봤자 벼룩'이란 속담이 있지만, 벼룩이 이 말을 들으면 콧방귀를 뀌게 될 것이 분명하다. 벼룩은 사람 눈에 띄지 않고 은밀하게 잠복하고 있다가 때를 기다린다고 하니 고도의 지능범임에 틀림없다. 파리가 말꼬리에 붙어 천리를 이동하는 기미창승(驥尾蒼蠅)의 전략이다. 페스트가 무서운 또 다른 이유는 감염자가 숨을 쉬거나 피를 토할 때 나오는 작은 물방울로도 감염될 수 있다. 요즘 코로나19도 비말로 감염된다고 하는데 거의 유사한 현상이다.

1630년 유럽의 어느 집을 관찰한 기록이 전해진다. "100마리가 넘을 것으로 보이는 많은 쥐들이 집집마다 살고 있었다. (…) 이들은 굶주린 나머지 문과 창틀을 갉아먹었다"(왈츠 2009, 26). 1960-1970년대 우리 농촌의 실상과 겹친다. 쥐들이 너무 많았고 밤낮으로 그들과의 전쟁은 계속되었다. 밤이면 천장 위에서 왕복 달리기를 하는 쥐들의 경주를 들으면서 잠을 잤고, 자기 전에 으레 하는 세리머니가 있었는데, 창고에 저장해 놓은 곡식들을 먹으려고 침입한 쥐들을 잡으려고 쥐와 숨바꼭질을 했다. 집 주변과 논밭에도 쥐덫과 쥐약을 놓거나 뿌렸던 기억이 생생하다. 전쟁의 상대가 어디 쥐뿐이었을까? 겨울철 햇볕이 잘 드는 남향에 자리를 잡고 앉아 또래들과 이, 벼룩, 빈대 등의 전염병의 매개 역할을 하는 녀석들을 잡곤 했다. 끔찍한 기억이지만 지질히도 가난했고 보건위생 의식 수준도 낮았다.

페스트가 휩쓸고 지나간 지역의 인구는 3분의 1에서 3분의 2가 감소했다. 1347년부터 1352년 사이에 7,500만 명이 전염병으로 사망했다. 유럽에서만 2,500만 명 이상의 사망자가 발생했다. 이는 유럽대륙 인구 전체의 3분의 1에 해당한다. 16세기가 돼서야 페스트 창궐 이전의 인구가 회복되었다고 하니 천문학적인 숫자의 인구가 사라졌다. 실제 유럽보다 중동 지역의 이슬람 문명권에서 피해가 더 컸다. 이는 서구와 유럽인들이 쓴 역사책으로 공부한 사람에게는 생소한 이야기일 수 있다. 오늘날도 코로나19 소식은 선신국 중심이다. 또 하나 안타까운 점은 어린이와 임산부가 페스트의 표적이 되었다. 의학적으로는 1894년에 이르러서야 페스트균의 원인을 규명하게 되었다.

오늘날 인류는 고도화된 첨단기술 덕분에 어느 나라, 어느 지역에서 코로나19에 감염된 환자와 이로 인한 사망자 숫자가 얼마인가를 실시간 생중계로 시청하고 있다. 이 바이러스를 퇴치할 백신이 개발되어 접종되고 있지만, 바이러스의 변이로 어려움을 겪고 있다. 원인을 알면 방법도 금세 찾아낼 수 있을 것이다. 언제나 바이러스는 쉬운 상대가 아니다.

코로나19는 사람들의 의식과 생활에 많은 변화를 가져왔다. 학자들은 포스트 코로나 시대의 새로운 질서에 대해 전망을 내놓고 있다. 많은 석학들이 진행형인 코로나19가 인류에게 끼칠 영향과 교훈에 대해 말하고 있지만, 《총·균·쇠》의 저자 재레드 다이아몬드의 지적에 특별히 공감이 간다(금원섭·이기문 2020).

> 모든 국가와 지역이 연결된 초연결의 세계화 시대에는 과거처럼 한 지역 문명의 붕괴에 그치지 않고 지구 전체 차원에서 문명 붕괴의 위협을 받게 된다. 코로나를 계기로 세계 각국은 한 나라가 자기 보호를 위해 문을 닫아걸더라도 효과가 없다는 사실을 깨닫게 될 것이다. (…) 글로벌 문제에는 글로벌 대응이 필요하다는 사실을 인류가 배울 수 있기를 바란다.

인류의 미래를 위협하는 전염병을 두고 걱정과 우려를 하지만, 무엇보다 우려되는 점은 미국과 중국 등의 강대국이 자국 보호주의 내지는 자국 우선주의에 매몰되어 전대미문의 글로벌 위기에 제대로 된 리더십을 발휘하지 못하고 있다는 점이다. 리더십의 부재다. 그 어느 때보다 긴밀하고 촘촘하게 연결된 세계를 자국 보호와 자국 이익이라는 가위를 들이대 그 연결망을 끊으려고 하니 역사의 물줄기를 거꾸로 돌리려는 우를 저지르고 있다. 위기 앞에 겸손하고 위기를 인정하면서 어떻게 극복할 것인가에 지혜를 모아 위기 극복의 실마리를 찾아내기 바랄 뿐이다. 그 어느 때보다 지구적으로 생각하고 실천할 때다. 초연결시대에 질병의 세계화는 불가피성을 띤다. 반갑지 않지만 인류가 공동으로 해결할 난제일 수밖에 없다.

맥닐, 윌리엄. (2020). 《전염병의 세계사》. 김우영 옮김. 이산.

아탈리, 자크. (2020). 《생명경제로의 전환》. 양영란 옮김. 한국경제신문.

와츠, 셸던. (2009). 《전염병과 역사》. 태경섭·한창호 옮김. 모티브북.

주경철. (2015). 《모험과 교류의 문명사》. 산처럼.

금원섭·이기문. (2020). 〈코로나 시대, 모든 것이 잘못될 수 있다…건설적 편집증 가져야〉. 《조선일보》, 7월 10일.

전염병의 역사 ②

신대륙과 구대륙의 조우

서구와 유럽 중심의 역사가들은 15세기 이후 탐험가들의 지리상의 발견이나 신항로 개척을 '대항해시대'라는 말로 표현한다. 말이 대항해시대이지 속내를 들여다보면 철저히 국익을 앞세운 해외 식민지 개척의 시작이다. 신항로 개척의 선두주자였던 포르투갈, 스페인을 비롯한 네덜란드, 영국, 프랑스 등 유럽 제국은 커피, 차, 담배, 설탕, 향신료 같은 열대 지역의 원료를 확보할 목적으로 미지의 땅을 찾아 나섰다. 종교조차도 제국의 해외 약탈의 수단이 되었다. 유럽인들은 '신대륙 발견'이라고 하지만 이 말 또한 어폐가 있다. 이미 그 땅에는 원주민들이 살고 있었는데 원주민 입장에서는 누가 누구를 발견했다고 말할 수 있을까 싶다. 적절한 용어 선택은 '신대륙과 구대륙의 조우' 정도가 아닐까.

마르코 폴로나 이븐바투타와 같은 여행가들이 인도, 중국 등 아시아 지역을 여행하고 쓴 책들과 선교사들의 구전은 유럽인들의 상상력을 충분히 자극하고도 남았다. 신대륙의 식물과 광물들은 유럽 제국의 욕망을 채우는 데 중요한 자원이 되었고 이후 서구가 근대화를 달성하는 데 필요한 중요한 동력이 되었다. 상상력이 현실이 된 것이다. 과거나 현재에도 상상력은 중요하다.

신대륙 사람들은 구대륙 사람들과의 조우를 통해 무엇을 얻었을까? 인류의 역사는 곧 교류와 이동의 역사다. 사람이 교류를 위해 서로 접촉하거나 이주를 하게 되면 유무형의 것들도 함께 이동한다. 유럽인과 원주민들의 만남은 엄청난 사건이었을 것이다. 시인 정현승도 〈방문객〉에서 "사람이 온다는 건/실은 어마어마한 일이다./그는/그의 과거와/현재와/그리고 그의 미래와 함께 오기 때문이다"라고 했다. 유럽인들은 원주민들에게 세균과 바이러스를 전염시켰다. 세균과 바이러스는 청정지대, 신대륙에서 인간 숙주를 만난 것이다.

세균과 바이러스 항체가 있는 구대륙 사람과 항체가 없는 신대륙 사람이 만났을 때 결과는 어떻게 되었을까? 역사학자 우드로 보라에 따르면, 스페인 코르테스가 멕시코의 아즈텍 문명을 정복하기 위해 동원한 군인은 고작 500명에 불과했다. 당시 멕시코 내의 원주민은 1518년 3,000만 명 정도로 추정된다. 코르테스의 정복 이후 유럽인은 아메리카 원주민에게 질병(주로 천연두, 홍역, 발진티푸스)을 전염시킨 이후 50년 정도의 시간이 흐른 1568년에는 원주민 인구는 300만 명으로 줄어들었다. 무려 90%의 인구가 사라졌다(인구 통계는 연구자마다 약간씩 차이가 있음). 르 루아 라뒤리는 아메리카의 이런 상황을 "세균성 대량 학살의 가마솥"이라고 불렀다. 유럽인의 전염병 전파가 고의든 그렇지 않든 간에 총과 칼 대신에 전염병이 대신 싸워주었다. 순식간에 찬란했던 아메리카 문명이 소멸되고 말았다.

안데스 문명의 잉카제국 역시 천연두로 멸망하게 된다. 1531년 스페인 프란시스코 피사로는 168명의 군대로 잉카제국의 8만 군대를 무너뜨렸다. 산술적으로 보았을 때 스페인군이 도저히 이길 수가 없다. 복병은 천연두였다. 바이러스 항체로 무장한 백여 명의 군대가 항체가 없는 수만 명의 원주민 군대를 이겼다. 면역체와 비면역체 간의 전쟁에서 면역체가 승리한 것이다. 흥미로운 것은 인간뿐 아니라 아메리카 야생의 동식물조차도 유럽산이나 아프리카산과 경쟁해서 살아남은 종이 거의 없었다는 점이다.

북아메리카 원주민 역시 세균과 바이러스 전염으로 거의 모든 인구가 사라졌다. 1620년 매사추세츠 플리머스에 청교도 순례단이 도착하기 직전 그곳의 원주민이 전염병으로 절멸했다. 현지 총독은 "원주민들은 천연두로 모두 사망했다. 그것은 하느님께서 우리가 소유하는 모든 것에 대한 우리의 권한을 천명한 것이다"(와츠 2009, 170 재인용)라는 결론을 내린다. 동시대 지배계층의 종교관이고 지독한 인종차별이다. 인간에 대한 존엄과 생명에 대한 연민은 찾아볼 수 없다.

영화 〈컨테이젼〉(2011)은 코로나19와 유사한 내용을 다루고 있다. 홍콩에 출장을 다녀온 미국인이 고열로 시달리다 사망하고 전염된 아들이 죽게 되면서 병의 원인을 파헤치게 된다. 역학 조사 결과 홍콩의 음식점이 발원지였는데 요리사가 야생 박쥐 변을 먹은 돼지를 맨손으로 다루면서 전염이 시작된 것이다. 동물과 식물은 인간과 공진화한다. 인류가 전염병에 노출되기 시작한 때는 농사를 지으면서 정주(定住) 생활을 할 때부터다. 인구가 집중되는 대도시일수록 세균과 바이러스가 창궐할 가능성이 높다. 인간은 세균과 바이러스와의 싸움에서 이길 수 없다. 세균과 바이러스는 잠시 물러나기는 해도 완전히 소멸되지 않는다. 혹자는 '코로나 이후' 시대는 오지 않고 '코로나와 함께하는' 시대가 전개될 수 있다고 예측한다. 코로나19는 감기와 독감처럼 우리의 일상 속에 함께 살아가는 존재가 될 것이라고 한다. 그렇지만 인류 역사는 숱한 위기를 극복하는 지혜와 저력을 확인시켜 주고 있다. 인류 역사는 고난과 위기의 역사로 점철되어 왔고 이보다 훨씬 더한 것도 이겨냈다. 코로나19 역시 극복의 대상일 뿐이다.

맥닐, 윌리엄. (2020). 《전염병의 세계사》. 김우영 옮김. 이산.
와츠, 셸던. (2009). 《전염병과 역사》. 태경섭·한창호 옮김. 모티브북.

전염병의 역사 ③

인류의 대응

인류는 전염병에 대해 어떻게 대처했을까? 크게 두 가지 관점에서 알아보자. 하나는 제도적인 접근이고, 다른 하나는 인간의 관습적인 행동에 관한 것이다.

제도적 측면에서는 크게 네 가지로 구분할 수 있다. 첫째는 격리 검역소 설치다. 공항에서 항공기를 탑승하려면 반드시 거쳐야 하는 출입국 절차 중에 검역을 거쳐야 한다. 격리를 의미하는 'quarantine'의 어원은 이탈리어 'quaranta'로 숫자 '40'을 뜻하는데 유럽의 페스트와 밀접하게 관련된다. 중세 유럽에서 국가 간 인적·물적 교류는 주로 선박을 이용하였는데 페스트가 창궐하면서 항구에 쿼런틴을 설치했다. 1465년 아드리아해 항구도시 라구사, 1485년 베네치아를 시작으로 페스트 감염이 의심되는 항구로부터 도착한 배는 모두 격리된 장소에 닻을 내리고 40일 동안 육지와 접촉할 수 없었다. 페스트 발병 원인이 쥐와 벼룩이라는 원인을 밝혀내지는 못했지만 40일 정도 격리시키면 감염에서 벗어날 수 있을 것이라는 생각을 했던 것이다.

중세인들은 40이라는 숫자를 어떻게 생각했을까? 자크 아탈리의 주장은 그럴듯해 보인다. 성서에 나타난 격리기간은 40일이었다. 노아 시대의 40일간의 대홍수, 유대민족의 40년간 유랑 등에서 보여준다. 중세에 전염병은 죄의식, 속죄, 기대의 의미를 동시에 내포하는 개념이라는 점에서 성서의 40이라는 숫자는 인간이 신에게 속죄하고 신의 진노를 삭이는 데 필요한 기간으로 보았다.

둘째, 이동을 위한 통행권 발급이다. 방문객이 코로나19에 감염되지 않았음을 증명할 때 출입이 허용된다. 요즘 해외에 나갈 때 방문국에서 코로나 '음성 확인서'를 요구하는 경우와 같은 이치다. 이른바 '백신 여권(vaccine passport)'이다. 중세 이탈리아 밀라노에서는 도시 간 여행을 하려는 사람들에게 본 거주 지역에서 위생을 보증하는 '통행권'을 발급받도록 했다. 흥미로운 점은 감염자가 집에서 오랫동안 격리되어 답답할 때 보균자임을 식별하는 지팡이를 가지고 집 밖으로 외출하여 바람을 쐴 수 있도록 했다. 보건위생 지식이 부족한 중세인들이 환자에게 배려 아닌 배려를 한 조치다. 중세의 지팡이는 현대의 전자발찌를 연상하게 한다.

셋째, 환자 수용소 설립이다. 2020년 코로나19가 창궐했을 때 이탈리아는 코로나19 감염자와 사망자가 유달리 많이 발생했고, 이탈리아 정부의 방역 및 치료 능력에 의문이 제기되었다. 그러나 역사적으로 이탈리아는 전염병에 관한 한 선도적으로 다양한 제도를 수립·시행한 국가다. 예를 들어, 제노바에서는 페스트 환자 수용소를 처음으로 설립했다. 물론 페스트가 발생하고 100년이 넘은 시점이었지만 말이다. 문제는 환자와 의심환자를 한 곳에 모아놓았지만 적절한 치료가 이루어지지 않아 이곳은 거의 시체안치소나 다름없었다.

네 번째, 지역 봉쇄 조치다. 전염병이 없는 청정 지역과 오염 지역의 육로를 엄격하게 통제하여 전염병의 이동경로를 차단하고자 하였다. 방역의 마지노선을 친 것이다. 이탈리아에서는 14세기 말 밀라노, 피렌체가 군대를 동원하여 도시 봉쇄를 강행했고, 스페인 마드리드에서는 17세기 말에 육로를 봉쇄하였다. 국경을 제집 드나들듯이 했던 유럽에서도 코로나19가 발병했을 때 국가 간에 봉쇄 조치를 취했는데, 중세 도시의 봉쇄 조치를 떠오르게 한다.

민족의 전통적인 습속이 전염병과 어떤 역학적인 관계를 맺는가를 살펴보는 것도 흥미롭다. 첫째, 만주의 유목민은 마멋(대형 설치류)을 조상과 동격으로 취급하고 특별히 조심스럽게 다루었다. 마멋은 페스트 보균자로 알려져 있다. 이들은 덫을 놓아 마멋을 잡는 것을 금기시했고 반드시 사살을 원칙으로 삼았다. 마멋 집단이 병이 걸리면 천막을 걷고 다른 곳으로 이동하였는데, 이런 습속은 페스트 감염을 예방하는 데 도움을 주었다. 둘째, 말레이시아 플랜테이션에서 일하는 남인도 출신

타밀 노동자들의 습속도 특이하다. 물은 하루에 한 번만 집 안에 들여야 하며 실내에 물을 저장해 두어서는 안 된다. 이런 습속은 모기가 실내에서 알을 낳아 번식하는 것을 막아주었다. 타밀족은 비슷한 환경에서 생활하고 일하는 다른 민족에 비해 뎅기열이나 말라리아에 감염되는 경우가 훨씬 적었다. 이와는 반대로 전염병의 감염을 촉진시키는 습속도 있다. 예를 들어, 예멘에 있는 이슬람교 사원에는 세정식을 위한 목욕탕이 있는데 주혈흡충이 득실거렸다. 종교적인 순례 또한 전염병을 퍼뜨리는 주요인이다. 열병 환자에게 널리 행해져 온 사혈도 환자에게 부작용을 초래하였다.

전염병의 역학적인 측면에서 다양한 행태를 볼 수 있다. 제도가 효과를 볼 때도 있었고, 전통적인 습속들이 전염병에 비켜가기도 했다. 최근 몽골에서 마멋을 먹고 페스트로 사망했다는 뉴스를 보았다. 인간이 생태계 먹이사슬에서 최상위 포식자이지만 그렇다고 무엇이든 해도 된다는 것은 아닐 것이다. 생태계에 대한 최소한의 금도를 지켜야 하고, 인간도 대자연의 일부라는 사실을 인정하고 좀 더 겸손해져야 한다. 중세에도 현대처럼 과학적이지는 않았지만 전염병을 퇴치하기 위한 다양한 방역 조치들을 제도화하여 시행하였음을 알 수 있다. 격리 검역소 설치, 이동용 통행권 발급, 환자 수용소 설립, 지역 봉쇄 조치 등은 형식과 내용의 차이가 있을 뿐이지 오늘날에도 전승되어 활용되고 있다. 연암 박지원 법고창신을 떠올린다. 옛것을 본받아 변통할 줄 알고 새로운 것을 만들어내면 역병에서 벗어날 것이다.

2019년 말 유행하기 시작한 코로나19 백신이 개발되면서 신풍속도가 만들어지고 있다. '백신 여권'을 도입하여 백신 접종자에게 여행과 일상생활에서 자가 격리 절차 간소화, 상업 시설 이용 자유 등을 부과했다. 방역에 성공해 안전이 검증된 국가끼리 무역 교류를 하는 '면역 장벽'을 구축했다. 여행과 방문을 허용하는 여행 안전권역인 '트래블 버블(Travel Bubble)'을 시행했다. 버블이 안과 밖을 구분하는 것처럼 일정 범위 안에서 자유롭게 이동하지만 외부 위험 요소는 차단한다는 개념이다.

한정된 백신 물량을 놓고 쟁탈전을 벌이는 '백신 국수주의', '백신 무기화'라는 신조어도 탄생했다. 이제 관심사는 누가 더 빨리 집단면역에 도달할 것인가이다. 집단 면역은 인구의 70% 이상이 접종을 완료했을 경우에 기대할 수 있다고 한다. 이제 백신은 거대 권력이 되었다.

백신 확보 여부가 세계 경제 양극화의 갈림길이 되고 있다고 한다. 백신 확보에 성공한 국가들의 경제회복은 가속 페달을 밟고, 그렇지 못한 국가와 신흥 개발도상국 경제는 반등을 확신하기 어려워졌다. 경제 성장률은 선진국보다 신흥국의 성장률이 더 높게 나타나는데 코로나19 이후로 역전 현상이 나타났다. 코로나19 이후 세계 경제에 드리우는 '코로나 디바이드' 현상의 단면을 보여주고 있다(안상현 2021 참조).

세계보건기구(WHO)에서는 세계적으로 공평하게 백신 접종이 이뤄지지 않는 상황에서 백신 여권을 도입하면 불평등과 불공정이 각인될 수 있다는 우려를 표명했다. 세계무역기구(WTO)는 전 세계적으로 백신 부족 사태를 해결하기 위해 미국과 코로나19 백신 지적재산권 보호 유예 방안을 논의하고 있다. 코로나19 종식을 위해 제약사들이 특허권을 포기하게 하고, 다른 나라들의 복제약 생산을 허용한다는 구상이다(이영완·이민석 2021 참조). 반면 백신 특허 불인정에 대한 논리도 주목을 끈다. 첫째는 특허 보장 없이 앞으로 큰돈 들여 신약을 개발할 제약사가 어디 있겠느냐는 논리다. 둘째는 안정성 문제다. 특허를 풀더라도 백신을 쉽게 만들 수 있는 것이 아니며, 저품질 백신의 부작용에 대한 책임 문제를 제기한다(김민철 2021 참조).

백신의 공정한 접종과 백신 생산에 따른 논쟁은 인류애의 관점에서 당연히 필요하고 빠른 시일에 합의점을 찾아내야 한다. 비교적 국익과 정파에 중립적인 국제기구와 각 나라의 대응 방식은 차이가 크다. 호모 사피엔스는 생명이 왔다 갔다 하는 감염병 앞에서도 이기적 DNA를 확인시켜 준다. 《사피엔스》의 저자 유발 하라리의 신난이 맞다. "인간은 권력을 획득하는 데는 매우 유능하지만 그 권력을 행복으로 전환시키는 데는 능하지 않다." 코로나 블루를 심화시키는 것은 감염병 앞에서 쩔쩔매는 인류의 나약한 모습보다 불평등하고 불공정한 백신 접종 상황일지 모른다.

맥닐, 윌리엄. (2020). 《전염병의 세계사》. 김우영 옮김. 이산.

박희병. (2016). 《연암을 읽는다》. 돌베개.

아탈리, 자크. (2020). 《생명경제로의 전환》. 양영란 옮김. 한국경제신문.

와츠, 셸던. (2009). 《전염병과 역사》. 태경섭·한창호 옮김. 모티브북.

하라리, 유발. (2015). 《사피엔스》. 조현욱 옮김. 파주: 김영사.

김민철. (2021). 〈'태양엔 특허권이 없다'〉. 《조선일보》, 5월 4일.

김표향. (2021). 〈'백신 여권' 반대하는 WHO "불평등 더 심화 우려"〉. 《한국일보》, 3월 9일.

안상현. (2021). 〈가진 나라와 못가진 나라…백신, 경제상식을 뒤집다〉. 《조선일보》, 4월 30일.

안영. (2021). 〈"우리끼린 여행해도 돼"…방역선진국 '트래블 버블' 시동〉. 《조선일보》, 4월 8일.

이영완·이민석. (2021). 〈美, 백신 지재권 면제 가능성…한국, 원료 있으면 6개월내 생산〉. 《조선일보》, 5월 4일.

아편전쟁 ①

서구 열강의 추악한 욕망

인간의 역사는 교류의 역사라고 해도 지나치지 않다. 국가 간의 대표적인 교류 형태는 무역이다. 19세기 중화를 자임한 중국에서는 '중국에는 외국과의 교역이 필요 없을 정도로 모든 것이 다 있다'는 교만으로 국제 무역과 교류에 관심을 두지 않았다. 지대물박(地大物博), 즉 땅이 넓고 물산이 풍부한 대국이라는 안이함과 허영심이 팽배했다. 그들 스스로 규정지은 폐쇄된 세계에 스스로 갇혀버린 우를 범했다. 가능한 외국과의 소극적인 관계를 유지하는 정책을 추진하다 마지못해 남쪽 광저우를 개항하고 13행을 설치한다. 청 정부는 직접 나서서 서양 오랑캐(洋夷)를 상대하지 않으려 했다. 유럽 상인은 청 정부에서 허가받은 반관반상(半官半商)의 성격을 띤 13개의 공행(公行)을 통해서만 중국과 무역이 가능했다. 서양 상인들은 규정된 기간(5-9월, 10월) 동안 광저우에서 거류가 가능했다. 13행과 거래할 때는 규정된 관세 이외에 규례(規禮)라 불리는 고액의 수수료나 뇌물을 관리들에게 바쳐야 했다(김용삼 2020, 124). 조선, 일본, 동남아시아 국가들로부터 큰형님으로 조공을 받고 있던 청은 서양 국가들도 하나의 속국이나 조공국으로 생각했다.

당시 중국에서 유럽으로 수출하는 주력 상품은 차, 도자기, 비단 등이고, 유럽 국가들은 모직물을 중국에 수출했다. 문제는 유럽 국가들의 대중국 무역적자가 심각했다는 점이다. 유럽인들은 중국산 상품에 매료되어 수입을 많이 하다 보니 천문학적인 무역적자를 보았다. 차 수입은 25,000%가 증가했고 유럽에 차 문화가 형성될 정도였다. 특히 중국에서는 무역 결제를 은으로 했는데, 중국은 은을 빨아들이는 블랙홀로 급부상하였다. 주로 은은 스페인이 통치하는 남아메리카와 일본에서 생산되었는데 대부분 중국으로 흘러들어 갔다. 문명국을 자처하고 동양을 야만인으로 생각했던 유럽인들의 자존심이 여지없이 무너져 내렸다.

19세기 중후반 유럽 국가들 중에서도 영국은 '해가 지지 않는 국가'로 그 자부심이 대단했다. 산업혁명으로 국내 경제는 고도성장을 하고 국제적으로는 해상권을 장악하면서 아프리카, 아시아의 수많은 국가들을 식민통치 하는 등 모든 것이 섬나라 영국으로 통했다. 그런 영국이 대중국 무역역조를 개선하기 위해 생각해 낸 아이디어가 바로 아편 무역이다. 인도에서 대량 생산된 아편은 매년 1,800톤이 중국에 수출되었고 엄청난 인구를 중독시켰다. 처음에는 아편을 저렴한 가격에 팔고 파이프는 덤으로 제공했다. 중국인들은 아편을 약재로 사용한다든지 일부 계층에서 기호품으로 애용하고 있었지만, 본격적으로 모든 계층에 아편이 보급되면서 심각한 사회적·경제적 문제로 등장하였다. 오늘날의 PC방과 같은 아편굴도 성업했다. 영화 〈홍권대사〉(1984)는 아편이 중국인들에게 끼친 폐해를 다룬 영화인데 아편굴의 상호는 만수각(萬壽閣)이다. 인간에게 해를 주는 상품일수록 현란하고 교묘하게 위장하는 법이다. 기록에 따르면 중국 인구 4억 중 10분의 1 정도가 아편 중독자였다고 한다. 아편 수입에 따른 무역대금(국고수입 4천만 냥 중 3천만 냥)을 지불하느라 중국에는 그 많던 은이 부족하게 되었다. 유럽은 차에 중독되고, 중국은 아편에 중독되었다. 정부 고관은 물론, 상인, 군인, 승려, 부녀자 할 것 없이 아편에 취했다. 젊은 며느리가 아편을 구하기 위해 사창가로 출근하는가 하면, 도둑질에 입문한 교사도 부지기수였다(김명호 2021 참조).

아편이 몰고 온 사회적·경제적 부작용의 심각성을 인지한 황제는 임칙서(林則徐)를 금연대신(禁煙大臣) 겸 흠차대신(欽差大臣, 왕명을 수행하는 데 필요한 전권을 가진 임시직)으로 임명하고 사태가 가장 심각한 광둥으로 파견하여 아편 문제를 해결하도록 특명을 내렸다. "나 대신 광저우 수군사령부를 동원하여 아편을 근절시켜라. 아편을 소장한 중국인은 지위고하를 막론하고 사형에 처해라"(김명호 2021 참조). 영화 〈아편전쟁〉(1997)은 임칙서의 활약과 아편전쟁의 이모저모를 다루고 있다. 임칙서가 몰수한 아편은 2만 2천 상자가 넘었고 소각하는 데만 23일 걸렸다. 아편을 석회와 소금을 섞어 중화시킨 다음 바다로 버렸다. 바닷물에서 아편이 화학적 작용을 하지 못하도록 하기 위해서다. 구미 제국주의의 위세에 눌려 중화민족의 자존심이 무너질 대로 무너진 중국과 제국주의에게 임칙서의 행동은 엄청난 파장을 불러일으켰다. 중국인들에겐 민족의 기상을 드높인 영웅적인 행동이었지만, 제국주의 국가들에겐 중국을 강제로 개방하여 무역거래를 할 수 있는 호기로 작용했다.

광저우에 거주하는 영국 상인들은 영국 정부의 재산을 소각하고 상인들의 생명을 위협했다는 이유로 정부에 출병을 요청했다. 1839년 중화의 중국과 유럽을 대표하는 영국 간에 '아편전쟁'이 발발했지만, 한마디로 중국은 영국에 상대가 되지 않았다. 결정적인 차이는 대포의 사정거리였다. 중국의 대포는 17세기 명나라가 네덜란드 대포를 모방·연구하여 직접 개발한 것이었다. 네덜란드를 '붉은 오랑캐'라고 불렀던 데 착안하여 신형 대포를 '홍이포'라고 명명했다(김용삼 2020, 89-90 참조).

해안에 주둔하고 있는 영국 해군을 맞추지 못했지만, 영국의 대포는 목표물인 청군의 포대를 정확히 타격했다. 영국군 1만 2천 명이 청군 수십만을 농락했다(김명호 2021 참조). 오늘날과 같이 첨단무기가 개발되기 이전에는 대포의 사거리가 역사의 흐름을 바꾼 사례가 많다. 예컨대 1453년 오스만제국이 비잔틴

제국을 함락하고, 1588년 영국이 칼레해전에서 스페인의 무적 함대를 격파하고, 임진왜란(1592-1598) 당시 이순신이 일본군을 상대로 23전 23승의 연승을 한 결정적 요인도 대포의 사거리였다. 당시 영국 의회에서도 이 전쟁의 승인을 놓고 논란이 많았다. 훗날 총리가 되는 윌리엄 글래드스턴은 "아편 밀무역을 편들기 위해 전쟁을 벌이는 것은 도덕적이지도 정의롭지도 못하며, 이번 전쟁처럼 영원토록 불명예를 남기게 될 전쟁을 나는 지금까지 들어본 적도 읽은 적도 없다"라면서 격렬하게 반대했다(김용삼 2020, 221). 전쟁사학자들은 이 전쟁을 '역사상 가장 추악하고 부도덕한 전쟁'이라고 부르는 데 주저하지 않는다.

임칙서는 아편 문제를 도덕적인 경각심으로 해결하고자 영국의 빅토리아 여왕에게 편지를 보냈다. "폐하의 상인들은 폐하의 나라에서는 불법인 독극물인 아편을 우리 나라에 들여와 막대한 이익을 취하고 있습니다. 폐하께서 이를 허락하셨을 리 없다고 보며, 만약에 허락하셨다면 군주로서 취하실 행동이 아니라 봅니다." 물론 이 편지는 전쟁이 발발한 뒤에 여왕에게 도착했지만, 설사 전쟁 전에 편지를 받았어도 결과는 같았을 것이다. 중국은 자국의 이익을 위해서는 수단·방법을 가리지 않는 제국주의의 욕망을 채우는 거대한 시장에 불과했기 때문이다. 영화 〈아편전쟁〉(1997)에서 영국 의회 의원들이 중국과의 전쟁을 결정하는 대화에 이런 대사가 등장한다. "4억 중국인의 셔츠가 1인치만 늘어나도 영국의 공장을 30년 가동할 수 있다." 국익을 위해서라면 수단·방법을 가리지 않고 전쟁도 불사하겠다는 것이다.

중국은 예나 지금이나 슈퍼 파워 국가다. 지금이야 미국을 비롯한 여러 국가들과 경쟁을 하고 있지만, 18세기 말까지만 해도 지구상의 유일무이한 슈퍼 파워였다고 해도 틀린 말이 아니다. 그러나 역사의 진실은 영원한 슈퍼 파워는 없다는 것이다. 우리는 그것을 로마제국, 대영제국, 중국에서 이미 목격하였다. 19세기 유럽과 중화의 충돌이 빚어낸 결과는 세계사의 물줄기를 바꿔놓았다.

김용삼. (2020). 《세계사와 포개 읽는 한국 100년 동안의 역사 1》. 파주: 백년동안.

마르크스, 로버트 B. (2014). 《어떻게 세계는 서양이 주도하게 되었는가》. 윤영호 옮김. 사이.

서경호. (2020). 《아편전쟁》. 일조각.

주경철. (2008). 《대항해 시대》. 서울대학교출판부.

김명호. (2021). 〈미 대통령이 보낸 쿠싱, 4만 달러로 청 관리들 회유〉. 《중앙SUNDAY》, 5월 29일.

《프레시안》. (2015). 〈실크로드 역사 단상 ②〉. 11월 2일.

〈아편전쟁〉. (1997). 영화.

〈홍권대사〉. (1984). 영화.

아편전쟁 ②

조선과 일본의 대응

1839년 영국이 무역 거래의 보호라는 미명 아래 촉발시킨 아편전쟁은 1차와 2차에 걸쳐 전개되었다. 1차 전쟁은 아시아를 대표하는 중국과 유럽의 대표 영국 간의 중영전쟁이었다면, 2차 전쟁은 중국 단일팀 대 유럽 혼합팀(영국, 프랑스) 간의 대결이었다. 중국은 1차 전쟁에서 유럽의 단일팀하고 겨루어도 맥을 추지 못했는데, 혼합팀과의 대결은 보나마나였다.

아편전쟁은 역사상 가장 추악한 전쟁이란 오명을 뒤집어쓴 전쟁이지만 그 결과는 중국은 물론 더 나아가 조선을 비롯한 동아시아권 국가들에게도 놀라움과 충격을 주었다. 경천동지할 사건이었다. 서구 열강은 홍콩을 떼어가고 강제로 주요 항구를 개방시키고 심지어 아편 무역을 합법화시키기까지 했다. 무엇보다 하늘을 찌를 듯 높았던 중화 의식의 민낯이 만천하에 고스란히 드러나고 말았다. 주변국의 조공을 받으며 황제 또는 큰형님 대접을 받았던 중국의 완패에 주변 조공국이 느낀 충격은 훨씬 더 컸다. 이제 누구를 의지한단 말인가? 큰형님이 정말 이빨 빠진 호랑이에 불과했던가?

아편전쟁 이후의 조선과 일본의 대응을 살펴보는 것은 역사의 물줄기가 어떻게 바뀌는가를 역지사지해 볼 수 있는 의미 있는 탐색이 될 것이다. 불확실성이 커진 시대에 국가 통치의 지향점을 어떻게 설정하고 국정의 우선순위를 어디에 둘 것인가와 관련되기 때문이다. 당시 조선은 '국경을 개방하고 서구 열강과의 교류를 통해 근대화 노선을 걸을 것인가', 아니면 '문을 걸어 잠그고 서구의 노크를 무시한 채 독자 노선을 갈 것인가' 하는 기로에 놓여있었다.

조선은 아편전쟁의 결과를 놓고 어떤 분석을 내리고 어떻게 대응했을까? 조선의 외교는 곧 중국 사대외교였다는 것은 잘 알려진 사실이다. 사대외교를 긍정적으로 볼 수도 있다. 사대외교는 이웃 강대국과의 관계를 돈독히 하고 자국의 안전을 도모하는 고도의 통치 전략이다. 반면 지나친 사대외교는 주권국가로서 권리 행사에 제한이 생기고 자칫 내정 간섭의 빌미를 제공한다. 아편전쟁의 결과를 전해 들은 조선은 충격과 당혹감 속에서도 냉정을 되찾았다. 물론 중국의 패배가 믿기지 않았고 받아들이는 데 꽤 오랜 시간이 걸렸다. 결론은 초지일관 중국 바라보기다.

특히 청나라 학자들과 교류하면서 이용후생과 실사구시를

추구하고자 했던 지식인들, 즉 북학파에게 충격은 더 컸다. 중국 중심의 세계관이 요동치기 시작했다. 반면 명나라를 몰아내고 왕조를 교체한 만주족의 청나라를 오랑캐 국가로 부르고 그 존재에 반감을 갖고 있던 유림에서는 자신들의 판단이 결코 틀리지 않았음을 확인하는 기회가 되었다.

이웃 일본의 대응은 어떠했을까? 아편전쟁 이전부터 일본은 나가사키에 인공섬 데지마를 건설하고 외국인 거류지를 조성하여 서구와 활발한 교역을 하고 있었다. 특히 네덜란드와 교역이 활발하여 네덜란드학을 의미하는 '난학' 열풍이 불 정도였다. 무엇보다 일본은 외국 선교사와 상인 들을 통해 아편전쟁의 결과를 조선보다 먼저 알았다. 19세기 일본은 국제적으로 정보수집에서 선두주자였다. 무엇보다 일본은 아편전쟁 이후 중국이란 호랑이의 이빨이 빠진 것을 알고 형식적인 관계만을 유지했다. 대신 서양의 신문물을 적극적으로 수용하기 위한 국가개조 마스터플랜을 수립하게 됐다. 당시 마스터플랜을 수립하고 실행에 옮긴 주역들을 메이지 지도자들이라고 부른다.

'메이지 지도자들'이란 일본이 서구 열강으로부터 식민지화되는 것을 막고 선진 공업국이자 제국주의 국가로 탈바꿈시킨 소수의 비범한 인물들을 당시 일본 연호를 따서 부른 것이다. 이들은 미국의 '건국의 아버지들'이나 오스만제국을 근대 터키로 탈바꿈시킨 터키 청년들에 비견된다. 이들은 부국강병의 달성을 위한 국가 의제를 세 가지로 설정했다. 첫째, 강군을 양성하여 서양 제국주의를 억지한다. 둘째, 자본과 기술을 축적하여 산업국가로 도약한다. 셋째, 관습과 제도 들을 정비하여 서구 열강에 진입한다(머피 2021, 126-127). 메이지 지도자들은 일본을 서구 제국주의가 무시하지 못할 정도로 개조하고 반석에 올려놓기 위해 국가의 하드웨어는 물론 국민의 의식과 종교 등 소프트파워까지 서양식으로 수용하려고 혈안이 되었다.

메이지 지도자들은 일본의 상황과 가치에 적합한 서구의 모델을 찾아 계획적으로 많은 것을 차용했다. 예컨대 일본 해군은 영국 해군을, 일본 육군은 독일 육군을 본보기로 삼았다. 일본 헌법은 독일 헌법을 모델로 삼았다. 50명으로 구성된 이와쿠라 사절단은 1871년부터 1873년까지 미국과 유럽 각국의 공장과 관청을 순방하였으며, 이 결과물은 국가 개조를 위해 반영되었다(다이아몬드 2019, 146-148).

사절단은 서양의 제도와 문물을 배우는 데 필사적이었다. 미국에 약 반년간 체류하면서 워싱턴 D.C.에서 그랜트 대통령을 면담하고 방적공장, 학교, 의회, 신문사 등을 속속들이 관찰했다. 필라델피아, 뉴욕, 보스턴 등 주요 도시를 거쳐 영국 런던으로 향했다. 영국에서는 4개월간 체류하며 빅토리아 여왕을 알현하고 리버풀 조선소, 맨체스터 목면 기계장, 글래스고 제철소, 버밍엄 맥주제조소를 둘러봤다. 프랑스에서 대통령을 면담하고 네덜란드를 거쳐 독일로 들어가 비스마르크를 면담했다. 구미 각국을 견학하고 돌아온 사절단은 '일본의 전통과 일본 민족의 정체성을 지키는 유일한 길은 유럽적인 하나의 제국을 만드는 것'이라는 결론을 내렸다. 일본을 유럽의 제국으로 만드는 것만이 서양 각국과 동등한 지위에 오를 수 있다는 생각이었다(박훈 2021, 256-261). 국가개조 마스터플랜은 일본의 전통을 지키고 국가의 자존심을 내세우기보다는 국력 신장을 최우선 목표로 삼았다. 사절단은 〈미구회람실기(米歐回覽實記)〉라는 미국과 유럽의 문물을 보고 들은 것을 기록한 보고서를 작성했다. 사절단 규모는 총 107명(여자 유학생 5명 포함)으로, 보고서는 100권에 달한다. 시찰 항목은 가옥 건축, 도읍의 명세, 숙박업소, 점포, 유명한 토지 및 광경, 풍토, 기후, 해륙 운수, 제도, 풍속, 종교, 생활, 교육, 재정, 정치 체제, 군사 등 방대한 분야였다(다나카 2013 참조).

이 밖에도 유럽 각국과 미국에 수백 명의 유학생을 파견하여 유럽의 신문물을 배워오게 하였다. 이들 유학생 중에는 한반도 식민지 설계자인 이토 히로부미도 포함되어 있었다. 일본이 다양한 분야에서 서구 선진문물의 수용하면서 쌓은 국력은 군국주의 노선을 채택하는 동력이 되면서 청일전쟁과 러일전쟁에서 승리를 견인했다.

아편전쟁의 결과 '중국에는 필요로 하는 모든 물건이 넘쳐나 타국과 교역할 필요가 없다'고 자신만만해하던 중국은 서구 열강에 의해 갈기갈기 난도질을 당했다. 세상 물정 모르고 자신만의 세계에 갇혀있던 허장성세의 결과가 어떤 것인가를 보여주었다. 중국의 적나라한 모습을 보고서도 조선은 소중화를 자임하고 전국에 척화비를 세웠다. 반면 일본은 축적된 정보를 바탕으로 실속을 챙기는 의사결정을 통해 국가개조를 위한 프로젝트를 추진하게 되었다. 아편전쟁 이후 서구 열강의 제국주의 욕망이 분출되고 약육강식의 힘의 논리가 지배하던 때 조선과 일본의 대응은 20세기 초 두 나라의 운명을 갈라놓았다.

다나카 아키라. (2013). 《메이지 유신과 서양 문명》. 현명철 옮김. 소화.

다이아몬드, 재레드. (2019). 《대변동—위기, 선택, 변화》. 강주헌 옮김. 파주: 김영사.

머피, 태가트. (2021). 《일본의 굴레》. 윤영수·박경환 옮김. 파주: 글항아리.

박훈. (2020). 《메이지 유신을 설계한 최후의 사무라이들》. 파주: 21세기북스.

정하미. (2014). 《일본의 서양문화 수용사》. 파주: 살림.

표류기 ①

상선 서기 하멜의 경우

표류는 해상에서 자연 풍파로 배가 본래 목적지가 아닌 다른 곳으로 흘러가는 현상이다. 이러한 경험을 구체적으로 기록한 결과물이 표류기 또는 표해록이다. 일종의 표류 문학이다. 표류인이 기록한 표류기나 표해록은 당대 국내외 사회상과 문화상, 그리고 표류인이 경험한 생활문화, 국제관계 등 생생한 정보들이 담겨있다는 점에서 소중한 자료라고 하겠다. 국내에는 20여 종의 표류 기록이 전해오고 있다.

외국인이 우리나라에 대해 쓴 책 중에 네덜란드 출신 헨드릭 하멜의 표류기만큼 널리 알려진 책도 드물 것이다. 2002년 월드컵 축구팀 감독으로 활약하여 한국 축구를 일약 세계 4위로 올려놓은 네덜란드 출신 히딩크도 하멜과 네덜란드를 연상시키는 데 기여했다. 하멜은 선원이 아닌 서기로 네덜란드 연합 동인도회사의 사무직원이었다. 하멜은 1653년 7월 24일 네덜란드 국적의 상선을 타고 바타비아(현 인도네시아 자카르타)에서 타이완을 거쳐 일본 나가사키로 가는 길이었다. 64명이 탔다. 8월 16일 새벽 1시경 풍랑으로 난파되어 28명이 죽고 36명이 살아남아 표류하다 남제주군 대정현 차귀진 앞바다 대야수(지금의 서귀포시 안덕면. 표착지는 숙종 때 제주 목사로 부임한 이익태의 《지영록》에 따름)에 표착했다.

하멜 제주도 표착 350주년 기념 강연(2003)에 따르면 17-19세기 약 200년 동안 네덜란드에서 일본 나가사키로 출항한 범선 총 606척 중 난파선은 3.7%였다. 통계로 보면 하멜이 탄 범선이 난파한 것은 흔한 사건이 아니다. 난파의 위험에도 불구하고 일본으로 항해를 감행한 것은 동방 무역이 높은 수익창출의 매력이 있었기 때문이다.

당시 조선은 청, 일본 이외의 외국과의 교류를 엄격히 금지했다. 외국 선박이 항구에 정박하도록 허용하지 않았고, 혹시 육지와 멀리 떨어진 곳에 닻을 내리고 물이나 음식을 요구할 때는 인도적인 차원에서 호의를 베푸는 정도였다. 표착해 온 외국인은 국외로 내보내지 않은 것이 국법이었다. 하멜 일행이 효종을 알현하면서 일본으로 보내달라고 간청했지만, "이 땅에 들어온 외국인을 내보내는 것은 이 나라의 국법에 위배되기 때문에 그대들은 이 나라에서 여생을 보내야 하며, 그동안에 생활 용품을 제공하겠다"라는 대답을 들어야 했다.

하멜 일행은 조선을 탈출하기 위한 끈질긴 노력을 했다. 그들의 이동 경로는 제주, 서울, 강진, 여수, 남원 등 여러 곳이었는데, 거주지에서 틈만 나면 탈출의 기회를 엿봤다. 서울에서는 청국 사신을 길목에서 기다렸다가 갑자기 나타나 일본으로 보내달라고 간청했지만 언어가 통하지 않아 불발로 끝났다. 자칫 조선과 청의 외교적인 문제로 비화할 뻔도 했다. 난처한 입장이 된 조선 조정에서는 청 사신을 설득하는 데 애를 먹었다고 한다. 서울에서 하멜 일행이 일으킨 소동 이후로 전라도 병영으로 분산 배치된다.

하멜 일행과 박연의 상봉 장면은 빼놓을 수 없다. 남북 이산가족 상봉 못지않았을 것이다. 제주도에 표착했을 때 언어가 통하지 않는 관계로 제주 목사는 서울에 사정을 써서 보냈다. 조정에서는 박연을 제주도로 급파했다. 하멜보다 25년 전인 1628년(인조 6년) 제주도에 표착해 조선인으로 살고 있던 박연은 하멜 일행의 외모를 보고 사용하는 언어를 듣고 동향 사람인 것을 알았다. 하멜은 오랫동안 조선에 살다 보니 처음에는 네덜란드 모국어를 더듬거렸다. 뜻밖에 고향 사람과 소식을 전해 들은 박연의 감회는 상상이 되고도 남는다. 하멜 일행도 표류민 신세로 고생하다 말이 통하는 고향 사람을 만났으니 얼마나 감정이 복받쳤겠는가. 박연은 하멜 일행을 설득하여 훈련도감의 포수로 편입시켰다. 박연도 고향 사람들과 함께 살고 싶었을 것이다.

탈출을 엿보던 하멜 일행에게 기회가 왔다. 감시가 허술한 틈을 타 8명이 틈틈이 모은 돈으로 구입한 배로 1666년 9월 표착 13년 만에 여수를 출발하여 나가사키에 도착하였다. 나가사키 행정관은 하멜 일행에게 무려 54가지에 달하는 항목에 걸쳐 심문을 했다. 표류기에 심문 내용과 답변이 실려있다. 아마도 이런 방식으로 일본은 자국 해역에 표착하는 외국인에게 매우 꼼꼼한 질문을 하고 필요한 정보를 얻었을 것이다. 일본의 국제 정세에 대한 정보 욕구는 대단했다. 심문서를 보면 당시 조선의 사정과 일본의 조선에 대한 인식을 이해할 수 있다.

하멜의 표류기, 엄밀히 말하면 '일지'는 문제작이다. 하멜은 귀국한 뒤 1668년《1653년 타이완으로의 스페르베르호의 불우한 항해에 관한 일지—스페르베르호가 제주도에서 좌초된 이유와 더불어 조선왕국의 영토, 지방, 도시, 요새에 관한 특별한 묘사》라는 제목의 책을 발간했다. 일지 형식의 보고서다. 네덜란드 연합 동인도회사(바타비아 소재)로부터 정확히 13년 28일분의 체불 임금을 받아내기 위한 기록이다. 하멜은 나가사키에 도착하여 본국 귀환 배편을 기다리는 2개월 동안 메모 형식으로 일지를 썼고 귀로에 동인도회사 이사회에 제출했다. 13년이 넘는 경험을 한꺼번에 기록했으니 기억력에 한계도 있었을 것이다. 체불 임금을 받기 위한 목적의 기록이라면 이국땅에서의 경험을 과장하거나 과소하여 표현할 수도 있을 것이다. 힘든 경험은 과장하고 좋았던 경험은 과소하는 방식으로 기록했을 것이다. 일지에 조선의 풍속과 정세에 대해 기록을 곁들인 것은 일지의 신빙성을 부각하기 위한 계산이 들어 있는 것이 아닐까 싶다.

《하멜 표류기》는 우리나라에 어떤 의미일까? 하멜과 일행에게는 항해 중 자연 풍파를 만나 상선이 난파되고 낯선 땅에 표착하여 갖은 고초를 겪었던 것에 대한 보상을 받기 위해 작성한 일지 형식의 보고서이다. 그러나 하멜이 의도했건 그렇지 않았건 이 표류기는 17세기 이후 외국인의 조선에 대한 이미지를 형성하는 스테레오타입이 되었다. 사람이건 국가건 첫인상과 이미지는 매우 중요한 법인데 이 표류기를 통해 외국인은 조선이란 국가에 대한 결정적인 이미지를 갖게 되었을 것이다. 표류기에는 "조선인은 낯선 외국인에게 친절하고 관대하다"라는 기록도 있지만, 대부분은 부정적인 기록이다. "조선인은 게으르고 남의 물건을 훔치기 좋아하고 주색잡기에 빠져 난잡하다." 인간적으로 거의 14년 동안 군역·감금·태형·유형·구걸 등의 모진 고초와 풍상을 겪었던 곳에 대해 좋은 평가를 하지 않았을 것이다.

물론 《하멜 표류기》 이전에도 중국 지역에 파견된 선교사나 임진왜란 당시 남해에 파견된 선교사들이 조선에 대한 이야기를 전해주었다고 하지만, 하멜처럼 책을 출간하여 대중에게 보급하는 방식은 아니었다. 《하멜 표류기》는 조선에 대한 이해가 깊지 않았던 서양 사회에 조선을 알리는 최초의 저서로서 사료적 가치가 매우 높다. 《하멜 표류기》 이후 서양인의 조선에 대한 관심이 커지고 실제 무역 교류를 시도하거나 방문이 이어진다.

가장 적극적인 나라는 하멜의 조국 네덜란드였는데 하멜 보고서를 접하고 1668년 무역선 코리아호를 제작하여 무역 거래를 시도했지만 이루어지지 않았다. 사정은 이렇다. 네덜란드는 동양 무역의 거점인 인도네시아 바타비아로 코리아호를 보내 조선과의 무역을 본격적으로 준비했다. 네덜란드가 조선과의 직교역을 추진하자 일본의 에도 막부가 이를 적극 저지하고 나섰다. 에도 막부는 네덜란드가 조선과의 직교역을 할 경우 데지마(외국과의 통상 교류를 위해 나가사키에 조성된 인공섬) 상관(商館)을 폐쇄하겠다고 경고하면서 네덜란드의 조선 진출을 봉쇄했다(김용삼 2020, 93).

《하멜 표류기》의 영향은 이뿐만이 아니었다. 프랑스, 영국, 독일에서는 자기 나라 언어로 《하멜 표류기》를 발간하였다. 1797년 프랑스 해양 탐험가 라페루즈는 조선 해역의 측량과 경위도를 추정하여 기록으로 남겼다. 1845년 영국 해군 함장 에드워드 벨처는 제주도와 거문도, 거금도 일대를 정밀 측량하였다. 독일 지리학자 겐테는 1901년 5월 한라산을 등정하고 정상 높이가 해발 1,950m라는 것을 밝혀냈다. 1880년 에른스트 오페르트는 《금단의 나라 조선》, 1886년 미국인 천문학자 퍼시벌 로웰은 《조선, 조용한 아침의 나라》를 펴냈다.

1980년 10월 12일 한국과 네덜란드 양국은 우호 증진을 위해 난파 상륙 지점으로 추정되는 서귀포시 안덕면 사계리 산방산 해안 언덕에 하멜 기념비를 세웠다. 기록은 기억이나 구전보다 위대하다. 체불 임금을 받기 위해 기록한 보고서가 역사를 만들었다. 기록하여 남겨야 하는 이유다.

국립제주박물관. (2003). 《하멜 제주도 표착 350주년 기념 '항해와 표류의 역사' 특별전 기념 강연회》.

김용삼. (2020). 《세계사와 포개 읽는 한국 100년 동안의 역사 1》. 파주: 백년동안.

윤행임. (미상). 《석재고—해동 외사 박연》.

이익태. (1696). 《지영록—서양국 표인기》.

하멜, 헨드릭. (2019). 《하멜 표류기》. 신복룡 옮김. 집문당.

표류기 ②

홍어 장수 문순득의 경우

해상에서 표류는 빈번하게 일어나는 해난사고다. 표류는 망망대해에서 풍랑을 만나 본래 목적지를 벗어나 엉뚱한 곳으로 흘러가는 것이다. 삼면이 바다인 조선에서도 해난사고가 많았다. 주로 해안가에 거주하는 어민들이 어로 중에 사고를 당하지만, 여행이나 상업 활동 중에도 빈번하게 발생했다.

임진왜란 이후부터 19세기 중엽까지 조선인이 일본에 표착한 사례만도 천 건이 넘고 1만여 명의 조난객이 발생된 것으로 파악된다. 조선인만 해도 연간 26명, 한 달 평균 2명 정도이니 중국과 일본의 조난객을 포함하면 더 복잡한 상황을 추정할 수 있다. 조난객의 처리는 국가 간의 중요한 외교 문제일 수밖에 없었을 것이다(이훈 2003 참조).

모든 표류 사건이 기록으로 남겨진 것은 아니다. 표류민의 대부분은 글을 제대로 익힌 식자층이 아닌 이유도 있지만 기록으로 남길 소재가 충분하지 않았기 때문일 수도 있다. 조선 표류 역사에서 시선을 사로잡는 특별한 사례가 있다. 1801년 12월 우이도(일명 소흑산도, 지금의 전라남도 신안군)에 살던 문순득(1777-1847)이 일행 5명과 함께 태사도(지금의 흑산도 인근 삼태도)에서 홍어를 사가지고 돌아오던 중 풍랑으로 표류를 하게 되었다. 그는 흑산도 홍어를 사서 영산포(지금의 전라남도 나주)에 팔고 다시 쌀 등 육지 물건을 구입하는 중개 무역상이었다.

문순득의 표류와 외국 체험은 3년 2개월(1801년 12월-1805년 1월)에 걸친 조선인의 '오디세이'다. 그의 표류 노정과 함께 당시 국가 간의 표착민의 송환 체계에 대해서도 알 수 있을 것이다. 더불어 그의 표류 경험담이 어떻게 세상에 알려지게 되었는지도 알게 될 것이다.

첫 표류국은 류큐(지금의 일본 오키나와현과 가고시마현 일부)이다. 일행은 6개월 정도를 이곳에서 체류하다 중국 푸저우로 송환된다. 류큐는 왜 조선인을 조선에 송환하지 않고 중국으로 보냈을까? 류큐와 조선은 외교관계를 맺은 상대이고 조선에서는 사절단을 파견하는 등 교류가 활발했다. 1609년 류큐가 일본에 복속된 후만 해도 류큐 표착 조선인은 나가사키와 쓰시마를 거치는 송환 절차(류큐-나가사키-쓰시마-조선)를 따랐다. 이 절차는 1696년에 바뀌게 된다(류큐-중국 푸저우-베이징-선양-광저우-조선 의주). 바뀐 이유 중 하나는 류큐와 일본과의 관계에 있다.

1684년 중국이 해금령을 철폐하면서 중국 상선들이 나가사키항에 들어오기 시작했는데, 류큐 표착 조선인들이 나가사키로 옮겨지는 것을 중국이 알게 되면 중국의 조공국인 류큐가 일본의 속국이 된 것에 대해 불편한 반응을 보일 것을 염려하였다. 류큐도 일본을 통하지 않고 표류인을 바로 중국으로 송환했을 때의 외교적·상업적 실익을 노렸다. 표류선, 호송선에 실린 화물에 대해서는 청나라가 면세 혜택을 부여했다. 조선은 중국의 눈치를 살피면서 저자세의 외교를 하는 일본과 류큐 사이에서 표류민의 송환 절차가 복잡해지고 말았다. 대한해협이란 지름길을 놔두고 돌고 돌았다.

1802년 10월 7일 류큐에 체류 중인 중국 표류인, 호송 책임을 맡은 류큐인, 조선 표류인이 호송선에 탑승했고 진공선(류큐의 해상 무역을 위해 중국에서 정책적으로 제공한 무역선) 2대도 함께 출항했다. 조선인, 중국인, 일본인이 섞여있었다. 이 배들이 또 표류하여 여송(지금의 필리핀 루손)에 표착하였다. 한 번도 모자라 두 번째 표류국이다. 사람들뿐 아니라 무역선까지 표류하게 되면서 류큐와 중국 간에 중요한 외교적 사안이 되었다. 당시 여송은 스페인 식민지였고 류큐나 조선과는 외교관계가 없었다.

흥미로운 점은 외교관계가 없는 표착지 여송에서 체류비를 누가 부담하느냐이다. 해법은 의외로 간단했다. 호송 책임국에서 부담하는 것을 원칙으로 했다. 류큐 호송인과 함께 머물고 있는 상황에서는 류큐의 책임이었다. 본래 목적지(중국 푸저우)

가 아닌 엉뚱한 곳에 표착한 뒤 호송 책임을 맡은 류큐인과 중국인 사이에 갈등이 생겼다. 현지 체류 비용 지불 책임이 있는 류큐인들은 빨리 출발하자고 주장하고, 중국인들은 바람을 기다렸다 천천히 가자는 주장을 했다. 자기 돈 쓰지 않으니 '만만디 근성'이 발동한 것일까. 결국 류큐인과 중국인 사이의 갈등에서 문순득과 일행 1명은 여송에 남겨지는 신세가 되었다. 이때부터 발생하는 체류 비용은 사비로 부담해야 했는데, 화교와 천주교 신자의 도움을 받았다. 국가 간의 외교관계 유무에 따라 표류민의 보호 책임도 갈렸다.

1803년 8월 문순득은 여송에서 상선을 타고 아오먼(지금의 마카오)에 도착했다. 세 번째 표착국 아오먼은 포르투갈의 식민지였다. 이곳에서 포르투갈인으로부터 심문을 받고 성대한 대접을 받았다. 포르투갈은 조선과 외교관계는 없지만 중국에 표류민을 보고하고, 중국에서는 조선의 표류민에 대한 보호를 요청했다. 포르투갈과 조선의 직접적인 외교관계는 아니지만 제3국과의 외교관계를 통한 송환 체제가 작동하였다. 본래 중국에서는 아오먼에서 바로 조선으로 보내도록 했지만, 조선과 왕래하는 무역선이 없었다. 문순득은 중국 대륙을 횡단하여 베이징으로 갈 수밖에 없었다(1804년 5월 베이징 도착). 이 과정에서 발생하는 비용은 중국에서 부담했다. 베이징에 도착했을 때 중국은 조선 왕에게 이 사실을 통보하고 조선에서 온 사신이 있으면 귀국길에 동행하게 하여 송환 절차를 마무리 지었다. 1804년 11월 문순득은 조선 사절단과 함께 조선으로 돌아왔다.

홍어 장수 문순득의 해상 '오디세이'는 흥미로운 점이 한두 가지가 아니다. 우여곡절도 많지만 이 표류기를 통해 당시 국제정세는 물론 외국 표류민에 대한 송환 절차와 체계를 알 수 있다. 표류민이 도착한 국가에서 체류 비용을 지불하는 것을 확인할 수 있었고, 국가마다 표류민에게 어느 수준에서 예우할 것인가에 대한 매뉴얼도 가지고 있었다. 중국에서는 조선 표류민에 대해 땔감, 쌀, 무명옷 한 벌, 가죽신 한 켤레를 지급했다. 류큐에서는 매일 쌀 한 되 다섯 홉과 채소를 주고 하루걸러 돼지고기를 제공하였다. 오늘날 국가 간 외교관계에서도 참고할 만한 내용이다.

이 표류 경험이 어떻게 세상에 나오게 되었을까? 문순득은 당시 우이도에서 유배 중인 정약전(1758-1816)을 만나게 됐다. 홍어 장수와 실학자의 만남이다. 한 사람은 실무에 밝은 상인이고 또 한 사람은 실사구시와 이용후생의 이론에 밝은 실학자다. 화학적 결합이 잘 맞았을 것이다. 문순득의 믿기지 않은 '오디세이' 경험담을 들은 정약전은 그의 이야기를 체계적으로 정리하여 《표해시말(漂海始末)》로 엮어냈다. 정약전은 문순득에게 천초(天初)라는 호를 지어준다. '세상에서 이런 경험을 한 것은 당신이 처음'이라는 의미이다. 《표해시말》은 천초 문순득이 겪은 오디세이의 시작과 끝에 대한 기록이다.

아직까지 《표해시말》의 원본은 발견되지 않고 있다. 여기서 손암 정약전(1756-1816)의 동생이면서 당시 강진에서 유배 중인 다산 정약용(1762-1836)을 등장시켜야 한다. 형제의 우애는 특별했다. 유배 길도 함께했다. 나주까지 함께 왔다 형은 우이도로, 동생은 강진으로 갔다. 다산은 손암을 인간적·학문적으로 존경했다. 형제의 우의에 대해 따로 글을 써봄 직도 하다. 맑은 날 해남 대흥사를 둘러싸고 있는 두륜산 정상 두륜봉에서 보면 우이도가 보인다. 다산은 형이 보고 싶어 견디지 못할 때는 두륜봉에 올라 우이도를 보면서 울적한 심사를 달래곤 했다.

다산은 유배 중 많은 제자들을 길러냈다. 한양대학교 정민 교수는 다산과 그 제자들을 조선 후기 최고의 학술집단이라고 부른다. 다산이 강진에서 길러낸 실력자들이다. 다산은 손암에게 편지를 종종 부쳤는데 이 내용 중에는 제자들이 쓴 시문도 보내 서평을 받았다. 심지어 자신이 쓴 책 내용도 형에게 보내 서평을 부탁했다. 이 형제는 피를 나눈 사이를 넘어 학문적 동반자요, 동생의 제자는 곧 형의 제자이기도 했다.

이정(1792-1861)은 스승 정약용의 부탁을 받고 정약전이 완성하지 못한 유고를 모아 《자산어보》를 완성했다. 《자산어보》에는 이청이 정약전의 글에 근거를 제시하고 설명을 덧붙이면서 청안(晴案)이라고 표기하였다. 청안은 '이청이 의견을 달았다'는 뜻이다. 《자산어보》는 정약전과 정약용 형제의 우애와 정약전의 제자 장덕순과 정약용의 제자 이청의 정성이 빚어 완성된 해양 생물 백과사전이다.

이강회(1789-?)는 손암 사후 우이도에 머물면서 스승 정약용과 정약전의 글을 한데 묶어 《유암총서》를 발간했다. 《유암총서》에 《표해시말》이 실려있다. 기이한 일이다. 정약전이 저술한 원본을 찾을 수 없어 안타까웠는데 1979년 발견된 《유암총서》에 《표해시말》이 실려있었다. 《표해시말》은 문순득, 정약전, 정약용, 이강회 네 사람이 신분과 연령을 뛰어넘어 만들어낸 해양 문화사의 역작이다. 《표해시말》은 형제의 우애와 사제의 의리는 물론 백성에 대한 인의를 실천하고자 하는 사람들의 고뇌를 담고 있다.

문순득의 표류 경험도 중요하지만 정약전이 우이도에서 유배 생활을 하고 있지 않았다면 어떻게 되었을까 싶다. 손뼉도 양손이 마주쳐야 소리가 나듯 사람도 만나야 한다. 또 정약용의 제자 이강회가 우이도를 찾아가지 않았다면 어땠을까 싶다. 역사에 우연은 없다고 하지만 반드시 그런 것 같지 않다. 역사에는 우연적인 요소가 끼어들 공간은 있다. 우연이 쌓이면 필연이 되고 그것은 관계에서 생성된다.

《조선왕조실록》에 문순득과 관련된 기록이 나온다. 제주도에 표착한 필리핀 표류민 처리를 놓고 고심하고 있었는데 문순득이 제주도로 파견되어 이들을 여송으로 송환하는 데 기여했다. 문순득은 여송에 체류하는 동안 지역 토착어를 익혀 어느 정도 소통이 가능했다. 흑산도 홍어 장수의 다부진 실력이다. 실록에 실린 문순득에 대한 기록이다.

> 나주(羅州) 흑산도(黑山島) 사람 문순득(文順得)이 표류되어 여송국(呂宋國)에 들어갔었는데, 그 나라 사람의 형모(形貌)와 의

관(衣冠)을 보고 그들의 방언(方言)을 또한 기록하여 가지고 온 것이 있었다. 그런데 표류되어 머물고 있는 사람들의 용모와 복장이 대략 서로 비슷하였으므로, 여송국의 방언으로 문답(問答)하니 절절이 딱 들어맞았다.

-《조선왕조실록》〈순조실록〉 12권, 순조 9년 6월 26일

《표해시말》 3부에는 문순득이 조선어, 류큐어, 여송어를 비교한 내용이 등장한다. 자주 쓰이는 일상 단어 112개다. 그는 지적 호기심도 많았고 상당히 낙천적인 성품의 소유자로 추정된다. 어느 곳에서든 잘 적응하고 소통이 가능한 글로벌 인재의 모델이 아닐까 싶다.

이종찬. (2016). 《열대의 서구, 조선의 열대》. 서강대학교출판부.

이태원. (2004). 《현산어보를 찾아서》. 청어람미디어.

이훈. (2003). 《조선인의 표류와 기록물》. 솔.

정약전. (2021). 《자산어보》. 권경순·김광년 옮김. 더스토리.

최성환. (2012). 《문순득 표류연구》. 민속원.

최성환. (2012). 〈조선후기 문순득의 표류노정과 송환체계〉. 《한국민족문화》. 43.

최성환. (2013). 〈홍어장수 문순득의 표류기, 표해시말〉. 《국가인》, 봄.

《조선왕조실록》. 〈순조실록〉.

〈자산어보〉. (2021). 영화.

포스트 코로나 전략

연암의 법고창신

《열하일기》, 〈양반전〉, 〈허생전〉으로 유명한 연암 박지원은 당대 최고의 사상가요, 베스트셀러 작가다. 당시 조선의 깨어있는 지식인들은 교조화·권력화된 성리학의 폐쇄주의와 보수주의의 한계에 맞서 진보적인 학문과 실용적인 지식을 추구했다. 그들은 연암의 《열하일기》를 읽으며 국제적인 시야를 넓히고, 부정과 부패로 얼룩진 조정과 위선적인 위정자를 고발하는 〈허생전〉과 〈양반전〉을 읽으면서 사이다와 같은 후련함을 느꼈을 것이다.

연암은 '법고창신론(法古創新論)'을 주창했다. 법고창신의 원문은 '법고이지변, 창신이능전(法古而知變, 創新而能典)'이다. 풀이하면 '옛것을 모범으로 삼되 변통할 줄 알고, 새것을 만들어 내되 법도가 있게 한다'는 의미다. 온고지신(溫故知新)

이 '옛것을 미루어 새것을 안다'는 정적인 행위라면 법고창신은 옛것을 본보기로 하되 형편과 상황을 재해석, 재정의하여 새것을 만드는 보다 능동적인 행위를 의미한다. 여기서 핵심어는 '변통'과 '법도'인데, 변통은 형편과 상황에 맞게 바꾸는 재창조하는 것이고, 법도란 전통을 고려하는 것이다. 과거와 현재의 끈이 이어지는 것이다.

연암이 역사에서 꼽은 법고창신의 사례 중 두 가지를 소개한다. 첫째는 한나라 장군 한신이 3만 병력으로 20만의 조나라 군사를 물리친 전투다. 배수진 전법. 당시에는 산을 등지고 강을 앞에 한 채 진을 치는 일은 있어도 강을 등지고 진을 치는 전술은 없었다. 한신의 배수진 전술에 휘하 장수들이 병법의 어디에 있느냐고 따져 물었을 때, "죽을 땅에 들어간 다음에야 살아날 수 있다"라는 말로 대꾸하였다. 한신은 기존의 병법을 기계적으로 따르지 않고 상황에 맞게 재해석해 배수진이라는 새로운 전술을 창조했다. 옛것에 정통하면서도 갇히지 않는 태도로 옛것을 적절히 잘 활용해 새로운 것을 창조했다.

반면 임진왜란 때 신립 장군은 탄금대에서 배수진으로 왜군과 맞서 뼈아픈 패배를 당했는데 다시금 법고창신의 중요성을 실감하게 만든다. 신립 장군은 매복전을 펼치기 안성맞춤인 조령을 놔두고 하필 평지에서 왜군의 조총부대와 정면대결을 택했고 맥없이 무너졌다. 신립이 법고창신으로 배수진이 아니라 산을 등지는 배산진 전략을 구사했으면 전쟁의 양상은 달라졌지 않을까 싶다.

류성룡은 임진왜란 후 '지난 일을 경계하여 앞으로 후환이 생기지 않도록 대비한다'는 의미를 담은 《징비록》을 저술했다. 임진왜란을 이해하는 소중한 문헌이다. 이 책에 신립 장군에 대한 언급이 여러 곳에 등장하는데 여기에서는 두 가지의 기록을 소개한다.

하나는 임진왜란이 발발하기 불과 며칠 전에 류성룡을 방문한 신립 장군이 류성룡과 나눈 대화이다. 이 대화를 통해 당시 국정 최고 책임자들이 어떤 사고를 하고 있고, 국제정세의 변화에 어떤 대응을 하고 있는지를 짐작할 수 있다. 류성룡이 "조만간 변고가 생기면 공께서 맡아서 해결해 주셔야 하는데, 공이 보시기에 지금 적들의 형세는 어떻습니까?"라고 묻자, 신립은 적을 매우 가소로이 여기며 "걱정할 것 없습니다"라고 대답하였다. 류성룡이 "그렇지 않습니다. 전에는 왜인들이 창과 칼 같은 짧은 무기만 믿고 싸웠지만, 지금은 조총처럼 좋은 무기를 가지고 있으니 가볍게 보아서는 안 됩니다"라고 말했다. 신립은 류성룡의 말이 끝나기가 무섭게 "비록 조총이 있다 한들 어떻게 모두 적중시키겠습니까?"라고 말하였다(류성룡 2020, 51-52).

다른 하나는 신립 장군이 충주 탄금대에서 대패한 것에 대한 류성룡의 원인 분석이다. "신립은 군사를 이끌고 나가 탄금대 앞 강물 두 줄기 사이에 진을 쳤다. 그곳은 좌우로 논이 많고 물풀이 뒤섞여 나있어 말을 달리기에 불편하였다. (…) 신립은 어찌할 바를 모르고 말에 채찍질하여 두 차례나 직접 적진을 향해 돌진하려고 하였지만 적진을 뚫지 못하고 돌아와서 강물에 뛰어들어 죽었다. (…) 그 후 명나라 제독 이여송이 적을 추격할 때 조령을 지나다 탄식하며 말했다고 한다. '이렇게 험난한 곳이 있는데도 지킬 줄을 몰랐으니 총병 신립은 지략이 없는 사람이다.' 신립은 날래고 예리하기로 당대에 이름이 나있었지만 계책과 전략에는 서툴렀다. 옛 사람이 말한 '장수가 군사를 쓸 줄 모르면 적에게 나라를 내주게 된다'는 경우라고 할 수 있다. 지금 후회하여도 이미 늦었지만 그래도 훗날의 경계로 삼을 만하기에 상세히 적는다"(류성룡 2020, 74-77). 이 두 가지 기록은 임진왜란의 전황이 어떻게 전개될 것인가를 예측하게 하는 결정적 요인이 되고도 남는다. 장수가 적이 보유한 무기의 성능을 무시하고, 잘못된 진략과 전술을 선택하게 되면 참패로 이어지기 마련이다. 문신 류성룡과 무신 신립과의 대화에서 일본군에 대한 신립의 무시와 무지는 탄금대에서의 패전을 예고했다고 해도 지나친 추측은 아닐 것이다.

둘째는 후한의 우후 장군이 전세가 불리하여 후퇴하는 중에 군사들이 밥을 해 먹은 아궁이 수를 실제보나 디 많이 만든 다음 이동함으로써 구원병이 온 것처럼 속임수 전술을 구사해서 위기를 벗어난 일이다. 이 전술은 전국시대 손빈이 병력이 줄어든 것처럼 보이도록 아궁이 수를 줄이며 이동하여 적을 방심하게 만든 뒤 대승을 거둔 전술을 역이용한 것이다. 이 역시 옛것을 상황에 맞게 활용하여 자신에게 유리한 전술을 창안해 낸 법고창신의 멋진 사례다.

법고창신은 코로나19 대응에서도 그 진가를 확인시켜 주었다. 드라이브 스루 검사법이다. 사실 이 아이디어는 2010년 미국 스탠퍼드대학교에서 인플루엔자 대유행에 대비해 드라이브 스루로 진단과 백신을 배포하는 모델을 논문으로 발표했다. 한국과 미국의 차이가 있다면 스탠퍼드대학교의 논문은 치료 백신이 있는 경우였고, 한국의 코로나19 '드라이브 스루(차량 이동형 검사)'는 백신이 없는 고위험 병원체를 진단하는 것이다. 전자가 아이디어 차원이었다면 한국은 현실에 적용하였다. 옛것을 상황에 맞게 재해석하고 활용하여 방역에 효과적인 시스템을 새롭게 창안해 낸 것이다. 세계가 K-방역과 의료 체계를 부러워하는 이유다.

역사는 법고해서 창신할 사례와 교훈을 제시하고 있다. 역사학자 E. H. 카는 "역사는 과거와 현재와의 끊임없는 대화"라고 했는데, 법고를 과거로 창신을 현재로 설정하여 법고와 창신이 서로 긴밀히 연결하고 소통하면 새로운 창조가 이루어질 것이다. 연암이 세상의 이치를 깨닫는 경세 철학으로, 글쓰기 전략으로, 백성을 다스리는 지혜의 보고로 삼았던 법고창신을 우리들의 삶에도 적용하면 어떨까 싶다. '법고창신'은 코로나19의 대안을 찾는 지혜의 문이고, 포스트 코로나의 '뉴노멀'이 될 수 있다.

류성룡. (2020). 《징비록》. 오세진·신재훈·박희정 옮김. 홍익출판미디어그룹.
박희병. (2016). 《연암을 읽는다》. 돌베개.

1882년 조미수호통상조약

'거중조정', 믿는 도끼에 발등 찍힌 허상

혹자는 19세기 후반 조선이 처한 형국을 《구약성서》〈열왕기상〉 21장에 등장하는 나봇의 포도원으로 비유한다. 사마리아 왕 아합은 왕궁 옆에 포도밭을 소유한 나봇에게 땅을 팔라고 압박한다. 나봇이 거부하자 탐욕에 눈이 먼 왕은 그를 죽이고 땅을 차지한다는 내용이다. 중국, 러시아, 일본이라는 주변 열강에 둘러싸여 포도밭을 뺏길 지경에 이른 조선의 위태로운 지경을 두고 한 말이다. 조선은 주변 열강의 침탈과 야욕으로부터 국가의 운명을 함께 할 파트너로 미국을 선택했다. 1882년 조선이 미국과 조미수호통상조약을 맺게 된 데에는 열강의 이해관계가 맞아떨어졌기 때문에 가능했다.

누구보다 중국이 적극적으로 중매에 나섰다. 중국은 일본과 러시아를 견제하면서 한반도의 주도권을 장악하고 싶지만 국제 역학관계 때문에 마음대로 되지 않았다. 미국을 끌어들여 균형추 역할을 하고 싶었다. 친청연미(親淸聯美) 전략이다. 조선이 열강의 틈바구니에서 독립국가를 유지하기 위해서는 중국과 친하게 지내고 미국과 연합해야 한다는 것이다. 조선, 중국, 미국의 전략적 이해가 맞아떨어졌다. 중국 외교관 황준헌도 《조선책략》에서 이 같은 주장을 한 바 있다. 조선의 입장에서도 미국과의 파트너십이 싫지만은 않았다. 당시만 해도 미국은 제국주의의 야욕을 본격적으로 드러내지 않은 때였고 국가 이미지도 신선했다. 대국답게 약소국의 고통을 이해하고 정의의 편에서 도움을 줄 것 같았다. 무엇보다 조선은 제1조의 '거중조정' 조항에 가장 큰 관심을 두었다. 거중조정이란 '국제기구, 국가, 개인 제삼자가 국제 분쟁을 일으킨 당사국 사이에 끼어 분쟁을 평화적으로 해결하는 일'이다. 결코 쉽지 않은 일이지만 대국 미국이니까 가능할 것으로 조선은 기대했다. 제1조를 옮겨본다(김원모 2002, 184).

> 만약 다른 나라가 어떤 불공평하고 멸시하는 사건을 일으켰을 때 일단 통지하면 반드시 서로 도와주며 중간에서 잘 조정(居中調整)해 줌으로써 두터운 우의를 보여준다.

이 조약문의 비하인드 스토리가 더 흥미롭다. 조미수호통상조약을 중재한 중국의 최대 관심사는 '조선은 청국의 속방'이라는 내용을 조약에 넣는 것이었다. 미국이 찬성할 리 없다. 미국도 자주국과 조약을 맺고자 하지 중국의 속방으로서 조선과 조약을 맺을 이유가 없다. 하나를 양보하면 다른 하나를 들어주는 것이 외교다. 중국은 '조선은 청국의 속방'이라는 조문을 빼는 대신 '거중조정' 조문을 명문화했다. 미국을 통해 러시아와 일본을 견제하려는 의도였다. 꿩 먹고 알까지 먹으려는 속셈이다. 조약 체결 과정을 보면 약소국의 아픔이 느껴진다. 조미수호통상조약의 당사국인 조선과 미국 대표가 머리를 맞대고 협의한 것이 아니라 중국과 미국이 협의를 이끌어낸 것이다. 중매쟁이가 결혼 날짜 잡고 주례까지 모두 본 격이다.

중국의 중매로 조선과 미국은 결혼에 골인한다. 신랑과 신부는 동상이몽이었다. 조선은 대국에 기대 열강의 야욕에서 벗어나려 했고 미국은 조선에서 경제적 이익을 얻고자 했다. 애당초 미국은 거중조정 조항에는 관심이 없었다. 외교적 수사(修辭)에 불과했다. 어디 미국뿐이겠는가. 겉과 속이 다른 제국주의의 이중성이다. 점잖은 척하면서 뒤로 이익을 챙긴다. 거중조정이 현실적으로 가능할 것이라고 굳게 믿고 있는 조선이 당시 국제정세에 대해 얼마나 어두운가를 보여준다. 순박하다기보다 무지몽매하다고 보아야 할 것이다.

조선은 미국의 거중조정 역할을 믿고 미국에 적극적으로 손을 내민다. 미국이 거중조정 역할만 해준다면 요구하는 것은 뭐든 다 해줄 마음이다. 미국이 필요로 하는 경제적 이권의 특혜도 주었다. 경인철도 부설권, 전기발전소 부설권, 한양전차 부설권, 수도 부설권, 금광 채굴권. 거중조정, 결국 조선은 믿는 도끼에 발등 찍혔다. 미국은 관심도 없고 현실적으로 가능하지도 않았는데도 말이다. 신기루와 같은 미신에 불과했다. 실제 미국은 1885년 영국의 거문도 점거, 1894년 청일전쟁, 1904년 러일전쟁 등 한반도의 명운을 결정하는 사건에서 거중조정 역할을 거부했다. 표면상 이유는 '아시아 중립외교' 또는 '불간섭 원칙'이었다. 거중조정은커녕 오히려 조선의 독립을 반대하는 입장이었다. 1894년 미국은 일본 세력을 억제하고 조선 독립을 보장해 주자는 영국의 제의를 거부하기도 했다. 오래지 않아 미국의 제국주의 탐욕과 이중성은 드러났지만 오래전부터 미국은 일본을 아시아의 맹주로 기정사실화했다. 미국은 대국의 품위도 지키지 않았고 정의롭지도 않았다.

가쓰라-태프트 밀약(1905). 조선이 절대적으로 기대했던 미국의 거중조정 역할이 얼마나 잘못된 믿음이었던가를 단적으로 보여준다. 이 밀약은 미국의 제국주의적 탐욕과 국제관계가 약육강식의 원리를 채택하고 있음을 알리는 신호탄이었다. 미국 전쟁부 장관 태프트와 일본 총리 가쓰라는 1905년 러일전쟁 후의 한반도의 미래를 결정했다. 이행각서의 핵심은 '러일전쟁에서 일본이 승리하면 일본은 조선의 지배권을 가지며, 미국은 필리핀을 통치한다'이다. 이 밀약은 기밀 외교문서도 아니었는데, 1924년에야 세상에 알려졌다. 거중조정, 얼마나 허깨비와 같은 표현인가. 1904월 8월, 미국의 시어도어 루스벨트 대통령(재임 1901-1909)은 독일에게 미국과 독일 양국은 러일전쟁이 끝날 무렵 조선에 대한 일본의 보호제도를 승인하는 데 협력하자고 제안했다(김영흠 1988, 29). 일본은 영일동맹을 통해 영국으로부터 조선의 보호국화를 승인받아 놓았다. 그들은 다 계획이 있었던 것이다. 일본의 한반도 식민지배는 오늘날 외교적 수사로 말하는 우방이나 혈맹으로 부르는 국가들의 이해관계에 따라 정해졌다. 강대국은 약소국을 제물로 바친다. 마치 물건을 주고받는 거래다. 오늘날 열강은 그들만의 관점에서는 당시 한반도의 운명을 '명백한 운명'이라고 할 것이다. 국제관계에서 국익에 관한 한 상대방의 등에 비수를 꽂는 일이 어렵지 않다는 방증이다.

1882년 5월 22일 체결된 조미수호통상조약은 조선이 구미국가와 맺은 최초의 조약이다. 이 조약의 탄생 배경을 보면 처음부터 단추가 잘못 끼워진 조약이라는 것을 알 수 있다. 주권국 조선이 배제된 채 조선의 종주국을 자처하는 중국이 조문 내용에 적극 개입했고, 조선은 신기루나 다름없는 미국의 거중조정 역할을 신봉했다. 서로 속셈이 다르면 계약이 성사되더라도 이행되기는 쉽지 않은 법이다. 미국이 국제외교의 초보자인 조선을 이용했다. 오늘날 한미관계는 정치, 경제, 외교, 통상, 문화, 군사에 이르기까지 전 지구적으로 가장 활발한 교류를 이어나가고 있다. 서로의 국익을 위해 필요하기 때문이다. 21세기 국제관계 역시 힘의 논리가 지배한다. 그 균형이 무너지면 언제든 약육강식의 정글의 법칙이 작동한다는 것을 잊지 말아야 하는 이유다.

김영흠. (1988). 《미국의 아시아 외교 100년사》. 박무성·이형대 옮김. 신구문화사.
김원모. (1999). 《한미수교사》. 철학과현실사.
김원모. (2002). 《한미 외교 관계 100년사》. 철학과현실사.
한승주. (2021). 《한국에 외교가 있는가》. 올림.
〈조미수호통상조약〉. (1882).

남연군 분묘 도굴 사건

잘못된 방법과 명분

남연군 이구는 흥선대원군의 생부이며 고종의 조부이다. 1868년 충남 예산군 덕산면 소재 남연군의 분묘 도굴 사건이 발생했다. 어느 국가, 사회건 망자의 유해를 함부로 손대지 않은 것은 불문율이다. 하물며 유교 국가 조선의 사정이야 말할 필요가 없다. 부관참시를 최고의 불명예와 악형으로 꼽지 않았던가. 독일인 에른스트 오페르트라는 자가 도굴을 주도했다 그는 인종학 연구자이면서 상인이었다. 도굴 전 2차에 걸쳐 조선 서해안에 도착하여 교역을 요구하였던 적이 있다. 도굴 사건의 전말을 알기 위해 당시 흥선대원군이 주도한 쇄국, 천주교도 탄압과 이로 인한 병인양요로 거슬러 올라가야 한다.

조선은 19세기 이래 서구로부터 문호 개방을 요구받았지만 결코 응하지 않았다. 문호 개방은커녕 천주교 신자들을 박해하고 탄압했다. 오히려 천주교 신자들은 늘어났다. 종교의 불가사의한 특성이다. 웬만한 신앙심으로는 불가능했을 것이다. 조선 신자는 많을 때는 2만 명이 넘었다. 흥선대원군은 어린 나이에 왕이 된 고종을 대신에 국정을 장악했다. 1866년 전국에 천주교 탄압령을 내리고 대대적인 숙청에 들어갔다. 조선의 천주교도 8천여 명이 학살되었고, 당시 조선에서 선교활동을 하던 프랑스 선교사 12명 중 9명이 처형됐다. 병인박해다.

구사일생으로 중국으로의 탈출에 성공한 신부가 중국 주재 프랑스 제독 로즈에게 사건의 진상을 보고하고 조선에 남아있는 신부 두 명의 보호를 요청하였다. 로즈 제독은 프랑스 함대 7척으로 강화도를 점령했다. 병인양요다. 로즈는 프랑스 신부 살해자에 대한 처벌과 통상조약 체결을 요구했다. 흥선대원군은 요구를 묵살하고 프랑스군을 물리쳤다. 뜻밖에 서양 오랑캐를 쉽게 패퇴시킨 흥선대원군은 자신감을 가지고 나라의 빗장을 더 굳게 걸어 잠근다.

1868년 5월 10일 백인 8명, 조선인 천주교 신자 약간 명, 말레이시아인 25명, 중국인 100명 내외가 서해안 덕산읍에 위치한 가야산의 남연군의 묘를 찾아갔다. 이곳이 어떤 곳이던가? 대원군이 명당이라 하여 가야사를 폐사하고 경기도 연천의 선친 묘를 이장한 곳이다. 2대 자손까지 왕이 될 수 있는 기운을 가진 터라고 한다(유희성 2018). 다국적 도굴단의 핵심 멤버는 독일 상인 오페르트, 자본을 댄 미국 기업인 젠킨스, 도굴 계획을 적극 지지하고 통역으로 따라나선 프랑스 선교사 페롱이다.

이들에게는 크게 두 가지 목적이 있었다. 첫째는 묘지의 보물을 약탈하고 시신을 탈취한 뒤 흥선대원군과 교섭하여 재물과 교환하고 잘되면 통상 조약까지 맺어보자는 것이다. 간이 배 밖으로 나왔다. 둘째는 천주교 박해에 대한 보복이다.

이 제안은 박해를 피해 달아난 조선인 교인에 의해 이루어졌다고 한다. 그러나 도굴 작업을 위해 조선인 천주교 신자들이 오페르트 일행과 공모했다는 주장은 확인이 불분명하고 근거 사료도 찾기 어렵다. 게다가 오페르트의 저서에 기록되어 있다는 이유만으로 조선인 신자들이 공모했다고 주장하는 것은 무리라고 할 수 있다(조현범 2017, 88-89). 사정이 어찌 되었든 남의 조상 묘를 파헤쳐 도굴하는 것은 용서받을 수 없을 것이다. 야간에 이루어진 도굴 작업 현장에는 인근 백성들이 모여들었고 반인륜적 파렴치한들에게 돌멩이를 던져 항의했다. 묘지기 이대근은 총으로 무장한 도굴단에게 용감하게 맞서 벼슬을 하사받았다. 아무리 흥선대원군이 밉다고 해도 조상 묘를 도굴하는 것은 결코 납득할 수 없었다. 산 사람도 아니고 유해를 볼모로 협상을 하겠다는 발상에 기가 차다.

도굴은 실패로 끝났다. 흥선대원군은 남연군의 묘를 3번 이장했는데 이런 사태를 예상했는지 삽과 곡괭이로는 도굴이 불가능했다. 봉분은 단단한 석회 덩어리로 둘러싸였다. 도굴은 한 망자의 묘를 훼손한 것에 그치지 않았다. 우리나라 역사에도 엄청난 파장을 몰고 왔다. 흥선대원군에게 천주교 박해와 쇄국의 국내외적인 대의명분을 실어주었다. 박해는 더 심해졌고 천주교가 강상의 윤리를 도외시하는 극악한 집단이라는 오명을 뒤집어썼다. 교회역사가 조현범은 도굴 사건을 이렇게 평가했다(조현범 2017, 87).

> 오늘날까지도 도굴 사건은 황사영 백서 사건과 더불어 박해 시대 한국 천주교회의 대표적인 스캔들로 남게 되었다. 당시 선교사들은 사태의 심각성을 분명하게 인지하고, 페롱 신부를 전출시키는 조치를 취함으로써 조선 교회가 입을 피해를 최소화하려고 노력하였다.

오페르트는 사건 뒤 조선에서의 체험담을 책으로 출간했다. 《금단의 나라 조선》. 전문가들은 이 책의 신빙성에 많은 문제가 있는 것으로 평가한다. 정직하지 못하고 자기변명을 늘어놓는 기록이 많다는 것이다. 그는 도굴의 목적이 남연군의 유골 탈취였다는 것은 숨기고 대원군이 무덤에 보관하던 유물을 빼앗아 조선에 개방 압력을 가하려 한 것이었다고 주장했다. 도굴 사건을 처음 계획한 것은 조선의 신자들이었고 이에 동조한 페롱 신부가 오페르트 자신에게 도움을 요청했다는 식으로 표현했다. 참 후안무치하고 뻔뻔한 사람이다. 목적 달성을 위해 수단과 방법을 가리지 않는다.

《한국 가톨릭대사전》에서는 남연군 묘지 도굴 사건을 '덕산 굴총 사건'으로 표기한다. '도굴'이란 말을 순화하여 '굴총'으로 대체했다. 이 사건은 조선과 관련 당사국에도 큰 충격을 줬다.

오페르트는 독일로 돌아간 뒤 함부르크에서 영사 재판을 받고 잠시 수감 생활을 하였고, 젠킨스는 미국인에게 고발당했으며, 페롱 신부는 프랑스로 소환됐다. 조상 묘소를 중시하는 조선에서 외국인에 의해 저질러진 무덤 도굴 사건은 천주교 박해와 쇄국을 한층 강화하는 빌미를 제공했다. 세상에서 하지 말아야 할 일이 있다. 역사에 가정은 없다고 한다. 도굴 사건이 없었다면 흥선대원군과 위정자들이 문호 개방과 서양 문물의 수용에 대한 대응 방법이 달라졌을까 생각해 본다.

오페르트, 에른스트. (2000). 《금단의 나라 조선》. 신복룡·장우영 옮김. 집문당.

조현범. (2017). 〈덕산 사건과 프랑스 선교사 페롱〉. 《한국학》. 40(3).

유희성. (2018). 〈명당 차지해 자손이 왕 된다면…역사 속 남연군 묘〉. 《중도일보》, 9월 30일.

아일랜드 대기근

가진 자의 탐욕과 비인간성

어느 지역에서든 이상기후, 전쟁, 전염병, 부조리, 흉작 등 다양한 요인으로 기근이 생길 수 있다. 정상적인 국가라면 기근이 발생하면 창고를 열어 비축 식량을 풀고 구휼에 최선을 다할 것이다. 아일랜드 대기근(1845-1852)은 특별히 비정상적이었다. 당시 아일랜드는 영국이 식민지배를 하고 있었다. 기근이 들어 수많은 백성들이 기아와 굶주림으로 죽어나가는데 지배하는 자, 가진 자, 힘 있는 자의 수탈과 착취는 더 가혹했다. 영국은 식민지 백성들의 존엄성을 처참하게 짓밟고 구호를 하지 않았다.

아일랜드는 토지가 비옥하다. 국토의 3분의 2 이상이 녹초지다. 아일랜드를 상징하는 녹색과 맞아떨어진다. 대기근 당시 아일랜드인들은 감자를 주식으로 했지만 밀, 옥수수 등의 곡물도 재배하였다. 이 곡물의 대부분은 영국으로 실어갔다. 뿐만 아니라 본토 영국은 우유, 버터, 소고기, 밀가루, 사과 등 많은 먹거리를 수탈해 갔다. 식민국가의 전형적인 착취였다. 일본 역시 호남 곡창지대에서 생산한 쌀, 소금, 면화 등을 수탈·착취했다. 대기근은 인간의 탐욕과 비인간성으로 빚어진 인재(人災)였다.

아일랜드인들은 대기근으로 백만 명 넘는 사람들이 죽고 수십만 명이 해외로 이민을 갔다. 많은 이주민들이 신대륙 미국으로 옮겨갔다. 케네디 대통령 역시 아일랜드 혈통으로 대기근 시절에 미국으로 온 이민자의 후손이다. 그가 가톨릭 신자로서 1960년 미국 대통령에 당선된 것은 지금 생각해도 믿기지 않는다. 미국 사회에서 WASP(백인 White, 앵글로색슨 Anglo-Saxon, 개신교 Protestant)가 아니면 주류 사회에서 성공하기 어려운 시절이었다. 2020년 11월 치른 대통령 선거에서 당선된 바이든 대통령의 선조 역시 대기근을 피해 미국 이민 대열에 가세한 사람이었다. 미국에 살고 있는 맥도널드, 맥아더, 오닐, 오코너 같은 성을 가진 사람들은 당시 아일랜드에서 굶주림을 피해 미국으로 건너간 아일랜드인이나 스코틀랜드인의 후손일 가능성이 크다고 한다.

대기근에 대한 원인에 대해서는 여러 의견이 있다. 한 가지는 아일랜드인들 대부분은 감자를 주식으로 했는데 감자마름병으로 흉년이 거듭되어 기근으로 이어졌다는 주장이다. 보다 설득력 있는 설명은 감자마름병이 원인이긴 했지만, 근본적인 원인은 영국이 아일랜드에서 수확되는 곡물을 남겨놓지 않고 가져가는 바람에 먹을 것이 없었다는 것이다. 감자를 대체할 식량도 없었다. 영국의 지도자들은 아일랜드인이 겪는 기아와 고통은 그들의 운명이었고, 도덕적인 자제력이 부족해 기근을 겪고 있다고 판단했다. 영국의 《이코노미스트》는 '아일랜드인은 마치 사육장 속의 토끼처럼 모든 이들이 결혼하고 자식을 낳도록 부추길 우려가 있다'고 하면서 그들의 임금 인상을 반대했다(샐런버거 2021, 461).

기근은 언제, 어디서든 발생할 수 있다. 중요한 것은 기근에 어떻게 대처하느냐이다. 굶주림과 기아가 몇 년째 계속되면서 아일랜드는 인구의 25%가 감소하였지만, 대영제국은 눈길 한 번 제대로 주지 않았다. 이웃이 굶주리면 서로 보살피고 식량을 나누는 것이 인지상정인데 한 지역이 통째로 기아에 고통을 받고 있는데도 몰인정하고 비인도적이었다. 오히려 아일랜드의 기근을 이용하여 본토인들은 탐욕을 부렸고 저주를 퍼부었다. 지주들은 토지세 부담을 줄이는 기회로 이용했다. 자기 땅에 살고 있는 사람 수에 따라 세금을 내기 때문에 토지세를 줄이기 위해 소작인을 몰아냈다. 굶주린 소작인들의 집을 부수고 강제로 화물선에 태워 아메리카로 보냈다.

영국 성공회 종교 지도자를 비롯한 많은 본토인들은 기근의 원인을 신의 뜻을 거스른 아일랜드인에 대한 하느님의 심판이라고 해석했다. '신의 뜻을 거슬렀다'는 것은 영국 성공회로 개종하지 않고 가톨릭을 믿는다는 조롱이다. 자기와 다른 종교적 신념은 용납하지 못했다.

아일랜드인들은 구호 식량을 기다리지 못해 벨파스트 빈민 구호 시설로 모여들었다. 구호 시설에 가는 중에 목숨을 잃은 사람이 부지기수다. 아일랜드 대기근은 영화, 문학 등 다양한 분야에서 소재가 되었다. 아일랜드 출신 시인 에번 볼런드는 〈격리〉에서 빈민 구호소를 찾아갔지만 그곳에서도 식량을 구하지 못한 가족의 사연을 시로 표현했다(류시화 2018, 56-57 참조).

여기서 아일랜드의 역사를 잠시 살펴보자. 아일랜드는 1169년 잉글랜드 헨리 2세가 점령한 뒤 1922년 아일랜드자유국이 성립되기까지 750년 넘게 영국의 지배를 받았다. 1801년에는 그레이트브리튼과 아일랜드의 두 의회가 통합하고 '그레이트브리튼과 아일랜드 연합 왕국'이 탄생했다. 한 번 결혼식을 치렀다. 그러나 종교적·문화적인 차이를 극복할 수 없었다. 북부 아일랜드만 오늘날의 영국에 남았다. 1928년 이후 영국 국호가 '그레이트브리튼과 북아일랜드 연합 왕국'으로 바뀐 이유다.

역사는 싸우고 죽이는 불구대천의 원수라도 서로 화해한다. 어제의 적이 오늘의 동지가 되고 반대 현상이 나타나기도 한다. 역사의 아이러니한 속성이다. 아일랜드는 한을 품고만 있지 않았다. 그 한을 국가 재건의 에너지로 승화시켜 세계가 부러워하는 나라로 만들고 있다. 더 이상 슬픈 아일랜드가 아니라 당당하고 부러워하는 아일랜드다. 세계에서 가장 살기 좋은 나라 중 하나로 떠올랐다.

1997년 6월 토니 블레어 영국 총리는 북아일랜드 수도 벨파스트를 찾아 19세기 영국인의 착취로 아일랜드인 200만 명이 굶어죽은 대기근에 대해 사과했다. 2011년 5월 영국 국왕으로 100년 만에 아일랜드를 국빈 방문한 엘리자베스 2세도 과거 영국의 가혹한 통치에 대해 사과했다 "영국과 아일랜드 양국이 역사적으로 큰 심적 고통과 격동, 손실을 경험해 온 것에 대해 슬프고 유감스럽다. 험난했던 과거로 인해 고통을 당한 사람들에게 진심 어린 염려와 깊은 연민을 보낸다." 총리도 여왕도 용기 있다. 1998년 북아일랜드 자치정부 수립 등을 골자로 한 '성 금요일 평화협정'을 체결했다. 가해자의 사과가 먼저 이루어져야 화해의 물꼬가 트이는 이치다. 가해자의 사과와 당사자 간의 화해는 역사를 앞으로 밀어주는 순풍이다.

2014년 4월 마이클 히긴스 아일랜드 대통령이 영국을 처음 국빈 방문했다. 엘리자베스 2세 여왕은 녹색 에메랄드가 박힌 왕관과 목걸이를 착용했다. 녹색은 아일랜드 국가의 상징색이다. 녹색은 성 패트릭(386-461)이 아일랜드에 기독교를 전파하면서 섐록이라는 세 잎 토끼풀을 삼위일체의 상징으로 삼아 교리를 설명한 데서 유래했다. 섐록(Shamrock)은 아일랜드 국화가 되고 녹색 하면 아일랜드를 떠올리는 이유다. 아일랜드와 녹색을 얼마나 동일시하는지는 영화 〈갱스 오브 뉴욕〉의 대사에 등장한다. 갱들이 세력 다툼을 하던 중 갱 두목이 아일랜드계 반대파를 제거한 뒤 이렇게 말한다. "이 자식 태우면 재가 녹색으로 변하나 잘 봐." 아일랜드 대통령이 영국을 방문한 이날 1970년대 영국에 맞서 북아일랜드 독립 무장투쟁을 벌인 아일랜드공화국군(IRA)의 사령관을 지낸 마틴 맥기니스 북아일랜드 제1부 장관도 참석했다. IRA의 테러로 사촌을 잃은 여왕은 그 앞에서 화해의 건배를 제의했다. 포용과 통합의 지도력이다.

아일랜드인들은 영국인들에 대한 민족 감정이 호의적이지 않다. 본토 영국인들의 저주처럼 '신의 심판을 받으면서 굶주려 죽어갔던 아일랜드인'은 가슴에 영국인들에 대한 분노와 원한을 품었다. 우리나라와 일본 간의 민족 감정과 비슷하다. 아일랜드인들도 영국으로부터 수백 년간 식민지배를 받으면서 온갖 수탈과 착취를 당했으니 민족 감정이 좋을 리가 없을 것이다. 남는 것은 한과 적개심이다. 동병상련의 한민족은 잘 안다.

2021년 6월 13일 조 바이든 미국 대통령은 영국에서 개최된 주요 7개국(G7) 정상회담에 참석한 후 영국 여왕 엘리자베스 2세를 방문했다. 바이든 대통령의 조상이 아일랜드계 출신으로 증조부 시절 미국으로 이주한 것은 널리 알려진 사실이다. 시선을 끈 것은 바이든 대통령이 여왕에게 고개를 숙이지 않은 장면이었다. 그는 고개를 숙이지는 않은 것 외에 영국 왕실의 예법은 모두 지켰다. 이를 두고 일부 영국 시민들은 미국 대통령이 여왕에게 외교적 결례를 범했다고 비난했다. 알고 보니 바이든 대통령이 여왕에게 고개를 숙이지 않은 것은 그의 일관된 신념이었고 조상이 남긴 유지였다. 바이든의 어머니 캐서린 유지니아 진 바이든(1917–2010)은 아들에게 "영국 여왕이나 왕실 인사를 만나면 고개 숙이는 인사를 하지 말라"라고 가르쳤다고 한다. 바이든 대통령이 상원의원 시절이던 1982년 영국을 방문하여 여왕을 방문했을 때도 어머니와의 약속을 지켰다고 하니 그의 일관된 행동에 눈길이 갈 수밖에 없다. 이것은 영국이 750년 넘게 아일랜드를 지배하면서 저지른 만행을 '용서는 하되 잊지는 않고 있다'는 상징적인 행동이고 메시지일 것이다. 대통령이나 총리 등 국가를 대표하는 인사가 외국을 방문할 때는 해당 국가에서 요구하는 절차와 예법이 있기 마련이고 방문 인사는 이를 따르는 것이 외교의 관례다. 이번 논란을 지켜보면서 아일랜드계 조상을 둔 바이든이 세계 초강대국 미국의 대통령이라는 권위를 내세워 의도적으로 결례를 범했다고 생각하지 않는다. 이는 어머니와의 약속을 지키는 것 못지않게 조상들이 겪었던 고난의 역사를 잊지 않고 있다는 신념의 표현일 것이다. 그러면서 바이든 대통령은 윌리엄 버틀러 예이츠(1865-1939)를 가장 좋아하는 시인이라고 말하며 그의 작품 〈1916년 부활절〉을 언급했다(정은혜 2021 참조).

아일랜드가 낳은 대표적인 시인 예이츠는 1916년 4월 부활절에 아일랜드인들이 영국으로부터 독립하기 위해 봉기한 무장 투쟁을 〈1916년 부활절〉이라는 작품으로 남겼다. 〈1916년 부활절〉에는 이런 구절이 나온다. "희생이 너무 오래면/마음을 돌로 만드는 것/언제 가야 희생이 족할 것인지?/그건 하늘이 알아 할 일/우리가 할 일은 하나씩 이름을 부르는 것"(예이츠 1995). 개인이든 국가든 상호 관계에서 발생한 사건을 오래도록 방치하면 누군가의 가슴에는 돌처럼 단단한 신념이 자리 잡기 마련이다. 바이든 대통령과 그의 조상들도 그런 신념을 실천에 옮긴 것이라고 생각한다.

아일랜드는 과거가 미래의 발목을 붙잡도록 하지 않는 단호함과 유연함을 보여주고 있다. 아일랜드는 많은 어려움을 극복하면서 영국과 대화해의 분위기를 이어나가고 있다. 한국은 일본과 지리적으로는 가깝지만 여러 면에서 먼 나라다. 최근의 한일관계를 보면 시간이 갈수록 아주 먼 나라가 되어가고 있다. 아일랜드와 영국이 관계 개선을 위해 한 발자국씩 뒤로 물러나고 화해의 손길을 내미는 것을 보면서 한국과 일본과의 관계 개선의 기회와 가능성을 본다. 역사는 가진 자의 탐욕과 비인간성으로는 인류 공동체를 앞으로 전진시키지 못한다는 사실을 증명한다. 겸손과 배려, 사과와 실천하는 용기, 그리고 상호 존중과 교류만이 인류 진보를 위한 처방전이다.

던, 롭. (2018). 《바나나 제국의 몰락》. 노승영 옮김. 반니.

류시화. (2018). 《시로 납치하다》. 더숲.

박지향. (2019). 《슬픈 아일랜드》. 기파랑.

샐런버거, 마이클. (2021). 《지구를 위한다는 착각》. 노정태 옮김. 부키.

예이츠, 윌리엄 버틀러. (1995). 《1916년 부활절》. 황동규 옮김. 솔출판사.

주경철. (2015). 《문화로 읽는 세계사》. 파주: 사계절.

정은혜. (2021). 〈고개 숙이지 않은 바이든, 부축 사양한 영국 여왕〉. 《중앙일보》, 6월 15일.

《중앙일보》. (2014). 〈영국 국빈 방문한 아일랜드 대통령 위한 여왕 환영만찬〉. 4월 10일.

《프레시안》. (2013). 〈아일랜드 기근이 '하나님의 심판'이라던 영국 위정자들〉. 7월 28일.

〈갱스 오브 뉴욕〉. (2002). 영화.

〈파 앤드 어웨이〉. (1992). 영화.

인류는 모기와 전쟁 중

말라리아와 퀴닌 이야기

온도와 습도가 높은 여름에는 여지없이 모기들이 극성이다. 다른 곤충과 달리 모기를 대하는 나를 보면 증오심과 적개심을 갖고 있다. 열대야에 어렵게 잠든 귓전에서 윙윙거리는 모기 소리에 잠을 깨면 기필코 모기를 일망타진하고서야 잠을 청한다. 모기 매개 질병들이 건강과 안전에 치명적인 위협이라는 인식의 결과일 것이다.

빌 & 멀린다 게이츠 재단의 보고서에 따르면 매년 가장 많은 사상자를 낸 동물 1위는 모기다. 인류의 출현 이래 20만 년 동안 존재했던 1,080억 명의 인류 중 약 520억 명의 목숨을 모기가 앗아간 것으로 추정된다. 인류의 절반 정도는 모기가 옮긴 전염병으로 목숨을 잃었다.

모기를 매개로 하는 병원체에는 크게 바이러스, 기생충, 원생동물(원충류)가 있다. 바이러스는 가장 수가 많으며 황열, 뎅기, 치쿤구니야, 마야로, 웨스트나일, 지카, 뇌염이 있다. 기생충 중 숲모기, 얼룩무늬모기, 집모기가 공통적으로 전염시키는 기생충은 사상충이다. 사상충만 해도 아프리카와 동남아시아 열대 지역을 중심으로 매년 1억 2천만 명이 시달린다. 사상충은 림프계에 침입하여 림프의 흐름을 막아 극심한 부종을 야기하며 많은 경우 시력 상실을 야기한다.

말라리아는 주로 얼룩날개모기에 물려 발병한다. 얼룩날개모기속 480종 중 70종이 말라리아를 옮기며 전 세계적으로 동물을 매개로 삼는 말라리아 기생충은 450종 이상이 존재한다. 이 중 인간에게 전염될 수 있는 기생충은 원숭이열원충, 난형열원충, 사일열원충, 삼일열원형충, 열대열원충 다섯 종류이다. 원생동물이나 기생충 중 치사율에서 말라리아가 독보적인 존재다.

말라리아 치사율은 유형마다 다르다. 열대열말라리아의 경우 감염자의 25-50% 정도가 사망에 이른다. 코로나19의 치사율이 1% 내외로 알려지고 있는데 얼마나 치명적인가? 얼룩날개모기에 물리면 말라리아 기생충이 혈관으로 침투하고 간에서 1-2주간 머물며 변태·증식한다. 적혈구에 달라붙어 적혈구의 외벽을 뚫고 들어가 헤모글로빈을 들이켠 뒤 내부에서 또 한 번 변태와 증식 주기를 거친다. 이러니 말라리아 기생충을 두고 "진화 법칙의 위반이자 인류의 최대 해악"이라고 평가할 만하다. 말라리아 기생충은 진화의 법칙에도 맞지 않으면서 인류에게 상상 이상의 피해를 끼치고 있다.

말라리아 기생충이 악명 높은 평가만을 받는 것은 아니다. 열대 의학자 패트릭 맨슨은 말라리아모기를 다르게 평가했다(와인가드 2019, 267 재인용).

> 아프리카 대륙과 그곳의 비밀, 신비, 그리고 보물을 지켜주었던 케르베로스(그리스 신화에서 지옥의 문을 지키는 개)는 바로 질병이었는데, 여기에는 곤충 하나가 관련되어 있다. 바로 모기다. 모기 매개 질병은 콜럼버스 이후 유럽인들이 아메리카대륙 원주민들을 공격한 생물학 무기였다면, 아프리카인들이 유럽인을 방어하는 데 사용한 생물학 퇴치제이기도 했다.

콜럼버스가 신대륙을 발견한 후 유럽인들은 아메리카 원주민들을 쉽게 제압할 수 있었다. 총과 칼이 아니었다. 면역력이 없는 원주민들은 유럽인들이 퍼뜨린 전염병으로 무너졌다. 유럽인들이 아프리카로 진출할 때 그들의 앞길을 가로막았던 것 역시 모기였다. 질병과 식민지 개척의 아이러니한 역학관계다.

다시 말라리아로 돌아가자. 우리나라에서 말라리아는 학질로 불렸다. 우리말에도 '학을 뗀다'는 말은 죽을 뻔했던 '학질에서 벗어났다'는 뜻이다. 상상하기 싫을 정도로 끔찍한 일을 당했다는 비유법이다. 피라미드 먹이사슬의 꼭대기에 있는 호모사피엔스도 모기에게는 번번이 참패를 당했다. 전투기도 탱크도 모기 앞에서는 별무신통이었다. 무게 0.3mg 정도의 모기는 공룡 시대는 물론 현대에도 여전히 가공할 무기다.

당랑거철(螳螂拒轍)은 사마귀가 임금의 수레 앞에서 도끼와 같은 두 발을 들고 공격 자세를 취하고 있는 모습에서 비롯된 고사성어다. 이는 '무모하게 허세를 부리는 행위' 또는 '약자가 강자에게 자기의 분수도 모르고 함부로 덤비는 상황'을 말할 때 사용한다. 열대에서는 상황이 완전히 바뀌었다. 모기는 사마귀와 달랐다. 임금이 행차하는 수레 앞에서 허세나 만용을 부리는 사마귀가 아니었다. 모기가 임금의 수레이고 사마귀는 유럽인들이었다. 모기 앞에서 유럽 제국주의자들은 힘을 써보지 못했다. 유럽인들은 아프리카, 동남아시아, 아메리카의 열대 국가들을 식민화하거나 그곳에 거주하는 과정에서 말라리아로 수많은 목숨을 잃었다.

17세기 초 남아메리카에서 선교활동을 하던 예수회 소속 신부들은 원주민들이 말라리아 치료제로 키나(quina) 나무껍질을 갈아 마신다는 사실을 알았다. 신부들은 현지 원주민들의 원천지식을 무단 복제하고 상업화했다. 선교사들은 키나 나무껍질을 독점하고 해외에 수출하기 시작했다. 껍질에서 추출된 퀴닌을 '예수회 가루'라고 불렀던 이유다. 1820년이 되어서야 프랑스 약리학자 펠레티에와 카방투가 퀴닌 성분을 추출하는 데 성공했다.

1850년대 네덜란드는 키나 나무를 인도네시아에 옮겨 심는 데 성공했다. 퀴닌을 대량으로 생산하여 수출하는 길이 열렸다. 아이러니하게도 아프리카인들이 자연선택을 통해 얻은 모기 매개 질병 대항력은 그들을 살려주는 동시에 노예로 전락시켰다. 모기 매개 질병에 대한 면역력으로 무장한 아프리카 노예들의 몸값이 뛰었다. 콜럼버스가 신대륙으로 진출한 이후 가열된 신세계 쟁탈전에서 유리한 고지는 모기 매개 질병에 대한 면역력을 가진 군사를 보유하고 있느냐의 여부로 판가름이 났다. 신세계 침략의 선두였던 스페인이 유리했다. 선두주자였던 만큼 많은 군인과 민간인의 목숨을 잃었지만 말라리아와 황열병에 대한 면역력을 키웠다.

제2차 세계대전 당시 퀴닌은 뒷전으로 밀려났다. 20세기 중반 말라리아가 퀴닌에 대한 내성이 생겨 퀴닌이 별 효과가 없었다. 대체 의약품이 개발되었다. 미국에서 개발된 클로로퀸과 DDT가 함께 사용되었다. 한국전쟁 이후 세대들은 기억할 것이다. 이를 달고 사는 사람들 몸에도 DDT를 살포했다. 당시 DDT는 모기의 '크립토나이트'(슈퍼맨의 약점)였다. 놀라운 사실은 전 세계 키나 나무 플랜테이션과 퀴닌 공급을 독점했던 나라는 일본이었다. 일본은 1942년 초 태평양 일대에서 빠르게 세력을 확장하면서 당시 전 세계 퀴닌의 90%를 생산하던 네덜란드령 동인도(지금의 인도네시아)를 점령했다.

베트남전쟁은 말라리아 치료제 개발의 터닝 포인트가 되었다. 열대 정글에서 전쟁을 치르는 미군과 월남군에게 모기는 치명적이었다. 전쟁 수행이 불가능할 정도였다. 많은 병사들이 죽어나가는 절박함은 말라리아 치료제 개발에 전력질주하게 하는 추동력이었다. 1971년 미국은 메플로퀸을, 1972년 중국은 아르테미시닌을 개발해 냈다. 전쟁은 발명의 원동력이다.

아르테미시닌의 열쇠는 의외로 우리 주변에 있었다. 개똥쑥이다. 만지면 계피 냄새가 난다는 쑥이다. 식물 분류학으로는 아르테미시아 아누아(Artemisia annua)이다. '아르테미시아'는 그리스 신 '아르테미스'에서 따왔다. 중국의 투유유 박사는 중국에서 전통적으로 달여 복용해 오던 개똥쑥에서 추출한 성분으로 아르테미시닌을 개발하였다. 그녀는 2015년 노벨 의학상을 수상했다. 매년 수천만 명의 인류가 목숨을 잃는 말라리아를 생각하면 대단한 공헌이 아닐 수 없다. 말라리아 연구자들은 3회 노벨상을 수상했다. 투유유 박사가 말라리아 치료제를 개발하기 이전 말라리아원충의 발견(1907)과 말라리아의 인체 감염 경로를 발견(1902)한 공로로 노벨상이 주어졌다. 인류가 말라리아 퇴치에 얼마나 관심을 갖고 노력하고 있는가를 증명한다.

첨단 과학과 의학이 발달했음에도 모기로 인한 전염병은 완전 퇴치되지 않고 있다. 모기는 변화에 적응하는 데 귀재다. 지구온난화는 그들의 서식지를 확장시키는 호기로 작용한다. 말라리아 기생충을 옮기는 모기만 해도 인간이 치료제를 만들어내고 10년 정도 지나면 내성이 생긴다. 오죽했으면 1969년 WHO가 말라리아 퇴치에서 관리로 방향 전환을 했을까 싶다. 퇴치는 언감생심이고 환자 치료만 해도 다행이다.

매년 전 세계에서 2억 명이 말라리아에 걸리고 40만 명 이상이 목숨을 잃는다. 말라리아의 원충을 가진 모기는 환경 변화에 따라 진화를 거듭하고 있다. 인류는 모기와의 전쟁을 치르면서 수많은 전투에서 승리를 거두고 있지만 전쟁은 아직 끝나지 않았다. 자칫 전투에서 이기고 전쟁에서 패하는 우를 범할 수 있다. 모기 매개 질병에 관한 한 전 지구적인 대응이 필요한 이유다.

와인가드, 티모시 C. (2019). 《모기》. 서종민 옮김. 커넥팅.

《메디포뉴스》. (2015). 〈말라리아의 역사〉. 12월 11일.

《한국일보》. (2014). 〈모기 수컷만 태어나게 만들어 말라리아 막는다〉. 6월 11일.

〈역사상 가장 많은 인류를 해한 동물, 그리고 말라리아〉. 건강보험심사평가원. https://post.naver.com/viewer/postView.nhn?volumeNo=29707156&memberNo=1891127.

절망 끝에 희망이 핀다

눈풀꽃과 복수초

매년 1-2월 한겨울 북극에서 내려온 바람이 매섭다. 겨울이면 겨울다워야 한다고 말하지만 막상 혹한이 몰아치면 그 말은 쏙 들어가고 마는 것이 사람의 마음이다. 긴 겨울을 인내할 수 있는 것은 봄이 기다리고 있기 때문이다. 봄은 희망이고 생명이다. 미래의 희망이 있으면 현재의 어려움은 얼마든지 감내할 수 있다. 겨울에서 봄으로 가는 길목에 봄을 알리는 전령들이 있다. 그 전령들은 희망이 공상이 아님을 다시 확인시켜 준다.

2020년 노벨 문학상 수상자 루이스 글릭은 〈눈풀꽃〉에서 그 희망을 노래했다. "내가 어떠했는지, 어떻게 살았는지 아는가./절망이 무엇인지 안다면 당신은/분명 겨울의 의미를 이해할 것이다"(류시화 2020, 14 재인용). '눈풀꽃'은 이름에서 알 수 있듯이 눈 쌓인 대지에서 생명을 틔우는 운명을 타고났다. 그는 절망에 가까운 운명을 희망의 언어로 바꿨다.

시인은 위대하다. 시인은 자연의 언어와 대화하고 소통한다. 시인은 새싹이 돋는 나무가 흔들리는 것을 본다. 산모가 출산 전에 고통으로 신음하고 온몸을 떠는 것처럼 나무도 산통에 시달린다. 이때 시인은 나무를 보듬고 감싼다. 그가 산고를 감내하는 나무에게 해줄 수 있는 최소한의 위안이라는 듯 말이다.

우리나라에도 눈풀꽃과 유사한 '복수초'가 있다. 봄의 전령사 중에 가장 부지런하다. 복수초는 일본에서 온 말이라고 하면서 '얼음새꽃'으로 부르기도 한다. 빙판에서 솟아나는 복수초는 노란색이다. 사계절의 맏이 봄부터 대지의 모든 생명(특히 사람)들이 평화롭게 지냈으면 하는 메시지를 전한다. 최중태 시인은 〈눈 온 뒷날〉에서 "사랑이 빙판이 된 땅 위로/노랗게 핀 복수초"라고 표현했다. 대지는 바윗돌처럼 단단한데 좀 늦게 나오면 누가 뭐란다고 기필코 나오고야 말았다.

"언제 철이 들래?", "제발 철 좀 들어!"라는 말이 있다. 여기서 '철'은 한자로 시(時)를 말하며 사리분별을 하면서 사람 노릇을 제대로 한다는 의미다. 현대인은 철(時)을 몰라 철이 없다. 철부지(時不知)다. 사시사철 비닐하우스에서 나오는 철을 벗어난 식물들을 섭취하지 않는가. 딸기와 수박도 겨울에 나온다.

인간은 점점 철이 없어지는데 눈풀꽃과 복수초를 보면 대자연에는 철이란 시침이 엄중하게 작동하고 있다는 것을 확인할 수 있다. 인간은 대자연의 임차인에 불과하다. 대자연이 인간에게 우주의 일부를 빌려준 것이다. 인간이 주인인 양 행세하니 문제가 생긴다. 주객전도다. 인내심이 바닥난 진짜 주인이 방 빼라고 하면 어떻게 해야 하나 싶다.

인류는 코로나19로 모두 힘든 시절을 견뎌내며 인내하고 있다. 오늘날처럼 과학과 의학이 고도화되지 않은 14세기에 페스트가 발병하였는데 19세기가 되어서야 종식되었다. 호모 사피엔스는 2019년 12월에 시작된 전염병을 퇴치하기 위한 백신 개발에 1년밖에 걸리지 않았다. 페스트를 규명하는 데도 5세기가 걸렸는데 1년 만에 백신을 만들었다. 경이로운 기술의 진보다. 백신은 악조건을 이겨내고 자신의 존재를 맨 먼저 알리는 복수초와 눈풀꽃에 비유할 수 있다. 희망은 늘 절망의 끝자락에서 피어오른다. 필요는 발명의 어머니라는 말도 있지만, 필요의 정도 차이는 하늘과 땅 차이만큼이나 크다. 인류 역사를 보면 벼랑 끝에 선 절박함, 절망감, 절실함이야말로 발명의 어머니다.

겨울의 한복판, 모든 생명체들이 동토 아래 숨죽이고 있는 절망의 끝에서 꽃망울을 터트린 복수초와 눈풀꽃을 보면서 인문학의 존재감을 새삼 생각한다. 인문이란 인간의 무늬이고 결이며 동선이다. 인문학은 인간이 그리는 무늬를 탐구하여 그 무늬의 정체를 알기 위한 인간의 노력이다. 방향으로 보면 과거는 인간 동선의 뒤쪽이고 미래는 앞쪽이다. 인문학은 인류가 절망의 끝에서 어떻게 희망의 꽃을 피우고 그 희망을 어떻게 현실로 실현할 수 있을 것인가에 대한 지혜를 담은 보고가 아닐 수 없다.

류시화. (2020). 《마음챙김의 시》. 파주: 수오서재.
최중태. (2009). 《순례하는 물》. 새로운사람들.
최진석. (2013). 《인간이 그리는 무늬》. 고양: 소나무.

인류세

인류가 대자연에게 남긴 부끄러운 유산

'인류세(人類世)'는 신조어다. 소득세처럼 세금의 한 종류인가 싶기도 하고, 인류에게 받는 세금처럼 들리기도 한다. 인류세는 세금이 아니다. 2000년 네덜란드 과학자 파울 크뤼천이 만든 지질학 용어다. 과거 지질과 기후 변화가 대자연의 변화 때문에 초래된 결과라고 한다면, 오늘날 인간의 활동이 그런 변화를 초래하고 있다는 점에서 인류세라고 한다. 대자연의 변화를 초래하는 주요 요인이 인간이라는 것이다. 대자연이 품고 있는 생물종의 하나에 불과한 인간이 주인처럼 행동하면서 생물권의 변화를 주도한다. 대자연의 입장에서 인간종은 불법 점유자에 파괴자다. 이만저만한 주객전도가 아니다. 데이비드 애튼버러 경의 말은 인류세에 대한 명쾌한 개념을 내리고 있다. "우리 행성은 자연적인 사건 때문에 변하는 것이 아니라 인류라는 우리 종의 활동으로 인해 변하고 있다"(빅 히스토리 연구소 2018, 351 재인용).

지질시대는 지구가 생긴 이후의 지구의 역사를 나타낸다. 지질시대는 지구의 환경 변화로 인하여 일어난 생물의 급격한 변화로 구분한다. 현재의 지질시대는 신생대 제3기 홀로세에 속한다. 홀로세는 약 1만 년 전부터 현재까지의 지질시대를 말하며, 빙하기가 끝나고 인류의 문명이 시작되었다. 인류세가 채택된다면 홀로세 이후의 새로운 지질시대를 열게 된다. 인류는 1만 년 동안 지속된 지질시대를 불과 수백 년 만에 끝내고 새로운 시대로 진입할 시점에 놓여있다.

인류세의 기원에 대해서는 의견이 갈린다. 1784년 제임스 와트가 증기기관을 발명하여 산업혁명을 촉발시킨 때로 보는 부류가 있는가 하면 핵실험이 실시된 1945년 7월 16일을 시점으로 보기도 한다. 학자마다 시점은 다르지만 인간이 자연계의 생물권에 변화를 초래하는 주범이 되었다는 사실에 대해서는 논쟁의 여지가 없다. 인류세를 출현시킨 결정적 요인은 인간이 더 많은 에너지를 필요로 하면서였다. 산업혁명을 계기로 인간은 수많은 기계를 발명하고 고도의 물질문명을 구가하고 있지만, 기계와 설비 운전에 필요한 에너지는 화석연료로부터 얻었다. 오늘날에는 원자력과 재생에너지의 비율을 높이고 있지만, 여전히 석탄과 석유 등 화석연료가 없다면 세계의 공장은 멈춰설 것이다. 화석연료를 태울 때 방출되는 이산화탄소와 메탄은 지구온난화의 주범이다.

인류세의 결과는 돌이킬 수 없는 위협이 되고 있다. 몇 가지 예시를 들어보자. 플라스틱은 '20세기 총아', '세기의 과학 혁명'이라는 극찬을 받으며 등장했다. 인류는 매일 '플라스틱 수프'를 먹고살 수밖에 없는 처지에 놓이게 되었다. 세계자연기금(WWF)에 따르면 한 사람이 일주일간 섭취하는 플라스틱 수프의 무게는 신용카드 한 장에 해당하는 5g에 달한다고 한다. 인간에게 축복을 안겨준 과학적 발견인 플라스틱이 오히려 인간을 역습하고 있다. 먹이사슬의 최상위 포식자인 인간은 하위 생물체들이 먹을 수밖에 없는 플라스틱을 다시 섭취하는 생태 구조에 놓여있다. 캘리포니아와 하와이 사이의 태평양에 형성된 거대한 플라스틱 아일랜드는 인류의 부끄럽고 위협적인 자화상이나.

꿀벌은 세계 식량 작물의 약 3분의 1의 수분을 매개한다. 인류세의 주역인 인간 활동의 영향으로 꿀벌의 개체수가 줄면서 심각한 식량 부족이 예상된다. 기후 온난화, 살충제 살포 등 화학약품의 남용, 전염병, 야생화 서식지 감소 등이 꿀벌의 생태계를 파괴한 결과다. 과거 꿀벌이 매개했던 과일의 수분은 인간에 의해 인공적으로 이루어지고 있다. 숲이 파괴되면서 생태계 역시 다양성이 파괴되고 있다. 2015년 세계자연보전연맹(IUCN)에 따르면 8만 종 중 약 2만 5천 종의 동물이 멸종 위기에 놓여있다. 현 추세가 계속된다면 지구는 공룡 멸종 이후 6,500만 년 만에 대규모 멸종을 겪을 것이라고 예측된다.

2020년 7월 시베리아 야말반도에서 지름 25m, 깊이 30m의 분화구가 발견됐다. 과학자들의 조사에 따르면 이 분화구는 지구온난화로 영구동토층이 녹으면서 땅속의 유기물이 분해되는 과정에서 생성된 메탄이 쌓여 폭발하면서 생긴 것이라고 한다. 메탄은 이산화탄소보다 수십 배의 온실효과를 갖고 있다. 천연가스(LNG)의 주성분인 메탄의 방출은 지구온난화를 가속화할 것이다.

지구온난화는 인류 재앙의 일부에 불과하다. 전 지구적으로 기후변화가 초래할 재앙은 어떤가? 오존층의 파괴, 기온 상승, 해수면 상승, 빙하의 용해, 해양의 산성화, 따뜻해지는 바다로 혹한, 혹서, 가뭄, 홍수, 태풍, 흉작, 전염병 등 이루 헤아릴 수 없는 재앙이 예측된다. 사하라사막에 눈이 내리고 텍사스에 한파가 급습하여 블랙아웃 사태가 일어나고 히말라야 빙하가 붕괴되어 홍수가 일어난 것은 결코 우연이 아니다.

생명체가 외부 충격에 견뎌낼 수 있는 임계치가 있다. 'more and better'에 익숙해진 인류는 그 임계치를 애써 무시하고 있지 않나 싶다. '더 쉽고 더 간편하고 더 빠르고 더 많고 더 오래.' 마치 기록 경신을 부추기는 올림픽 경기의 구호 같다. 인류는 임계치를 벗어난 현상을 오랫동안 목격하고 있다. 이제는 더 이상 관찰하거나 토론만 하고 있을 때가 아니다. 지구에 닥칠 대재앙의 주요 원인을 제공한 인류가 위기를 극복할 방법을 찾아내고 행동에 옮겨야 할 때이다. 사실 이미 원인과 방법은 찾아냈다. 해법을 알고서도 실행에 옮기지 않은 것은 더 문제다.

개인과 국가의 극심한 이기주의와 정치인들의 포퓰리즘도

지구를 더 병들게 하고 있다. 이산화탄소를 가장 많이 배출하는 미국의 트럼프 행정부는 파리기후협약에서 탈퇴했다가 바이든 행정부에서 다시 가입했다. 지구인이 합심해도 중병으로 쓰러진 어머니 지구를 살릴 수 있을까 싶은데 자국 이기주의에 나몰라라 했다. 지구를 어머니라고 하면서 어머니가 앓는 병에 무관심하다. 이런 배은망덕과 불효도 없다. 쓰러져 누워버린 지구를 이렇게 방치하는 것은 전 지구인의 책임이다. 우선은 병든 어머니 지구를 고쳐 살려야 한다.

인류애와 지구애는 병행되어야 한다. 기후변화에 대처하는 인류의 전략은 '2050 탄소중립'이다. 2050년까지 온실가스 순배출량을 제로로 만들어 기온상승을 산업혁명 이전에 비하여 1.5℃ 아래로 유지하자는 것이다. 목표 1.5℃까지 0.4℃ 남았다고 한다. 현실은 어떤가. 온실가스 배출이 늘었으면 늘었지 줄어들 태세는 아니다. 개발도상국의 주장에도 일리가 있다. 지금까지 선진국들은 화석연료를 마음껏 태워 기후변화의 원인을 제공해 놓고 이제 와서 개도국들도 동참하라는 식이니 앞뒤가 맞지 않다. 개도국 인구는 50억 명에 이른다. 그들의 동참을 이끌어내지 않고서는 부자 나라 몇 개국이 마치 지구를 대표하는 것처럼 내놓은 전략은 성공할 가능성이 적은 현란한 구호에 불과하다. 현재의 탄소중립 전략은 실현가능성이 매우 낮다고 본다. 비현실적이고 이상주의적이다. 2050년이면 어머니 지구는 중병이 아니라 사망할지도 모른다.

지구 미래에 대한 불확실성으로 두렵고 심란한 마음을 위로

하는 반가운 소식도 있다. 우리나라에서도 일회용품 사용을 줄이기 위한 중장기 단계별 계획을 수립하고 실행에 옮기고 있다. 2022년부터 50실 이상 숙박업소, 2024년부터 모든 숙박업에서 일회용 위생용품을 무상 제공할 수 없게 될 예정이다. 우리의 일상생활의 풍경도 많은 변화를 예고한다. 조금 불편해도 해야 하는 일이라면 빨리 할수록 좋을 것이다. 젊은 세대를 중심으로 가치 소비가 자리를 잡아가는 것도 반가운 일이다. 프랑스 하원은 헌법 제1조에 "국가는 생물 다양성과 환경 보전을 보장하고 기후변화에 맞서 싸운다"라는 조항을 삽입한 헌법 개정안을 가결했다고 한다. 이 법안이 상원을 통과할 경우 국민투표를 거쳐 최종 결정하게 된다. 헌법 개정이 이루어진다면 기후변화를 헌법 조항에 담은 최초의 국가가 될 것이다. 2021년 1월 취임한 바이든 미국 대통령은 트럼프 행정부가 탈퇴한 파리기후협약에 서둘러 복귀했다.

그런가 하면 미국 전기차 업체 테슬라의 최고 경영자(CEO) 일론 머스크가 1천억 원대 상금을 걸고 '탄소 포집 기술 경연대회'를 개최한다. 머스크는 탄소중립이 아니라 탄소를 감축해야 한다고 주장한다. 역발상이다. 경연대회에서는 1Gt(기가톤) 수준의 탄소 포집 기술 시스템을 구축할 팀에게 상금을 준다. 탄소 1Gt은 뉴욕 센트럴파크 공원 부지 전체를 덮을 수 있는 341m 높이의 거대한 규모다. 기업의 목표에는 수익창출 외에 '지구애 실천'이 추가되어야 한다. 지구가 중병에 걸리게 된 데에는 기업의 책임도 크다. 해법은 나와있다. 기업도 앞장서서 기후변화를 막아내는 윤리 경영을 실천해야 한다. 기업의 ESG는 좋은 사례다. ESG는 기업이 지속 가능한 발전을 도모하기 위해서는 친환경(Environmental), 사회적 책임 경영(Social), 지배구조 개선(Governance) 등 투명 경영을 고려해야 한다는 철학을 담고 있다.

과학자들도 기후문제 해결을 위해 발 벗고 나서고 있다. 지구공학(Geo-engineering) 내지 기후공학(Climate-engineering)의 등장이다. 과학자들은 지구온난화의 원인이 되는 이산화탄소를 대기에서 제거하는 방법을 연구한다. 나무 역할을 하는 기계장치, 즉 인공나무 숲 조성하기, 바다에 철분 씨앗을 뿌려 이산화탄소를 흡수하는 식물성 플랑크톤 만들기, 바이오 숯을 이용하여 이산화탄소 흡수하기, 대기 중 이산화탄소를 모아 액체로 만들어 땅속이나 바닷속 깊은 곳에 묻어버리기 등이다. 지구공학적 아이디어와 상상이 지구의 건강을 회복하는 기술혁신으로 실현될 것으로 기대한다.

각계각층에서 기후문제 해결을 위해 노력하고 대안을 제시하고 있다. 이들 중 빌 게이츠의 대인을 소개해 본다. 빌 게이츠는 혁신과 창의적 아이디어의 아이콘이다. 2000년 빌 & 멀린다 게이츠 재단을 설립하여 국제적 보건의료 확대와 빈곤 퇴치, 교육 기회 확대와 정보 기술에 대한 접근성 확대에 기여하고 있다. 최근 빌 게이츠는 10여 년 동안 기후변화의 원인과 영향에 대해 연구하고 그 결과물을 책으로 발간했다. 기후재앙을 막기 위한 인류의 계몽서다. 인상 깊은 점은 기후변화의 원인과 영향에 대한 구체적인 데이터와 예시를 제시하면서 독자들의 이해를 쉽게 했다는 것이다. 이해도가 높으면 의식이 올라가고 행동으로 옮길 가능성도 높아질 것이다. 예를 들면 게이츠는 '온실가스 배출량에서 가장 많은 비중을 차지하는 인간의 행위는 무엇일까?'라는 질문을 독자들에게 던진다. 가장 많은 온실가스를 배출하는 인간의 행위는 시멘트나 철이나 플라스틱을 사용하여 무엇인가를 만드는 행위가 31%로 가장 높았다. 이어서 전력 생산(27%), 동식물을 기르는 것(19%), 교통수단으로 이동하는 것(16%), 냉난방 시설이나 냉장고를 가동하는 것(7%) 순서이다. 팩트를 알고 나면 알고 있는 상식과 다른 면이 많다는 점을 발견할 것이다.

인류세는 지구인에게 붙여진 부끄러운 자화상이다. 지질 역사에 인류세라는 오명이 붙는 날이 오지 않길 바란다. 새로운 지질시대로서 인류세가 본격화되면 호미로 막을 일을 가래로도 막지 못하는 우를 범하는 것이다. 시간이 얼마 남지 않았다. 인류세는 곧 자멸이요 아마겟돈의 다른 이름이다. 생태학의 선구자인 로버트 페인의 경고를 상기하자. "인간은 지구의 생태계를 독점하는 핵심종임에 틀림없지만, 생태계의 법칙을 이해하지 못하고 끊임없이 생태계에 해를 가한다면 결국 최후의 패자로 남게 될 것이다"(캐럴 2016, 294 재인용).

게이츠, 빌. (2021). 《빌 게이츠, 기후재앙을 피하는 법》. 김민주 · 이엽 옮김. 파주: 김영사.

빅 히스토리 연구소. (2018). 《빅 히스토리》. 윤신영·이영혜·우아영·최지원 옮김. 사이언스북스.

아탈리, 자크. (2020). 《생명경제로의 전환》. 양영란 옮김. 한국경제신문.

캐럴, 션 B. (2016). 《세렝게티 법칙》. 조은영 옮김. 곰출판.

《조선일보》. (2021). 〈'저질러진 기후 붕괴' 아직 한참 남았다〉. 3월 10일.

《조선일보》. (2021). 〈일론 머스크, 1000억 원대 상금 걸고 '탄소포집' 대회 개최〉. 2월 9일.

《조선일보》. (2021). 〈지구 기온 낮추기 위해 '인공나무', 인공구름 만들어요〉. 4월 6일.

《중앙일보》. (2021). 〈'플라스틱 수프' 세상, 벗어나려면 100년도 더 걸려〉. 2월 16일.

《중앙일보》. (2021). 〈시베리아에 갑자기 생긴 분화구…온난화 '시한폭탄' 드러냈다〉. 4월 6일.

《한겨레》. (2021). 〈'인류세'로 기후재앙 일깨운 과학계 거인, 크뤼천 별세〉. 1월 31일.

《한국경제》. (2021). 〈프랑스 하원 "기후변화와 싸운다" 헌법1조 개정안 가결〉. 3월 18일.

《한국일보》. (2021). 〈내년부터 '플라스틱 제로'…특급호텔 어메니티 어쩌나〉. 4월 5일.

법제처. (2016). 〈파리협정 번역본〉.

3부

사유

깊고 넓게 두루 생각해 보기

공자의 공부법

구슬이 서 말이라도 꿰어야 보배다

공자(B.C. 551-B.C. 479, 공자의 출생 연도는 사마천이 집필한《사기》의 기록에 따름)는 구슬을 실로 꿰는 방법을 고민하다 뽕밭에서 누에에게 먹일 뽕을 따는 아낙에게 그 방법을 묻는다. 아낙네는 이렇게 대답한다. "조용히 생각하십시오. 생각을 조용히 하십시오(密爾思之 思之密爾)." 공자는 아낙네의 "조용히 생각하십시오"라는 말 중 조용한 밀(密)에서 꿀 밀(蜜)을 떠올렸으며, 개미를 본 순간 꿀을 연상했다(최인호 2007, 12-13). 유레카다. 공자는 개미 허리에 실을 매어 구슬의 아홉 개 구멍에 꿀을 발라 구슬을 꿰었다. 공자천주(孔子穿珠)의 유래다. 보통 이 말은 자기보다 못한 사람에게 묻는 것이 부끄러운 일이 아니라는 것을 비유하는 말이다. 불치하문(不恥下問)과 같은 뜻이다.

하필 아홉 개 구멍이 뚫린 구슬이었을까? 장상현 교수의 부연 설명이다. 인간은 아홉 개의 구멍을 가지고 태어난다. 두 눈으로 보고, 두 귀로 듣고, 두 코로 냄새를 맡고, 입으로 먹고 말하며, 두 구멍으로 배설한다. 사람은 신체의 아홉 개 구멍이 제대로 기능할 때 무리 없이 삶을 살아갈 수 있다. 공자는 자기 자신을 제대로 아는 것이 천하를 아는 것보다 더 중요하다는 깨달음을 얻었다. 공자천주는 개미와 꿀을 이용하여 아홉 개 구멍이 뚫린 구슬을 이었다는 의미에 그치지 않는다. 누구나 배우고자 하는 열린 마음과 천하를 알기 전에 자기 자신을 제대로 알아야 한다는 깨달음이 배어있다(장상현 2020 참조).

등잔 밑이 어둡다는 속담처럼 사람은 자기 자신에 대해서는 잘 모를 수가 있다. 현인(賢人)과 범인(凡人)의 차이란 이런 것인가? 현인은 문제 해결을 통해 진리를 파지하지만, 범인은 문제 해결에 급급한 것이 아닌가 싶다. 실제 공자는 모르는 것이 있으면 아랫사람들에게 질문하고 문제를 해결하는 데 주저하지 않았다. 이 세상에서 모르는 것을 알기 위해 끊임없이 질문하면서 배움의 덕행을 쌓은 가장 모범적인 학습자는 공자가 아닐까 싶다. 그는 생을 마칠 때까지 배우고 나누는 것을 최고의 기쁨과 희열로 생각하였다. 배운 지식과 터득한 지혜를 남과 나누는 데 평생을 바친 평생학습자의 본보기가 아닐 수 없다. 그는 교학상장(敎學相長)을 실천하면서 인류의 사상과 정신문화에 지대한 영향을 끼친 성인의 반열에 올랐다. 공자가 남긴 수많은 어록 중 "배우고 때때로 배운 것을 익히면 이 얼마나 기쁜가?"는 공부하는 사람들이 지향해야 할 목표와 자세는 물론 공부하는 방법까지도 함축하고 있다. 학습 이론을 빌려 표현하면, 공자는 철두철미한 자기주도 학습자이면서 공부하는 요령을 너무나 잘 알고 있었다. 공부는 배움과 익힘의 연속선상에서 이루어져야 한다. 한자어 '학습(學習)'도 배움(學)과 익힘(習)의 결합이지 않는가. 배움만 있고 익힘의 과정이 생략되면 반쪽짜리 공부가 되고 말 것이다. 익힘의 과정이야말로 배운 내용을 자기 것으로 만드는 과정이다. 오늘날처럼 지식과 정보가 범람하는 지식정보사회에서는 배움 못지않게 익힘이 강조되어야 할 것이다.

왜 공자를 인류가 낳은 최고의 교육자요, 사상가라고 할까? 《논어》〈술이편〉에서 "깨달은 것을 묵묵히 새겨두고 배움에 싫증을 내지 않으며 남을 깨우쳐주는 데 권태롭지 않으니 나에게 더 이상 무엇이 있겠는가?"(공자 2009, 120)라고 했다. 이 말은 평생교육자요, 평생학습자로서 공자의 철학을 나타낸다. 공자의 학문관이자 교육관이다. 선생이란 무엇인가? 먼저 깨닫는 자요, 먼저 독서하는 자라고 생각한다. 자신이 먼저 깨닫고 조용히 새겨두어 남을 깨우쳐주는 데 사용하는 것이다. 공자는 자신이 먼저 깨닫고 남을 깨우쳐주는 데 생애 전체를 보냈다.

공자의 공부법에 특별한 비법이라도 있을까? "나는 나면서부터 아는 사람이 아니라, 옛것을 좋아하여 재빨리 구하는 사람이다"(공자 1996, 132). 공자가 공부하는 방법은 꾸준히 부지런하게 하는 것이다. 배우는 것을 좋아하고 남보다 먼저 깨닫는 자가 선생이다. 이 깨닫는 기쁨과 즐거움을 알게 되면 공부

맛을 알게 된다. 이 세상의 즐거움 중에 공부만한 즐거움이 없게 된다. 공부 맛에 중독되면 공부하지 말라고 말려도 하게 된다. 공자는 재능을 네 부류로 구분한다. 배우지 않고 저절로 아는 사람을 최상급으로 보았고, 그 다음은 배워서 아는 사람, 또 그 다음은 다소 머리는 나쁘더라도 고난을 참아가며 애써 배우는 사람이다. 최하의 사람은 머리도 영리하지 않으면서 애써 배우려고도 하지 않은 사람이다(공자 1996, 360 참조). 최상급에 속하는 사람은 천재가 아니면 수재일 것이다. 어느 단계에 속하든 인간은 멈추지 않은 학습의 날갯짓(數飛)으로 역사를 앞으로 나아가게 하고 고도의 문명을 이루는 것이 아니겠는가.

현대 사회는 지식정보사회다. 지식과 정보가 홍수처럼 쏟아진다. 미래학자 버크민스터 풀러는 '지식 2배 증가 곡선'을 주장하였다. 그에 따르면 인류가 쌓아온 지식의 총량이 두 배씩 늘어나는 속도가 점점 단축된다. 100년 주기로 두 배씩 증가했던 지식이 1990년대부터는 25년 주기였다가 2030년이 되면 무려 3일 만에 두 배씩 증가한다.

지식의 총량에서 공자 시대와 현대를 비교하는 것 자체가 무의미할 수 있지만, 공부하는 학습법의 기본 원리는 공자 시대와 별반 차이가 없을 것이다. 모르는 것을 질문하는 데 부끄럽게 생각하지 않고 끊임없이 반복적으로 공부하는 것이다. 구슬을 꿰는 왕도는 질문과 반복학습에 달려있다. '공자천주'는 파편화된 지식과 정보를 한데 엮어낼 수 있는 지혜뿐 아니라 우리의 삶 자체를 어떻게 꿸 것인가에 대한 울림을 준다.

공자. (1996). 《논어》. 이기석·한백우 옮김. 홍신문화사.
공자. (2009). 《논어》. 김연호 옮김. 하서.
최인호. (2007). 《유림 3》. 열림원.
최인호. (2012). 《소설 공자》. 열림원.
KBS 명견만리 제작진. (2016). 《명견만리—미래의 기회 편》. 인플루엔셜.
장상현. (2020). 〈공자천주(孔子穿珠)〉. 《중도일보》. 7월 14일.

한민족 디아스포라

국가란 무엇인가?

'디아스포라'의 유래는 팔레스타인을 떠나 전 세계에 흩어져 살고 있는 유대인들에서 비롯되었다. 한민족 디아스포라는 자발적·비자발적으로 타국으로 이주하여 한민족의 규범과 생활 관습을 유지하면서 살고 있는 이들이다. 한민족의 디아스포라는 언제부터일까? 역사 교과서에서는 디아스포라의 역사는 언급하지 않고, 공식적인 이민에 대해서만 언급한다.

우리나라 이민의 역사는 1903년 12월 22일 101명의 한인을 태운 배가 인천항을 출발하여 이듬해 1월 13일 하와이 호놀룰루에 도착하면서 시작되었다. 2년 후인 1905년까지는 7,226명에 달했는데 이 중 여자는 637명이었다. 특히 일본 이민대행 회사들은 중국인 노동자 학대로 악명이 알려져 중국에서 기피 대상이 되면서 멕시코행 노동자들을 한국인으로 채우려고 했다. 일본은 황금빛 미래를 보장하는 거짓 약속으로 노동자들을 유혹했다. 1905년 천 명이 넘는 노동자들이 멕시코의 농장들과 노동 계약을 맺었다. 당시 돼지 한 마리당 80원에 팔렸는데 한국인 노동자는 한 사람에 30원꼴로 팔려갔다. 현지에서 노동에 대한 보상은 하루 35전 정도였으며, 그 가운데 25전은 형편없는 음식이나 옷값으로 농장주에게 뜯겨야 했다. 1909년 블라디보스토크에는 2만여 명에 이르는 한인 이주민 집단이 형성될 정도였다(슈미드 2007, 540-542). 혹자들은 우리나라의 국민성과 문화를 한(恨)과 결부하여 설명한다. 이 한의 발로는 나라를 잃고 삶의 터전을 송두리째 빼앗긴 국민이 겪었던 노예나 짐승보다 못한 삶이 가슴을 후벼파고 골수에 사무친 결과일 것이다.

디아스포라는 이민보다 광의적인 개념이고 이민은 디아스포라의 한 부류로 볼 수 있다. 공식 이민의 역사는 1세기를 훨씬 넘었지만 디아스포라의 역사를 엄밀하게 따지면 한민족의 역사만큼이나 오래되었을 것이다. 인류의 역사는 곧 민족이나 부족이 흩어지고 뭉치고 하는 연속선상의 과정이기 때문이다.

2008년 한국이민사박물관이 인천 월미도에 둥지를 틀었다. 해외로 나가는 이민자들은 주로 인천 제물포에서 배를 타고 해외로 나갔으니 인천에 자리 잡은 것은 이치에 맞다. 항구 도시 인천은 이산의 슬픔과 기다림이 혼재된 곳이다. 이산과 재결합은 모든 항구가 갖고 있는 태생적인 특성이다. 이 박물관은 인천 시민과 해외 동포의 성금으로 지어졌다고 한다.

디아스포라는 영화, 문학 작품, 역사학의 소중한 배경과 소재가 된다. 영화 〈애니깽〉(1995)과 김영하의 소설 《검은 꽃》(2003)은 멕시코로 이주한 한인의 비애를 예술적·문학적으로 그린 작품이다. 애니깽, 즉 에네켄은 용설란으로 알려진 선인장의 일종으로 여기에서 추출한 삼실은 노끈, 밧줄의 원료가 된다. 에네켄은 '녹금'라고 한다. 흑인 노예를 '흑금'으로 부른 것에 비유하여 사용했다. 금만큼 가치가 컸다. 식민 열강의 해양 무역이 활발해지고 국가 간의 주도권 쟁탈을 벌일 때 에네켄 수요가 많아 그 값이 천정부지로 치솟았다. 세계적으로 멕시코의 용설란과 마닐라삼이 유명했다. 이자경은 《한국인 멕시코 이민사》(1998)를 출판하여 잊고 있었던 한민족의 해외 이민사를 상기시켜 주었다. 영화 〈애니깽〉은 이 대작이 나온 뒤에 제작되었으면 풍부한 사실에 바탕을 둔 영화가 되었을 것이다.

한민족 디아스포라의 역사는 생각보다 훨씬 멀리 거슬러 올라간다. 국가가 영토를 보전하지 못하고 백성의 안전을 지키지 못할 때는 디아스포라가 생길 수밖에 없다. 예외가 있는 국가는 없다. 몽골족 원나라의 고려 지배, 일본의 임진왜란·정유재란, 만주족 청나라가 일으킨 두 번의 전쟁 등 침략자의 노략질과 약탈의 결과로 얼마나 많은 백성들이 낯선 타국으로 끌려갔던가. 원과 청은 공녀를 요구해 왔고 고려와 조선은 이를 따를 수밖에 없는 약소국 신세였다. 국가가 영토와 백성을 지키지 못한 일제강점기에는 러시아와 만주 지역, 심지어는 중앙아시아까지 이주했다. 특히 임진왜란('임진 동아시아 전쟁'이라고도 함)은 우리 민족의 디아스포라가 국제적으로 확산되는 시발점이 되었다. 조선인이 외국에 노예로 팔려나갔다.

임진 동아시아 전쟁에서 일본으로 끌려간 조선인들은 일본 국내뿐 아니라 마카오, 마닐라, 인도, 코친차이나(베트남 남부 지역) 등으로 팔려나갔다. 우리 역사 교과서에서 이 역사적 사실에 대해서는 전혀 다루지 않고 있다. 당시 일본은 유럽 국가 중에서도 네덜란드와 교역이 활발했는데 조선인 노예들은 이 무역선에 실려 물건 팔리듯 팔려나갔다. 일본은 조선을 침략할 때 조선인을 노예시장에 팔 계획을 했다. 국제 무역에 일찍 눈을 뜬 포르투갈, 스페인, 네덜란드 등은 한반도 전쟁의 와중에 조선인, 중국인, 일본인을 노예로 팔아 전시 특수를 보았다(이종찬 2016, 612-613). 전시 특수 품목에는 전쟁에 필요한 식량과 군수 물자만이 아니라 사람도 거래의 대상이었다. 임진왜란 시기의 서구와 일본은 약육강식의 논리로 돈이 되는 것이라면 사람이고 물건이고 물불을 가리지 않았다. 악과 악은 서로 통한다.

우리는 아편전쟁에서 제국주의의 추악한 욕망을 확인한 바 있다. 나쁜 짓은 쉽게 따라 한다. 일본 제국주의는 동양척식주식회사를 앞세워 해외 이민이라는 그럴싸한 이름으로 포장하여 조선인을 모집하고 미국 하와이, 멕시코 등에 노예로 팔아넘겼다. 선으로 가장한 악마였다. 일본은 "나뭇가지에도 돈이 피어난다"라고 선전했다(윤희영 2021). 선교사들도 이민을 선전을 하는 데 열변을 토했다. "한국인이 미국으로 이민가게 된 것은 하나님의 선물이요 섭리이다"(신성려 1988, 16). 미국은 노동력 수요를 충당하기 위해 한국인을 주목하게 되었고 선교 활동이 미국의 정치경제적 목적 달성을 위해 가세했다. 영화 〈애니깽〉의 마지막 장면에서는 일본이 이민자들을 노예로 팔아넘겼다는 사실을 국제사회가 알 것을 두려워하여 멕시코에서 15년 만에 우리나라로 돌아온 주인공들을 총살한다.

한민족의 디아스포라는 전 세계적으로 700만 명 정도다. 디아스포라 중에서 국가에서 적극적으로 재회를 도와주어야 하는 대상이 있다. 남북 이산가족이다. 남북 이산가족은 분단과 이데올로기가 만든 디아스포라다. 자발적으로 월북을 한 경우도 있고, 납북된 경우도 있다. 반대로 자발적으로 월남한 경우도 있고, 가족 중 일부만 월남하지 못한 경우도 많다. 그들은 이데올로기의 희생자다. 현재 지구상에서 분단국가는 남과 북이 유일하다. 디아스포라치고 지리적으로 이처럼 최단거리에 있는 경우도 드물 것이다. 하와이도 멕시코도 아니다. 이산가족이 재회하는 모습을 자주 보고 싶다. 그들이 흘리는 재회의 눈물은 잊을 수 없다. 그 눈물은 피만큼 뜨겁다. 피눈물이고 한 맺힌 눈물이다. 디아스포라는 '국가란 무엇인가?'에 대해 근원적인 질문을 던지게 한다. 남북 디아스포라의 재회는 국가의 존재 이유를 확인할 기회다. 한국이민사박물관을 한민족디아스포라박물관으로 발전시킬 필요가 있다.

2021년 3월 1일은 삼일절이면서 우리나라 이민 역사에 기념

할 날이다. 미국으로 이주하여 병아리 감별사로 일하는 한국 이민자 가족의 애환을 다룬 영화 〈미나리〉가 골든글로브 최우수 외국어영화상을 수상했다. 영화에서 할머니 역을 맡았던 배우는 아카데미 여우조연상을 수상했다. 조국을 떠나 이주해 간 한민족의 애환과 한(恨)의 이민사가 영화로 제작되어 예술적 가치로 승화되고 평가받은 쾌거였다. 영화에서 미나리는 상징적 메시지 전달을 위한 매개다. 척박한 땅에서도 뿌리를 내려 자신의 존재 가치를 알려주는 미나리의 생태적 특성은 한민족의 불굴의 강인한 정신과 닮지 않았나 싶다. 한민족 네트워크가 전 세계적으로 뻗어나간 것은 우연히 아니다. 고난과 역경을 한민족의 끈질긴 생명력과 근성으로 이겨낸 결과이다.

김원모. (2002). 《한미 외교 관계 100년사》. 철학과현실사.

슈미드, 앙드레. (2007). 《제국 그 사이의 한국 1895-1919》. 정여울 옮김. 휴머니스트.

신성려. (1988). 《하와이이민약사》. 고려대민족문화연구소.

이자경. (1998). 《한국인 멕시코 이민사》. 파주: 지식산업사.

이종찬. (2016). 《열대의 서구, 조선의 열대》. 서강대학교출판부.

윤희영. (2021). 〈영화 '미나리'와 한국인의 미국 농업 이민史〉. 《조선일보》. 3월 18일.

〈미나리〉. (2021). 영화.

〈애니깽〉. (1995). 영화.

대(代)를 이은 우정

정약용과 황상의 사제의 연

다산 정약용은 강진 유배 시절(1801-1818) 많은 제자들을 길러냈는데 그중 황상과는 평생 특별한 만남을 이어갔다. 15살의 황상(黃裳)은 다산을 만나면서 그의 삶이 송두리째 바뀌었다. 황상은 스승 다산이 복숭아뼈에 세 번 구멍이 날 정도로 공부했다고 밝히고 있다. 과골삼천(踝骨三穿)이다. 책상 다리를 하고 오래 앉아있다 보면 복숭아뼈 부위가 빨갛게 번히고 통증을 느끼게 되는데, 도대체 얼마나 오랫동안 그런 자세로 학문에 정진하였으면 세 번씩이나 구멍이 날 정도가 되었을까 싶다. 초인적인 정신력이다.

공자는 《주역》에 푹 빠져 죽간을 읽고 또 읽어 그 가죽을 세 번 갈아 끼웠다(韋編三絶). 추사 김정희는 추사체라는 독특한 서체를 창안하는 데 멀쩡한 붓 천 자루를 몽당붓으로 만들고 벼루 열 개의 밑창에 구멍을 냈다. 사람이 사용하는 물건, 그것이 가죽이든 붓이든 벼루는 많이 사용하다 보면 닳게 되고 바꿔 사용할 수 있지만, 다산은 복숭아뼈에 세 번씩이나 구멍을 냈다. 학문의 연찬이라는 표현으로는 부족하고 득도를 위한 고행이라고 해야 할 것이다.

다산은 평생 500여 권의 책을 저술한 대학자로 알려졌지만, 그가 이러한 성과를 만들어내기까지 보통 사람으로서는 감내하기 어려운 정신의 소유자였다는 것을 짐작할 수 있다. 그가 한국을 대표하는 실학자로, 사상가로, 개혁가로, 행정가로, 교육자로 인정받는 것은 하루아침의 노력으로 이루어진 것이 아니라 철저한 자기 관리와 고행이 뒤따랐다는 점에서 고개가 숙여진다. 더 가슴에 와닿는 것은 '과골삼천'이란 말이 다산 자신의 기록에는 일언반구도 없다는 점이다. '나는 이렇게 공부했소. 이렇게 노력해서 성취했소' 하고 자랑할 법도 하지만, 최근에야 제자 황상의 기록 속에서 찾아낸 말이다. 스승이 그런 모습으로 공부하는데 제자들이 어떻게 공부했으리라는 것은 쉽게 짐작된다.

다산은 1801년 유배형을 선고받고 강진에 도착했는데 아무도 그를 받아주는 곳이 없었다. '천주쟁이'로 찍혀 유배를 왔는데 환영받을 거라 기대하는 것이 오히려 이상할 것이다. 현지인들의 반응에 대한 다산의 기록이다. "주민들은 너나없이 벌벌 떨며 문을 처닫고 받아주려 하지 않았다"(석한남 2017, 101 재인용). 겨우 자리 잡은 곳이 낡고 비루한 주막에 딸린 봉놋방이었고 이곳이 다산초당의 전신이면서 제자들과 동고동락한 '사의재(四宜齋)'라는 공부방이다. 사의재는 '생각은 담백하게', '용모는 장중하게', '언어는 과묵하게', '행동은 무겁게' 하라는 의미가 담긴 집이다. 사의재의 의미는 오늘날 강의실이나 교실의 급훈에도 잘 어울린다. 그때 제자들 중 한 명이 황상이었는데 다산의 눈에는 시재(詩才)가 뛰어난 다이아몬드 원석으로 보였다. 황상은 양반 신분이 아니어서 과거를 볼 수 없었다.

다산은 정말 엄한 스승이었다. 제자가 공부를 게을리하고 재능을 썩히거나 사람으로서 도리를 저버리는 것을 다산은 그냥 보고만 있지 않았다. 어린 황상이 부친을 여의고 낙담한 채 방황하고 있었다. 다산은 집안일을 책임져야 할 그가 시묘(돌아가신 부모의 산소를 지키는 것)도 하지 않고 놀고먹고 있다는 소식을 듣고선 "네가 하루에 두 끼 밥을 먹으면서도 편안하냐? 윤리에 어긋나고 의리를 벗어나 어버이를 잊고 죽은 이를 저버린 죄는 그 법이 지엄하다. 네 나이가 스물이다. 집안을 네가 마땅히 주재해야 한다. (…) 이를 즉각 행하지 않고 편안하게 배불리 밥 먹는다면, 내가 너를 다시는 대면하지 않을 것이다. 여기까지만 말한다"(정민 2011, 274-275 재인용)라고 질타했다. 여기까지는 그래도 점잖은 표현에 속한다. "나는 너같은 인간을 다시 보고 싶지 않구나", "나는 너에게 과거의 사람이다", "인연을 그만 끊자"(정민 2011, 141 재인용)라는 말도 서슴지 않았다. 오금이 저리고 찬바람이 쌩쌩 분다.

스승의 욕심이란 이런 것인가 보다. '천하의 영재를 얻어 교육하는 것'은 군자삼락(君子三樂)의 하나가 아니겠는가. 황상은 자신의 재목감을 알아보고 반짝이는 보석으로 만들기 위해 매서운 채찍을 든 스승을 믿고 따랐다. 황상이 신혼 재미에 빠져있을 때는 "내외가 따로 거처하도록 해라. 마음을 오로지하여 글공부에 힘을 쏟을 수 없다면, 글이 안 될 뿐 아니라 병약해져서 오래 살 수도 없을 것이다"(정민 2011, 138 재인용)라는 엄명을 내렸다. 이렇게 해서 황상은 시에 관한 한 최고의 반열에 오르게 된다. 황상은 다산과의 만남을 통해 그의 아들들과도 교유를 나누고 당대 최고의 지식인이면서 시·서·화의 삼절(三絶)로 청나라에까지 이름을 날린 추사 김정희로부터 인정을 받고 그의 집에도 출입하면서 시를 지었다. 다산을 만난 황상의 삶은 송두리째 바뀌었다. 집안끼리 정황계(丁黃契)를 맺고 그 후손들도 대대로 석교(石交)의 우정을 쌓는다.

한자 사람 인(人)을 보면 비스듬히 기대면서 서로를 의지하는 모양이다. 서로를 의지할 누군가를 만나느냐는 중요하다. 다산과 황상이 교학상장의 아름다운 사제의 연을 전하듯이 말이다. 무엇보다 중요한 것은 그 만남을 어떻게 관리하고 이어나갈 것인가에 대해서도 공을 들여야 한다. 혼자 잘 될 수는 없다. 식물도 옥토를 만나야 풍성한 열매를 맺듯 누군가를 만나는 것은 엄청난 일이다. 이래서 만남에 대한 책임은 하늘에 있고, 관계에 대한 책임은 사람에게 있다는 말이 생긴 것이 아닐까 싶다. 교육 이전에 만남이 선행한다. 하늘과 땅 사이에 사람이 있다. 사람은 천지인(天地人)의 구성요소다. 세종은 천지인의 모양에서 한글의 기본 틀을 이루는 ·(하늘), ㅡ(땅), ㅣ(사람)을 생각해 내지 않았던가. 만남의 인연, 관계의 소중함을 생각해 본다.

박석무. (2014). 《다산 정약용 평전》. 민음사.

석한남. (2017). 《다산과 추사, 유배를 즐기다》. 시루.

정민. (2011). 《삶을 바꾼 만남》. 파주: 문학동네.

한국연구재단. (2006). 《지원유고 해제(巵園遺稿 解題)》. 대전: 한국연구재단 기초학문자료센터.

인간은 왜 권위에 복종하는가?

스탠리 밀그램의 실험

한나 아렌트는 《예루살렘의 아이히만》(1963)에서 '악의 평범성'이라는 용어를 제기하였다. 제2차 세계대전의 전범 피의자 오토 아돌프 아이히만의 재판은 전 세계에 생중계되었다. 아렌트도 《뉴요커》 잡지의 특파원 자격으로 재판을 지켜보는 기자 중 한 명이었다. 법정에서 재판받는 아이히만을 지켜본 사람들은 유대인 홀로코스트의 전범 정도라면 가학적인 괴물일 것이라는 추측을 했지만 예상은 여지없이 빗나가고 말았다. 그는 단지 자기주장 없는 평범한 관료에 가까웠다. 그저 상관의 명령을 충실하게 이행하였을 뿐이라고 자신의 행동을 정당화하기까지 했다. 그가 특별히 공격적이거나 가학적인 성격의 소유자가 아님에도 불구하고 왜 악의 화신이 되었을까?

평범한 인간이 왜 권위에 복종하면서 악의 화신이 될 수 있는가를 생각해 보게 하는 심리 실험이 있다. '평범함'과 '사소함'의 가면을 쓴 악의 근원을 밝혀보자는 것이다. 이 연구는 인간의 본성을 파악하기 위해 시행된 많은 연구들 중 가장 기념비적인 연구다. 스탠리 밀그램의 '권위에의 복종' 연구. 유대인 출신 밀그램은 나치의 홀로코스트에 대한 근본적인 이유를 찾아내고자 했다. "특별히 공격적인 성향을 갖지 않은 사람들이 파괴적 과정의 대리자가 될 수 있는가, 무엇이 그들을 복종하게 만드는가?"(밀그램 2009, 30-32).

밀그램은 '기억과 학습 연구를 위한 피험자 구함'이라는 광고를 지역신문에 내 피험자를 모집했다. 실험 방식은 간단하다. 피험자(가해자)가 학습자(피해자)에게 '파란/상자', '좋은/날씨', '야생/오리' 등의 단어 쌍을 읽어준다. 그런 다음 평가할 단어를 읽어준다. 예를 들어 '파란' 다음에 '하늘', '잉크', '상자', '램프'를 읽는 식이다. 학습자는 네 개의 낱말 중에서 그 첫 번째 단어와 원래 쌍을 이룬 낱말을 찾아내야 한다.

이 실험에서 핵심은 실험자(지시와 명령을 내리는 권위자)의 명령이다. 실험자는 피험자에게 학습자가 잘못된 응답을 할 때마다 전기충격기의 수준을 한 단계씩 높이라는 지시를 내린다. 충격기의 계기판 위에는 15볼트에서 450볼트까지 무려 30단계의 스위치가 있다. 각 단계마다 15볼트의 전기가 더해진다(전기충격의 강도를 높일 때마다 피험자는 실험자에게 지속 여부를 묻고 승낙을 받아야 한다). 물론 이 모든 절차는 가상으로 진행된다(전기충격에 대한 음성도 녹음된 것이다).

연구결과는 한마디로 충격적이고 당혹스럽기까지 하다. 피험자는 실험자의 명령을 수행하기 위해 학습자에게 단어 쌍을 정확히 발음하고 조심스럽게 스위치를 누르는 절차에만 몰입했다. 그들은 단지 자신에게 주어진 과업을 정확히 이행하는 것에만 관심을 둘 뿐 도덕적인 판단은 하지 않았다. 실험 후 인터뷰에서 피험자들은 이렇게 말했다. "혼자였다면 그렇게 하지 않았을 것이다. 단지 시키는 대로 했을 뿐이다." "돈을 받고 이 일을 했을 뿐이다. 나는 명령을 따라야만 했다." 대부분의 피험자는 모든 책임을 명령을 내린 실험자(권위자)에게 돌렸다. 자신의 행동에 책임감을 느끼지 않았다. 익숙한 변명이다.

이 실험의 관찰자로서 개인은 자신의 도덕적 기준에 따라 실험자에게 철저히 복종한 피험자들의 행동을 비난할 수 있다. 관찰자의 입장과 피험자의 입장은 엄청난 차이가 있다. 누구든지 어떤 상황에서도 높은 수준의 도덕적·윤리적 가치관을 실천할 것이라고 확언할 수 없다. 누가 누구에게 돌을 던지겠는가? 한 가지 덧붙일 결과는 피험자 중에는 전기충격 단계가 올라가면서 중간에 실험을 포기한 사람도 있었다. 포기의 이유는 권위에 대한 복종을 기피하기 위해서가 아니라 학습자에 대한 연민 때문이었다.

밀그램 실험 후 꽤 시간이 지난 2015년 심리학자 매슈 홀랜더는 밀그램의 전기충격 기계에서 녹화된 117건의 녹음테이프를 분석하였다. 실험을 중간에 포기한 피험자는 세 가지의 전술을 사용했다. 피해자와 대화를 하거나, 명령자에게 책임을 상기시키고, 계속하라는 명령을 반복적으로 거부했다. 실험 중단에 성공한 피험자는 피해자와 의사소통과 대립, 연민과 저항이라는 전술을 더 많이 사용한 것으로 밝혀졌다. 홀랜더의 결론은 의미심장하게 받아들여진다. "인간은 의심스러운 권위에 저항할 수 있는 역량이 있고, 이 역량은 가르치고 배우는 것이 가능하다"(브레흐만 2021, 249-250). 인간 본성에 대한 희소식이다.

밀그램의 실험은 연구자가 자신이 원하는 결과를 위해 전기충격과 같은 악명 높은 수단을 사용하고 연구를 돕고자 했던 사람들에게 의도적으로 심각한 고통을 주었다는 비판을 받고 있다. 오늘날의 관점에서는 연구윤리에도 문제가 있다. 밀그램 실험의 기여는 인간의 마음속에는 나치가 숨어있고 적절한 환경이 조성되면 그 사악한 나치가 나올 수 있다는 경고가 아닐까 싶다. 홀랜더의 주장에 공명한 이유다. '선을 가장한 악과 의심스러운 권위에 저항하는 역량은 가르치고 배울 수 있다.' 밀그램의 연구는 인간 본성의 취약성과 가능성을 동시에 생각해 보게 한다.

밀그램, 스탠리. (2009). 《권위에 대한 복종》. 정태연 옮김. 에코.
브레흐만, 뤼트허르. (2021). 《휴먼카인드》. 조현욱 옮김. 인플루엔셜.
염철현. (2021). 《평생학습사회와 교육리더십》. 박영스토리.

역사의 '정의'에 공소시효는 없다 ①

오토 아돌프 아이히만

1990년대 초 독일 뮌헨 다하우 수용소를 방문한 적이 있다. 다하우 수용소는 제2차 세계대전 당시 나치의 악명 높은 강제 수용소들 중 한 곳이다. 전쟁 중 나치는 '국가의 적'이라는 이름으로 1,000만 명을 학살(홀로코스트)했는데 이 중 600만 명이 유대인이었다. 나치의 홀로코스트는 인간이 어디까지 잔인할 수 있는가를 보여준 전대미문의 역사적 악몽이다. 생체실험실, 고문실, 가스실, 유골 전시실 등을 둘러보는 내내 소름이 돋고 얼마나 긴장하였던지 입술이 바싹 탔던 기억이 난다. 악마의 소굴이 따로 없다는 생각이 들었다.

다하우 수용소는 박물관으로 탈바꿈하여 나치가 저지른 온갖 만행들을 고스란히 전시해 놓고 있다. 독일은 과거의 반인륜적 범죄를 은폐하거나 축소하는 대신 역사 앞에 진실로 사죄·반성하고 있다는 강렬한 인상을 받았다. 가장 인상 깊었던 장면은 수용소의 모든 안내판이 검은색 바탕에 흰색 글씨였다. 하얀 셔츠에 검은색 양복을 입고 추모하는 마음에서 그렇게 표기하고 있다고 한다. 독일이 부끄러운 과거사를 대하는 진정성을 보면 이와 극명한 대조를 나타내는 일본의 태도는 가히 실망을 넘어 분노로 이어질 수밖에 없다.

유대인 홀로코스트의 최고 사령관은 친위대 소속 하인리히 힘러 장군이고 실무 책임자는 오토 아돌프 아이히만 중령이었다. 아이히만은 독일 및 독일 점령 지역에 거주하는 유대인을 체포하고 수용소로 강제 이주시키는 실질적인 계획을 수립하고 지휘했다. 어찌된 일인지 아이히만은 종전 후 뉘른베르크 전범 재판에 소환되지 않았다. 뉘른베르크 전범 재판은 1945년 10월 독일의 뉘른베르크에서 시작되어, 1946년 10월 1일 판결과 함께 종료되었다. 많은 전범들이 외국으로 도주하거나 독일 국민들 속으로 들어가 숨어버렸다. 일부는 자신들이 별로 중요하지 않은 하수인에 불과했다고 주장했다. 사형 선고는 총 11건에 불과했지만, 이 재판은 국제법 역사의 신기원을 열었다는 의의를 가진다(들라캉파뉴 2013, 273).

'학살 기획자' 아이히만이 나치의 만행과 관련하여 얼마나 중요한 인물인지는 그와 관련된 영화와 다수의 자료들이 말해주고 있다. 영화 〈아이히만 쇼〉(2017)와 〈오퍼레이션 피날레〉(2018)가 연속으로 제작되었다. 독일의 정치철학자 한나 아렌트는 《예루살렘의 아이히만》(1963)을 집필했다. 〈아이히만 쇼〉는 홀로코스트의 기획자 아이히만의 재판 과정을 중점적으로 다루었고, 〈오퍼레이션 피날레〉는 아르헨티나 부에노스아이레스에 은신하고 있는 아이히만을 이스라엘 비밀 정보부(모사드)가 어떻게 체포(일종의 '납치')하고 송환했는가에 대한 과정을 다룬 첩보 영화다.

남미로 도망친 아이히만은 아르헨티나 국적의 '리카르도 클레멘트'로 이름을 바꿔 자동차 공장에 취업하여 봉급생활을 하는 평범한 가장으로 행세했다. 당시 아르헨티나에는 독일에서 도망친 꽤 많은 나치주의자들이 살고 있었고, 여전히 나치즘을 추구하는 조직이 운영되었다. 그들이 얼마나 끔찍한 반유대주의자이고 인종차별주의자인지는 그들의 구호에서 알 수 있다. "유대인들을 비누로 만들자."

꼬리가 길면 밟히기 마련이다. 아이히만의 존재가 모사드에 알려지게 됐다. 모사드는 아이히만을 법정에 세우기로 결정하는데, 홀로코스트라는 나치의 만행을 전 세계에 알리고 학살자들을 추종하는 세력에게 경고하기 위해서였다. 1960년 모사드가 추진한 아이히만 체포 작전은 자칫 외교와 주권 분쟁으로 이어질 수 있는 민감한 사안이었다. 이스라엘 입장에서는 전범 학살자를 체포하는 것이지만, 아르헨티나 입장에서는 자국민 납치 사건에 해당하는 것이기 때문이다.

모사드는 작전명 '오퍼레이션 피날레'를 극비리에 추진하여 '클레멘트'라는 이름으로 활동하는 아이히만을 체포하는 데 성공하고 법정에 세웠다. 재판은 전 세계에 생중계되었다. 종전

15년 만이었다. 역사의 법정에는 공소 시효가 없음을 증명했다. 집단 학살자의 법정 진술은 또 한 번 세계를 놀라게 했다. 집단 학살의 만행을 저지를 정도의 범죄자라면 포악한 성격의 소유자이거나 정신적으로 이상한 괴물일 것이라는 예상은 완전히 벗어났다. 그는 평범한 가장이었고 자신이 맡은 직무를 성실히 수행한 보상으로 봉급을 받았다고 진술했다. 상부의 지시와 명령에 따랐을 뿐이고 받는 봉급에 비해 일을 제대로 못한 것 같아 양심의 가책을 느낄 정도였다고 한다.

당시 미국의 잡지 《뉴요커》의 특파원 자격으로 재판을 참관한 한나 아렌트는 1963년 《예루살렘의 아이히만》에서 '악의 평범성'을 발표했다. 아렌트는 "홀로코스트와 같은 악행은 광신자나 반사회적 인격장애인이 아니라, 국가에 순응하며 자신의 행동을 보통이라고 여기는 평범한 사람들에 의해 행해진다"라고 주장한다. 한나 아렌트는 악의 근원을 '사유의 불능성'에 있다고 지적한다. 사람들이 악인이라 부르는 범죄자도 본래 포악하거나 정신이상자가 아니다. 그들은 누군가의 지시와 명령을 묵묵히 수행하는 평범한 사람이다.

우리나라 근현대사에서 발생한 사건에서도 '악의 평범성'과 '사유의 불능성'은 도처에서 목격된다. 무고한 양민 학살, 시위자를 향한 무차별 발포, 고문, 공권력의 가혹한 집행, 군대에서의 가혹 행위… 인간의 본질에 대해 근원적인 회의가 든다. 언제든 제2의 아이히만이 나올 수 있다. 평범한 몬스터들은 인간의 내면에 숨어 지내다 적절한 환경이 갖춰지면 밖으로 불거져

나온다. “배우기만 하고 생각하지 않으면 얻는 것이 없고, 생각만 하고 배우지 않으면 위태롭다”라는 공자의 말씀을 떠올린다. 우리 교육의 방향도 지식 전달과 전수보다는 사유의 교육으로 전환되어야 한다. 뜨거운 가슴보다 머리만 큰 가분수의 몬스터들을 양성할 수 있다는 불안감은 나뿐이 아닐 것이다.

들라캉파뉴, 크리스티앙. (2013). 《인종차별의 역사》. 하정희 옮김. 고양: 예지.

아렌트, 한나. (2006). 《예루살렘의 아이히만》. 김선욱 옮김. 파주: 한길사.

〈아이히만 쇼〉. (2017). 영화.

〈오퍼레이션 피날레〉. (2018). 영화.

역사의 '정의'에 공소시효는 없다 ②

크리스토퍼 콜럼버스

2020년 5월 미국 미네소타 미니애폴리스에서 일어난 백인 경찰의 흑인 조지 플로이드 살인사건은 미국뿐 아니라 국제적으로도 큰 파장을 몰고 왔다. 백인 경찰의 '목조르기 체포 방식'이 동영상을 타고 퍼져나가면서 전 세계적으로 인종차별 종식을 위한 시위와 연대 움직임이 가속화되었다. 플로이드가 마지막 순간 호소했던 "숨을 쉴 수가 없다"라는 말에 편하게 숨을 쉬고 있는 저자의 가슴이 망치로 맞은 것처럼 아프게 느껴졌다. 3명의 경찰이 9분 29초 동안 목을 누르고 있었다니 같은 인간으로서 믿기 어려운 일이다. '흑인 생명도 중요하다(Black Lives Matter)'는 문상은 노르웨이 화가 뭉크의 〈절규〉를 떠오르게 한다.

태생적으로 다인종, 다민족의 성격을 띤 미국에서는 인종차별에 따른 사건, 사고가 끝없이 발생하고 있지만, 플로이드의 사망에 따른 파장은 여느 때와 다르다. 코로나19로 가뜩이나 하루하루 힘들게 살아가고 있는 와중에 터진 인종차별 이슈는 전 세계적으로 큰 화제가 되었다. 이번 사태에서 흥미로운 점은 플로이드 사망을 계기로 역사적 위인이나 영웅의 과거 인종차별 행태와 연관 지어 그들을 재평가하려는 시도가 진행되고 있다는 점이다. 위인전의 개정판이 만들어지고 있는 셈이다.

일례로 시위자들은 아메리카 신대륙의 발견자요, 프런티어 정신의 아이콘으로 평가받는 콜럼버스 동상을 밧줄로 목을 매 끌어내고 바닥에 내팽개쳤다. 현대판 부관참시다. 역사적 인물에 대한 평가는 국가나 사람마다 다를 수 있다. 대체로 어떤 인물이 일을 하면서 보여준 과정이나 절차보다 성취해 낸 결과를 가지고 그의 모든 것을 평가하는 경향이 크다. 성과 중심의 인물 평가라고 할 수 있다. 주로 유럽의 역사가들이 콜럼버스를 신대륙 발견자로 대항해시대를 개척한 영웅으로 추켜세우고 있지만 그의 행적에 대해서는 예전부터 논란이 많았던 것 또한 사실이다.

15세기 말 콜럼버스는 요즘 용어로 '대서양 횡단 프로젝트'를 가지고 포르투갈과 스페인 왕에게 투자를 제안했다. 이 프로젝트는 현대의 우주탐사와 맞먹을 정도의 천문학적인 비용과 투자 리스크를 동반하고 있었다. 당시 유럽과 아시아를 잇는 징검다리 역할을 하는 국가는 지금의 터키였는데 그곳은 이슬람 세력이 장악하고 있어 콜럼버스는 대서양을 돌아 중국으로 갈 계획을 세웠다. 당시 유럽인들은 마르코 폴로의 《동방견문록》이나 여행가들이 전하는 정제되지 않은 정보를 통해 아시아의 중국, 인도, 일본(당시 이름은 '지팡구')에는 황금, 도자기, 비단, 향신료 등 각종 희귀한 보물들이 많을 것으로 상상했다. 지팡구(Chipangu)는 '일본국(日本國)'의 당시 중국어 발음이었고 여기서 재팬(Japan)이라는 영어 단어가 생겨났다. 유럽인들은 마르코 폴로가 "황금이 넘쳐나는 동쪽 먼 곳에 있는 땅의 절과 궁전 들에는 온통 금으로 뒤덮여 있다"라고 쓴 덕분에 지팡구를 알게 되었다(머피 2021, 77). 마르코 폴로의 일본에 관한 기술은 유럽인의 관심을 끌기에 충분했다(폴로 2002, 416-417).

> 그곳에는 헤아릴 수도 없이 많은 금이 나기 때문에 금이 대단히 많다. (…) 섬의 군주는 온통 순금으로 뒤덮인 멋진 궁전을 갖고 있는데, 우리가 집이나 교회를 납판으로 덮듯이 금을 씌워놓았다. (…) 이 섬에는 진주도 많이 갖고 있는데, 붉은색으로 매우 아름다우며 크고 둥글다. 죽어 매장되는 사람의 경우에는 누구나 그 입에 진주 한 알을 물려주는 관습이 지켜지고 있다.

콜럼버스의 제안에 포르투갈은 퇴짜를 놓고 스페인의 이사벨 여왕이 콜럼버스에게 모험을 걸었다. 전문심사위원회에서는 부적합 판정을 내렸지만, 스페인 왕실은 모험에 뛰어들기로 했다. '실패 가능성이 높지만 성공하면 해외 개척 사업의 선두

주자가 될 기회이고 이웃나라에서 지원하여 성공하면 어쩔 것인가?'

스페인 왕실과 콜럼버스 사이에 맺어진 협약 내용이 궁금하다. 양측은 1492년 4월 17일 협약을 체결했다(라스 카사스 2000, 48).

> 첫째, 콜럼버스를 앞으로 발견하게 될 모든 육지와 섬의 종신 총독으로 삼고, 그가 사망한 뒤에는 상속인이 그 자리를 계승한다.
>
> 둘째, 콜럼버스를 장차 발견하게 될 땅의 부왕 겸 제독으로 임명하고, 각 지역의 통치자는 콜럼버스가 추천한 3명의 후보자 중 한 명을 국왕이 선택한다.
>
> 셋째, 제독령 내에서 구입하거나 교환하거나 또는 발견하거나 취득한 모든 물품, 예컨대 진주, 금, 은, 향료 및 그 밖의 온갖 종류의 물품은 취득하는 데 소요된 경비를 제외하고 남은 금액의 10분의 1을 콜럼버스에게 주고, 10분의 9는 국왕의 소유물로 삼는다.
>
> 넷째, 발견하게 될 육지와 섬에서 발생한 모든 분쟁은 제독 또는 그의 부관이 재판한다.
>
> 다섯째, 항해 준비와 관련된 비용은 콜럼버스가 8분의 1을 부담할 경우 이 선단의 이익금 중 8분의 1을 갖는다.

협약 내용을 보면 스페인 왕실은 콜럼버스에게 부여할 수 있는 최대한의 명예와 무제한의 권한을 부여하였다. 대신 왕실은 신대륙에서 구입·교환·발견된 모든 물품에 대해 10분의 9에 대해 권리를 행사할 수 있는 실리 전략을 택했다. 미지의 땅을 항해할 프로젝트를 기획한 콜럼버스와 고위험 부담을 안고 이를 후원하는 왕실은 염불보다 잿밥에 관심이 더 많았다. 양측은 서로 거래를 한 것이었다. 그 거래가 본래 계획대로 진행되지 않게 되자 왕실은 콜럼버스에게 부여한 모든 칭호와 권리를 포기하도록 종용했다.

콜럼버스는 1492년 8월 3일 1차 항해를 시작으로 4차에 걸쳐 대서양을 횡단하게 되었다. 1차 항해 당시 콜럼버스는 카리브해의 작은 섬에 도착했음에도 자신은 중국이나 인도의 어느 곳에 도착했다고 믿을 정도로 부정확한 항해 지식을 가지고 있었다. 무엇보다도 콜럼버스 자신은 〈요한계시록〉에서 하느님이 예시한 '새 하늘과 새 땅'을 세상에게 보여주기 위해 신이 선택한 자라는 종교적 맹신주의에 빠져들었다. 자신이 미개한 원주민들을 기독교로 개종시킬 최적임자로 여겼다. 그의 서명은 판독이 난해한데 '저는 전능하신 구세주의 종입니다'라는 뜻을 담고 있는 것으로 추정된다.

대서양 횡단 프로젝트는 막대한 자금을 투자한 스페인과 투자 유치자인 콜럼버스도 일확천금의 부(富)를 얻기 위한 상업적인 목적을 띠었기 때문에 목적 달성을 위해서는 수단과 방법을 가리지 않았다. 콜럼버스 항해단은 엉뚱한 곳에 정착하여 인디언[콜럼버스는 인도(India)에 도착한 것으로 알고 원주민을 인디언(Indian)이라고 부름]을 강제노역에 동원한 것은 물론 집단학살의 만행을 서슴지 않았다. 황금에 눈이 멀어 온갖 반인륜적이고 비인간적인 만행을 저질렀다. 인권 같은 것은 안중에 있을 리 만무했다. 유럽으로 돌아올 때는 현지인들을 착취한 결과물인 각종 귀금속과 함께 원주민들을 유럽에 데려와 노예로 팔아넘겼다. 인종차별주의와 백인 우월주의의 원흉이다. 자기 이외의 타자에 대한 존중과 배려는 찾을 수 없다. 문명은 야만과 폭력의 동의어가 되었다.

미국과 유럽에서는 콜럼버스를 영웅화하면서 지명이나 건물에 그의 이름을 붙여 사용한다. 미국에서는 콜럼버스가 아메리카대륙에 도착한 날인 1492년 10월 12일을 기념하기 위해 매년 10월 둘째 월요일을 국가 공휴일인 '콜럼버스의 날'로 지정했다. 미국 땅에 발을 딛지도 않은 사람을 기념하는 국경일이라는 점에서 매우 이례적인 대우라고 할 것이다. 역사의 영웅으로 영원토록 추앙받을 것 같았던 그의 행적도 시간이 지나면서 진면목을 드러내고 있다. 한 흑인의 죽음이 계기가 되어 들불처럼 일어난 인종차별 반대 시위자들은 콜럼버스가 원주민에게 저질렀던 폭력과 야만을 잊지도 용서하지도 않았다. 그의 동상을 끌어내 부관참시를 하기에 이르렀다. 캔슬 컬처(cancel culture)의 대표적 사례다.

땅바닥에 버려진 콜럼버스의 동상을 발로 차고 침을 뱉는 시위대의 모습 속에서 역사의 엄중함과 양면성을 느낀다. 이것이 세계의 리더를 자처하는 미국의 현주소라는 점에서는 참담

한 심정이다. 아이는 어른의 등을 보고 배운다는데 그들을 어떻게 교육해야 할지도 고민이다. '역사의 정의에는 공소시효가 없다'는 교훈을 확인시켜 주었다. 권력자들에게도 엄중한 경고 메시지가 되었으면 좋겠다. 고구려를 침략하고 양만춘 장군('양만춘'이라는 이름은 사서에 나오는 것이 아닌 명대 소설에 처음 등장한 것으로 알려져 있다. 안시성주 양만춘의 이름이 사서에 전하지 않아 《삼국사기》의 편찬자 김부식은 이를 안타까워했다고 한다)에게 혼쭐이 나 줄행랑을 쳤던 당(唐) 태종 이세민은 후계자인 태자에게 이렇게 말했다(멍셴스 2008, 418 재인용).

> 군주는 배고, 백성은 물이다.
> 물은 배를 띄울 수도 있지만, 뒤집어엎을 수도 있다.
> 배를 무사히 저어 가고 싶다면, 항상 물을 신경 써야 한다.
> 네 배가 뒤집히지 않도록 말이다.

"배를 띄우기도 하고 배를 뒤집어엎을 수도 있다." 즉 재주복주(載舟覆舟)는 왕조 시대에 군주가 군주답지 못하면 교체되어야 한다는 혁명 사상을 담고 있는 유학 사상이지만, 민심은 곧 천심이라는 메시지는 오늘날에도 유효하지 않을까 싶다.

덧붙여 오늘날 미국 사회는 청년들을 중심으로 유럽, 백인 주도의 침략사를 거부하자는 '역사 바로 세우기 운동'이 활발하다. 상당수의 주에서는 '콜럼버스 데이'란 명칭 대신에 '원주민의 날'로 바꿔 기념행사를 치르고 있다. '원주민의 날' 명칭 사용은 1992년 캘리포니아 버클리에서 처음 채택돼 사용되어 왔는데 2020년 5월 조지 플로이드 사건을 기점으로 전국적으로 확대되고 있다.

라스 카사스. (2000). 《콜럼버스 항해록》. 박광순 옮김. 범우사.

만, 찰스. (2020). 《1493—콜럼버스가 문을 연 호모제노센 세상》. 최희숙 옮김. 황소자리.

머피, 태가트. (2021). 《일본의 굴레》. 윤영수·박경환 옮김. 파주: 글항아리.

멍센스. (2008). 《정관의 치》. 김인지 옮김. 에버리치홀딩스.

주경철. (2008). 《대항해 시대》. 서울대학교출판부.

주경철. (2017). 《주경철의 유럽인 이야기》. 휴머니스트.

폴로, 마르코. (2000). 《마르코 폴로의 동방견문록》. 김호동 옮김. 사계절.

역사의 '정의'에 공소시효는 없다 ③

벨기에 국왕 레오폴드 2세

2020년 5월 25일 미국 미네소타주 미니애폴리스에서 발생한 조지 플로이드 사망사건의 여파로 유럽에서 재조명된 인물이 있다. 벨기에 국왕 레오폴드 2세(1835-1909)다. 레오폴드 2세는 아프리카의 콩고민주공화국(이하 '콩고')에서 1,000만 명 이상의 인명을 살상한 대량 학살자였다. 그의 악행을 아는 사람은 그를 '아프리카의 히틀러'라고 부르는 데 주저치 않는다.

유럽의 벨기에가 제국주의 반열에 올랐다는 역사적 사실도 낯설다. 벨기에가 중앙아프리카의 콩고를 식민통치 할 수 있었던 것은 유럽 국가들의 세력 다툼에서 어부지리를 얻은 탓이다. 당시 유럽 국가들 중 국력이나 국제 사회의 위상을 보면 소국 벨기에가 해외 식민지를 '개척'하는 것은 어려운 것처럼 보였다. 벨기에는 1830년 네덜란드에서 독립한 약소국에 지나지 않았다. 레오폴드 2세는 해외 식민지 '개척'이 부국강병을 이루는 기회로 보았다. 1865년 왕위에 오른 그는 처음에 스페인으로부터 필리핀을 사들이고 싶었지만 정치적·재정적 난관에 부딪혀 좌절하였다.

레오폴드 2세에게 기회가 왔다. 독일의 비스마르크가 주최한 베를린-서아프리카 회의(1884)에서 아프리카를 유럽 제국주의자들의 입맛에 맞게 분할했다. 비스마르크의 관심은 아프리카에서 영국과 프랑스의 영향력을 차단하는 것이었다. 아프리카의 드넓은 땅덩어리는 물건 경매하듯 쪼개져 제국주의들의 손에 넘겨졌다. 거대한 콩고 분지는 벨기에에 낙찰되었다. 레오폴드 2세는 1885년 '콩고 자유국'을 수립하고 본격적인 식민통치를 시작한다.

벨기에는 국가 차원에서 콩고를 식민통치 한 것이 아니었다. 거대한 콩고 분지는 국왕 레오폴드 2세의 개인 사유지였다. 벨기에 의회가 식민지 경영에 반대하면서 국왕의 사유지로 통치된 것이다. 한 국가가 개인의 사유지가 되는 사례는 매우 이례적이다. 그는 콩고에 한 번도 가지 않았다. 피 한 방울 묻히지 않고 대학살을 원격조종했다(이종찬 216, 395-396).

> 콩고는 나의 재산이다. 콩고 사람들은 나의 노예이다. 콩고에서 산출되는 모든 것들은 내 것이다. 내 허락을 받지 않고 콩고의 영토에 들어오는 사람들은 내가 정한 법에 따라 다루어질 것이다.

레오폴드 2세의 사유지 면적은 대략 200만km^2에 달했다. 이 면적은 콩고의 320여 종족이 소유한 땅으로 벨기에 면적의 67배에 해당했다. 레오폴드 2세는 콩고와 콩고인들을 개인의 욕망을 채우는 데 철저히 이용했다. 그에게 콩고는 채무 변제, 통치자금, 군대 유지비용 마련을 위해 상아, 다이아몬드, 고무 등 천연광물을 수탈·착취하는 대규모 사업장에 불과했다. 마침 자전거와 자동차에 필요한 천연고무에 대한 수요가 폭발적으로 증가했다. 콩고는 국토의 절반이 천연고무 산지였다. 레오폴드 2세는 고무 수확의 극대화를 위해 온갖 악랄한 수법을 동원했다. 어른 아이 할 것 없이 목표량을 달성하지 못하면 손목과 다리를 잘랐다. 제국주의 후발 국가였던 벨기에가 영국, 프랑스, 독일 제국주의자들소차 혀를 내두를 정도로 잔인무도한 식민지배를 했다. 레오폴드 2세는 콩고에서 2억 2천만 프랑(오늘날 가치로 1조 2,300억 원)의 이윤을 챙겼다. 미국 시인 베이첼 린시는 레오폴드 2세가 죽었을 때 이런 애도시를 남겼다(호크쉴드 2003, 359 재인용).

사람들의 손목을 자른 죄 때문에
지옥에서 불타는 레오폴드의 유령이
외치는 비명 소리를 들어보라.
저기 저 지옥에서 그의 손목을 자르며 웃거나 고함치는
영혼의 목소리를 들어보라.

조지 윌리엄스(1849 – 1891)는 콩고에서 벌어진 극악무도한 반인륜적 잔학상을 국제사회에 폭로한 대표적 인사이다. 윌리엄스는 미국의 역사학자, 언론인, 법률가, 목회자로 1889년 작품 구상을 위해 유럽을 방문할 때 우연히 벨기에 국왕 레오폴드 2세와 인터뷰를 하게 되었다. 국왕과의 인터뷰에서 콩고에 대해 깊은 인상을 갖고 콩고의 발전상을 확인하기 위해 현장에 갈 결심을 하게 된다. 그의 기대는 절망으로 바뀌었다. 그곳은 국왕이 고용한 대리인들이 콩고인들을 노예처럼 부리면서 수탈과 살인이 일상화된 거대한 '킬링필드'였다. 상아, 금, 고무 등의 생산량을 극대화하기 위해 국왕이 고용한 사병과 대리인들이 온갖 만행을 저지르는 현장을 목격했다. 1890년 7월 18일 윌리엄스는 레오폴드 2세에게 공개서한을 보냈다. 국왕의 이름으로 자행되는 만행을 낱낱이 폭로했다. 국제사회에도 콩고에서 벌어진 참상을 조사할 것을 호소했다.

벨기에와 레오폴드 2세의 수탈, 착취, 잔혹 행위를 다룬 영화가 〈레전드 오브 타잔〉(2016)이다. 이 영화에는 실명의 조지 윌리엄스가 콩고에서 벌어지는 만행을 목격하는 장면이 등장한다. 문학 작품에서도 벨기에와 레오폴드 2세의 만행을 고발했다. 폴란드계 영국인 조지프 콘래드(1857-1924)는 콩고강을 따라 화물을 수송하는 벨기에 증기선의 선장이었다. 그는 실제 겪었던 사건들을 각색하여 1899년 《어둠의 심장》을 펴냈다. 이 중편소설은 서양이 후진국의 문명화라는 가면을 쓰고 인종차별과 인권유린을 저지르는 제국주의를 고발할 뿐 아니라 특히 벨기에와 레오폴드 2세의 잔혹성과 대학살에 대한 국제사회의 규탄을 이끌어냈다. 1998년 애덤 호크쉴드의 《레오폴드왕의 유령》도 벨기에와 레오폴드 2세의 만행을 대중에 널리 알리는 데 기여했다. 예술과 문학의 힘이다.

레오폴드 2세의 콩고의 사유화와 잔학상과 관련하여 빼놓을 수 없는 인물이 또 있다. 헨리 모턴 스탠리(1841-1904)다. 그는 영국의 저명한 탐험가이자 언론인으로 알려져 있지만, 레오폴드 2세의 하수인 역할을 충실히 수행한 인물로 비판을 받는다. 당시 레오폴드 2세는 '국제아프리카협회'라는 유령 단체를 설립하여 의장을 맡았는데 이 단체의 활동은 아프리카의 토양, 기후, 동식물 연구를 위한 과학적 탐험의 지원과 자선사업에 국한한다고 말했다. 레오폴드 2세는 콩고 지배의 야욕을 교묘하게 위장하면서 대의명분을 쌓았다. 유럽 전역의 저명한 인사들은 이 협회에 기부금을 보내기까지 했다. 수에즈 운하의 설립자 페르디낭 드 레셉스는 '이 시대의 가장 위대한 인도주의적인 사업'이라고 추켜세우기까지 했다(호크쉴드 2003, 66-68 참조).

레오폴드 2세는 아프리카의 지리와 현지 사정에 밝은 인사들을 포섭하였는데 그중 한 사람이 스탠리였다. 누구든지 야욕과 음모의 탈을 쓴 후원자의 재정지원을 받으면 뒤끝이 아름답지 못한 법이다. 스탠리는 레오폴드 2세와 5년 계약을 체결하고 그 대가로 연간 5만 프랑(오늘날 가치로 2억 8천만 원)을 받았다. 스탠리는 레오폴드 2세와의 계약에 따라 콩고강 하구에 기지를 세우고 철도와 도로를 건설하고 다리를 놓았다. 식민지 경영을 위한 인프라 사업의 실질적인 책임자였다. 무엇보다 스탠리는 콩고 분지의 족장 450여 명과 조약을 체결하여 레오폴드 2세에게 영토를 양도하도록 했다. 조약은 공포 분위기에서 이루어졌는데 스탠리는 대포와 기관총으로 무장한 사병을 거느렸다. 족장들은 조약의 내용을 알지 못했고 강제적으로 서명하였다. 협회는 족장이 서명한 대가로 옷을 선물하고 한 달에 옷감 한 필을 제공하기로 했을 뿐이었다(호크쉴드 2003, 87-104 참조). 콩고 분지의 족장들이 서명하고 협회와 약속한 조약은 아래와 같다(호크쉴드 2003, 101).

> 자발적으로 그들의 상속권과 계승권을 당 협회에 양도하고, 그들의 영토에 대한 모든 주권과 통치권을 영원히 포기한다. (…) 영토의 어느 지역에서든 당 협회가 시행하는 작업, 원정 사업에 언제라도 노동력이나 기타 수단을 지원한다. 이 나라를 관통하는 모든 도로와 수로의 통행료 징수권, 모든 수렵, 어업, 광산, 삼림 개발권은 당 협회가 절대적인 소유권을 갖는다.

그야말로 완벽한 사유화다. 콩고의 육지, 해상, 공중의 모든 존재들이 레오폴드 2세의 손에 바쳐졌다. 1908년 벨기에 정부는 국제사회의 비난과 압력으로 콩고를 식민지로 병합한다. 레오폴드 2세가 지배한 지 23년(1885-1908)이 지난 후였다. 그 기간에 콩고에서 약 1,000만 명이 목숨을 잃은 것으로 추정된다.

50여 년이 더 흐른 1960년에야 콩고는 벨기에에서 독립했다.

벨기에 정부는 콩고와 콩고인에게 과거사를 사과하는 데 인색했다. 벨기에 정부는 콩고 대학살을 국왕 사유지에서 발생한 사건이기 때문에 개인의 잘못에 대해 책임지거나 사과할 필요가 없다고 주장했다. 국왕이 정부에서 돈을 빌리고 이 돈을 자본으로 삼아 사유지를 개발하였음에도 정부의 개입이 아니라는 이유로 사과할 필요가 없다고 우겼다. 국왕은 국가를 대표하는 인물이다. 벨기에 정부의 말대로라면 벨기에 국왕은 국가를 대표하는 왕이 아니라 개인에 불과한 셈이다. 변명도 그럴듯해야 한다.

벨기에는 자신의 식민통치가 아프리카 경제 발전에 도움을 줬다는 '식민지 근대화론'을 되풀이했다. 익숙한 논리다. 일본이 한국의 식민통치기에 벌어진 온갖 만행에 대해 진정성 있는 사과는커녕 한국의 근대화에 기여했다는 논리와 똑같다. 제국주의자의 근성은 동서양을 막론하고 똑같은 것 같다. 언론은 이렇게 비판했다. '벨기에가 거대한 망각에 빠져 있다.'

2020년 6월 30일 벨기에 국왕 필리프는 콩고민주공화국 대통령에게 과거 역사에 대해 사과했다. "과거의 상처에 대해 깊은 유감을 표시하고 싶다. 그 고통은 오늘날 우리 사회에 여전히 존재하는 차별로 되살아나고 있다"(최현준 2020). 콩고가 벨기에로부터 독립한 지 60년 만에 이루어진 사과다. 사과치고는 너무 완곡하고 진정성도 의심된다. 이럴 땐 화끈하게 사과해야 한다. '정말 잘못했다. 사죄한다. 용서를 구한다.' 과거사를 깔

끔히 털고 가야 미래의 건강한 관계를 수립할 수 있다. 개인이나 국가나 마찬가지다. 물타기 하듯 뜨뜻미지근한 사과는 상처받은 국가와 국민들의 상처를 덧낼 수 있으니 말이다. 1970년 서독의 빌리 브란트 총리가 폴란드에서 나치 만행을 기억하고자 세운 유대인 봉기탑 앞에서 무릎을 꿇고 사죄했다. 이후로 독일은 잊을 만하면 사죄하고 반성한다. 벨기에나 일본은 독일의 사죄외교를 배워야 한다.

미국에서 발생한 조지 플로이드 사망사건은 지구촌 곳곳에서 인권과 인간의 존엄성을 상기시키는 '대각성 운동'으로 승화되었다. 연결사회의 효과다. 벨기에 시민들도 거리로 나왔다. 시민들은 레오폴드 2세의 동상과 그의 이름을 딴 거리 이름도 없애자고 주장했다. "레오폴드 2세 동상이 브뤼셀에 있는 것은 히틀러 동상이 베를린에 있는 것과 같다"(최현준 2020)라고 말했다. 2019년 초 벨기에의 인종차별 문제 등을 조사한 '유엔 전문가 워킹그룹'에 따르면, 벨기에 초·중등 교과 과정에 왜곡된 식민통치 역사가 담겨있고, 교과 과정도 식민지배를 아프리카의 경제 발전에 기여했다는 식민지 근대화론으로 포장하고 있다고 한다.

일본의 행태와 비슷하다. 벨기에는 해외 식민지 '개척'에 늦게 출발한 제국주의로서 이웃 제국주의 국가들을 흉보면서 나쁜 짓만 골라서 한 국가였다. 진짜 문제는 과거 행동에 대한 솔직한 반성은커녕 오히려 본인이 잘했다고 우기는 것이다. 후세에게 왜곡된 역사를 물려주는 국가는 나쁜 국가이고 그런 정치가는 악마다. 역사는 민족의 혼이다. 역사 왜곡은 혼을 피폐시키고 망가뜨리는 엄청난 범죄 행위다. 잘했건 잘못했건 그 자체가 역사다.

벨기에는 우리나라에 여러모로 도움을 준 고마운 나라다. 지정학적으로도 우리나라와 비슷하다. 독일과 프랑스라는 강대국에 끼어 수난을 겪었다. 1901년 영세중립국 벨기에는 대한제국과 외교관계를 수립해 영세중립국을 표방하는 고종에게 힘을 보탰다. 한국전쟁이 발발했을 때 3천여 명의 군인을 파병하였다. 전쟁 후에는 벨기에 신부들이 우리나라에서 구호 활동을 펼쳤다. 1967년 디디에 엇세르스테번스 신부(한국명 지정환)는 전북 임실에 한국 최초로 치즈 공장을 설립하여 농촌 발전에 기여했다.

약자는 강자로부터 받은 고통과 설움을 잘 알고 있다. 역지사지의 마음이 필요하다. 누구보다 약자의 억울함과 분노를 잘 알고 있는 벨기에 정부가 제국주의 시절 고통받았던 콩고인들의 눈물을 닦아주지 않는 것은 이해하기 어렵다. 과거 레오폴드가 콩고에서 저지른 역사의 오류와 잘못을 털고 가는 것이 그렇게 어렵단 말인가.

브뤼셀에는 유럽연합의 본부가 있다. 유럽의 수도이며 심장부다. 오늘의 벨기에와 국민들이 누리는 부의 토대는 약 150년 전 '검은 대륙' 콩고에서 가져온 천연광물 덕분이다. 레오폴드 2세가 세웠다는 건축물들이 증거다. 벨기에가 더 이상 《어둠의 심장》의 커츠가 되어서는 곤란하다. 역사의 날 선 정의의 칼날이 언제 내려칠지 모른다. 역사는 알고 있다. 사죄는 빠르면 빠를수록 좋다. 오늘날에도 국제관계는 물론이고 개인의 공적·사적 관계에서 레오폴드 2세의 유령이 떠돌지 않는다고 장담할 수 없다.

와인가드, 티모시 C. (2019). 《모기》. 서종민 옮김. 커넥팅.

이종찬. (2016). 《열대의 서구, 조선의 열대》. 서강대학교출판부.

호크쉴드, 애덤. (2003). 《레오폴드왕의 유령》. 이종인 옮김. 무우수.

《문화일보》.(2021). 〈우리와 같은 처지 韓 돕자…한국戰 당시 3171명 파병〉. 3월 19일.

《중앙일보》. (2018). 〈지역갈등 끝판 왕 벨기에…독일서 수입한 왕실이 해결사?〉. 1월 13일.

《중앙일보》. (2018). 〈콩고人 손목 수백만 개 사라졌다, 레오폴드 대학살〉. 2월 17일.

최현준. (2020). 〈벨기에는 왜 60년 '침묵의 전통' 깨고 콩고에 사과했나?〉. 《한겨레》, 7월 8일.

'우정'은 함께 가꿔 나가는 것이다

조선인 홍대용과 중국인 엄성

18세기 실학을 주도적으로 추진한 사람들을 북학파라고 부른다. 북학의 목적은 청의 기술을 비롯한 물질적인 면을 수용해 나라를 부강케 하고 백성의 삶을 윤택하게 하는 데 있었다. 이 북학의 비조가 담헌 홍대용(1731-1783)이다. 북학파를 이야기하면 연암 박지원이나 초정 박제가가 더 많이 알려져 있지만, 그 산파역을 담낭한 인물은 담헌이다.

담헌은 전라도 화순 동복의 물염정(勿染亭)을 직접 찾아가 재야 과학자 나경적에게 과학 기술 지식을 전수받았다. 담헌은 장영실에 이은 조선 최고의 과학자라고 할 수 있다. 담헌은 1766년 사신단의 일원으로 청나라 연경(베이징)에 갔다. 연경에 도착하여 가장 먼저 찾은 곳은 지금의 서울 인사동처럼 각종 고서적과 골동품이 즐비한 유리창(琉璃廠)이었다. 이때 베이징의 서점가는 세계 최대의 지적 자원이 모여있는 곳이라고 할 수 있다.

그곳에서 담헌은 천애지기가 될 청나라 사람 철교 엄성(1732-1767)을 만나게 됐다. '천애지기'는 멀리 떨어져 있지만 서로를 알아주는 각별한 친구를 말한다. 엄성은 항저우 사람으로 연경에 과거 시험을 보러 왔다가 담헌과 만나 의기투합하여 의형제를 맺고 한·중 문인 교류의 물꼬를 텄다. 첫 대면부터 서로 마음이 통했다. 대여섯 번을 만나고 헤어질 때는 눈물을 감추느라 애를 먹었다고 한다. 헤어질 때 쓴 담헌은 "한번 헤어지면 다시 보지 못할 것이다. 죽어 지하에서 만나더라도 부끄러운 일이 없도록 하자"라는 글을 썼다. 이에 엄성은 "바다가 마르고 바위가 문드러져도, 오늘을 잊지는 말자"라고 썼다(정민 2014, 45). 나중에 밝혀지지만 사내대장부들의 말은 빈말이 아니었다.

두 사람은 자신의 고향으로 돌아가서는 편지로 우정을 나누었다. 당시 한양과 항저우는 8천 리 거리다. 헤어진 지 2년 만에 담헌은 엄성이 풍토병에 걸려 36세의 짧은 생애를 마쳤다는 소식을 듣게 된다. 천애지기를 잃은 담헌은 엄성을 위한 제문과 편지를 써서 인편에 붙였는데 엄성의 집에는 15개월 후에 전달되었다. 마침 그날은 엄성의 2주기라고 한다. 기이한 인연이 아닐 수 없다. 그 편지는 참석한 조문객들의 심금을 울렸고 두 사람의 우정은 하늘이 맺어준 것이라고 부러워했다(박철상 2016, 38-39 참조).

엄성과 담헌의 우정은 여기서 끝나지 않았다. 대를 이어 석교를 나누었다. 엄성의 아들 엄앙은 담헌을 백부라 칭하며 편지를 썼다. 엄성의 친구 주문조는 엄성이 남긴 《철교유집》과 함께 장문의 편지를 써 엄성이 죽기까지의 정황을 알려주었다. 담헌은 문집과 편지를 근 10년 만에 받아보게 되었다. 그 문집에는 엄성이 직접 그린 담헌의 초상화도 들어있었다. 엄성은 특히 인물 모사하는 데 뛰어났다고 한다(정민 2014, 53 재인용).

> 1767년 여름 엄성이 풍토병에 옮아 가을 되더니 학질로 발전하여 (…) 병이 위중하던 저녁, 이불 속에서 그대의 편지를 꺼내더니 나더러 읽어달라고 했습니다. 읽기를 마치자 눈물을 떨구었습니다. 또 이불 속에서 그대가 선물한 먹을 찾아 고향(古香)을 아껴 취해 향기를 맡고는 이불 속에 간직해 두었습니다. 이때 이미 손은 떨리고 기운은 치받고 눈은 감기고 입은 옆으로 벌어져서 기의 지탱할 수조차 없었습니다.

엄성은 담헌이 선물한 묵향을 맡으며 세상을 떠났다. 엄성의 형 엄과는 동생의 관 속에 조선의 묵을 함께 넣어 묻었다. 담헌도 향년 53세로 임종을 하게 되고, 절친이었던 박지원은 이 소식을 항저우의 엄성 가족에게 알렸다(송혁기 2018, 110-111 참조). 국경과 민족을 초월한 아름다운 우정이 아닐 수 없다. 한 편의 휴먼드라마다. 주인공들은 세상에 없지만 피안의 세계에서는 학문을 논하고 시를 짓고 글을 지으며 우정을 나누고 있을지 모른다.

코로나19로 '사회적 거리두기'를 하면서 전례 없는 비대면의 시간을 보내고 있다. 역병으로 생기는 코로나 블루를 걱정한다. 지금처럼 인터넷도 SNS도 없던 시절 홍대용과 엄성이 시공간을 뛰어넘어 한양과 항저우 간에 오간 아름다운 우정과 교유를 생각하면 생각할수록 많은 성찰을 하게 된다. 인간관계는 조건이나 환경보다는 마음의 상태에 달려있다고 생각한다.

김명호. (2020). 《홍대용과 항주의 세 선비》. 돌베개.

박철상. (2016). 《서재에 살다》. 파주: 문학동네.

송혁기. (2018). 《고전의 시선》. 와이즈베리.

정민. (2014). 《18세기 한중 지식인의 문예공화국》. 파주: 문학동네.

최식. (2015). 〈韓中 知識人 交流와 記錄—洪大容과 嚴誠을 중심으로〉. 《반교어문연구》. 40(40).

축객령 vs. 낭트 칙령

다양성의 힘

지구촌이 거미줄처럼 촘촘하게 연결될수록 우리가 살아가는 사회는 점점 다양화·다원화·이질화되어 가는 속성을 드러내게 된다. 이런 특성을 가진 사회를 다문화사회라고 부른다. 단일 문화가 아닌 둘 이상의 복수 문화가 공존하는 사회다. 역사적 사건으로 비춰보면 인류는 다양한 문화와 공존공생하는 것에 대해 상당한 배타성을 가지고 있었다. 중국 진(秦)나라의 축객령의 철회(기원전 3세기)와 프랑스 루이 14세의 낭트 칙령 폐지(17세기)는 다문화사회에 진입한 우리나라에 시사하는 바가 매우 크다 할 것이다.

진나라의 축객령은 외국 출신 빈객들을 추방하라는 왕명이다. 이 사건의 발단은 사마천이 저술한 《사기》의 〈이사열전〉에 등장하는데, 한나라 출신 정국(鄭國)이란 사람이 진나라 관리로 임용되어 운하 건설을 강력히 건의했다. 이는 운하 건설에 인력과 비용을 소모시켜 진나라의 한나라 침략을 미연에 방지하기 위함이었다. 이 계략이 탄로나면서 진나라 신하들은 외국에서 온 모든 빈객들을 추방하도록 건의하게 되고 진왕(진시황 이전의 명칭)도 이에 동의하여 축객령을 공포한다. 이때 분서갱유로 악명 높은 이사가 축객령을 반대하는 상소문 〈간축객서〉를 올린다. 초나라 출신 이사 자신도 추방 대상이었다. 상소문의 골자를 따라가 보자(사마천 2003, 502-503).

> 태산은 한 줌의 흙도 마다하지 않으므로 그렇게 높아질 수 있었으며, 하해는 작은 물줄기 하나도 가리지 않으므로 그렇게 깊어질 수 있었습니다. (…) 이것은 이른바 '도적에게 군사를 빌려주고 도둑에게 식량을 보내는 것'과 같습니다. (…) 지금 빈객을 내쫓아 적국을 이롭게 하고 나라 밖으로 제후들에게 원한을 사면, 나라가 위태롭지 않기를 바라도 그렇게 될 수밖에 없을 것입니다.

이사는 역사적 예증, 자연의 이치, 절묘한 비유와 대조를 적절히 들면서 진왕의 공감을 최대로 끌어내어 설득력 있는 간언을 하였다. 〈간축객서〉는 수사학의 모델로 평가받고 있다. "감정을 거스르지 않으며 정곡을 찌르고 언사를 활발히 운용하여 핵심을 꿰뚫는다"(송미령 2017, 56). 이사의 간언은 후세에 간언을 위한 문장의 모델이요, 고대 산문의 명문으로 평가받고 있다. 진왕은 추방령을 거둬들였을 뿐 아니라 오히려 이사를 사법 책임자로 승진시켜 이전보다 국정을 더 긴밀히 논의했다고 한다. 이사는 기사회생했다. 위기가 도리어 기회가 되었다. 축객령의 철회는 외국에서 온 인재들도 진이 통일제국을 이루는 데 기여하는 계기가 되었다. 정국이 제안한 수로를 완성하고 정국거(鄭國渠)라 불렀다. 진나라는 수로 건설로 식량과 인구가 증가하여 부국강병의 기회를 포착했다.

무대를 유럽으로 옮겨본다. 기독교는 예루살렘이 발원지이지만 교세를 확장하고 기독교 문화를 발전시킨 곳은 유럽이다. 특히 가톨릭은 종교개혁 이전만 해도 절대적인 위치를 차지했다. 교황을 태양에, 황제를 달에 비유할 정도로 가톨릭의 위세는 상당했다. 종교개혁 이후 유럽에서는 가톨릭과 개신교의 긴장과 갈등이 수면 위로 부상했다. 유럽에서 발생한 전쟁 중 상당수는 종교적 갈등이 원인이 되었다. 각 나라마다 종교에 대처하는 방식이 달랐지만, 프랑스의 사례는 특별하다.

1598년 프랑스 낭트에서 앙리 4세는 위그노(프랑스 개신교 신자)의 '특정한 권리'를 인정하는 칙령을 선포한다. 여기서 '특정한 권리'란, 파리를 제외한 다른 지역에서 개신교도가 모여 예배를 볼 수 있으며, 위그노의 보호에 필요한 군대와 비용을 국왕이 맡는 것이다. 위그노를 밀고한 자에게는 몰수한 재산의 4분의 1을 수여하는 개신교 탄압 법률도 폐지되었다. 위그노는 신앙의 자유를 인정받게 되었다. '태양'은 '달'의 낭트 칙령에 분노하면서 "세상에서 가장 사악한 것"이라며 비난했다.

프랑스에서는 대반전이 일어났다. 태양왕 루이 14세가 1685년 낭트 칙령을 폐지했다. 그는 가톨릭만을 국교로 인정함으로써 절대왕정에 대한 교황청의 지원을 받고자 할 의도였다. 신변에 위협을 느낀 위그노들은 해외로 탈출한다. 그 숫자가 20만-30만 명에 달했다. 위그노들은 제조업, 상공업, 금융업 등 현대에 비유하면 경제발전의 중추적인 역할을 맡고 있었는데, 이들이 이웃 네덜란드, 벨기에, 프로이센(독일), 영국, 스위스 심지어 미국으로까지 탈출했다. 위그노들은 국가의 종교탄압으로 난민 신세가 되어 세계 각지로 이주를 하게 되었다.

프랑스 경제의 후유증은 심각했다. 경제의 주요 주체들이 빠져나가자 경제는 휘청거렸을 것이 뻔하다. 프랑스의 결정을 이웃 국가들은 쌍수를 들어 반겼다. 독일은 위그노를 수용하기 위해 별도의 통관절차를 마련하고 그들이 필요로 하는 거처와 작업 환경까지 제공했다. 오늘날 네덜란드 암스테르담, 영국의 런던이 금융허브로서 위상을 차지하게 되었고, 스위스의 광학기술과 독일의 제조업이 일류 경쟁력을 갖게 된 데에는 위그노들의 활약이 밑바탕이 되었다고 해도 과언이 아니다. 이 지점에서 진나라 승상 이사의 말은 반향을 일으킨다. "도적에게 군사를 빌려주고 도둑에게 식량을 보내는 것과 같습니다." 프랑스에서 위그노들을 축출하자 그들은 프랑스의 소중한 양식을 싸가지고 이웃 나라로 탈출 러시를 이루었다. 역사의 아이러니는 인간의 욕심과 아집에서 배태된다. 역사 자체는 좌도 우도 아닌 디폴트 값이지만 인간의 변덕이 역사의 아이러니를 만든다.

미국 트럼프 행정부에서는 중국의 인기 애플리케이션 틱톡과 위챗(중국판 카카오톡)에 대해 보안 문제를 이유로 다운로드를 금지하면서 사실상 퇴출령을 내렸다(2021년 6월 바이든 대통령은 트럼프 전 대통령의 퇴출령을 철회하는 행정명령에 서명했다). 지식기술혁명시대에는 사람 대신 테크놀로지가 퇴출의 대상이다. 과거와 현대의 다문화의 개념과 양상은 판이하게 다르다. 고금의 동서를 막론하고 인류 공동체는 부족한 것을 채우고 넉넉한 것을 나누는 상호보완적인 성격을 가지고 있다. 초연결시대는 다문화사회로 귀결되고 그 사회는 다양성이 지속 가능한 성장과 발전의 초석이 된다.

'해납백천 유용내대(海納百川 有容乃大)'도 다양성과 관련하여 귀한 시사를 제공하는 문장이다. 마오쩌둥도 집무실에 해납백천을 걸어놓고 경구로 삼았다고 한다. "모든 물줄기는 바다를 향하고, 바다는 거부하지 않고 받아들인다." 진(晉)나라 원굉이 《삼국명신송》에서 삼국시대 위나라 명신 서막이 양주의 자사(지방장관)로 서북의 이민족들을 잘 다스린 것을 비유한 글이다(이춘희 2019). 바다는 수천 수만 갈래의 하천을 받아들이는 너그러움이 있어 거대하고, 개인이나 국가도 마찬가지일 것이다. 축객령 철회와 낭트 칙령 폐지는 사회와 국가에서 다양성이 왜 중요한가를 뒤돌아볼 기회가 되고 국가의 정책 방향에 시사점을 제공할 것이다. 우리나라에서 본격화되고 있는 다문화 현상은 도전이면서 기회이다.

사마천. (2005). 《사기열전》. 김원중 옮김. 을유문화사.
주경철. (2017). 《주경철의 유럽인 이야기》. 휴머니스트.
송미령. (2017). 〈이사(李斯) 〈간축객서(諫逐客書)〉의 수사 전략 분석〉. 《수사학》. 30.
《아틀라스》. (2019). 〈진시황 천하통일의 비밀…치수와 운하〉. 4월 5일.
이춘희. (2019). 〈海納百川(해납백천)—바다는 모든 물줄기를 받아들인다〉. 《매일신문》, 12월 30일.

세렝게티 법칙

강한 자만이 핵심은 아니다

돌아가신 부모님이 더 그리울 때가 있다. 나이테가 한 겹 늘어날수록 생전의 부모님에 대한 절절한 마음이 비례한다는 생각을 해본다. 늦게 철이 들어 무덤에 가서 눈물 짜는 전형적인 불효자의 모습이다. 기일에 형제들이 모여 부모님과 함께했던 지난 시간들을 회고해 보는 것은 애절하지만 행복한 시간이다.

어느 날 나 자신도 깜짝 놀란 사실이 있다. TV 프로그램 중 〈동물의 왕국〉을 너무나 열심히 보고 있는 나 자신을 보고 아버지의 얼굴과 겹쳤다. 아버지도 특별한 일이 겹치지 않는 한 매일 〈동물의 왕국〉을 시청하셨던 것을 기억한다. 이 프로그램은 1970년 첫 방영 이래 지금까지 얼마나 많은 시청자들의 사랑을 받고 있는지 알 수 있다.

〈동물의 왕국〉의 주 무대는 아프리카의 밀림이나 초원이다.

세렝게티는 탄자니아와 케냐에 걸쳐있는 세계에서 대표적인 동물보호 공원이다. 이 공원에도 생태계의 원리가 작동한다. 세렝게티 법칙이다. 세렝게티 법칙 6가지 중 가장 눈에 띈 것은 제1의 법칙이다(캐럴 2016, 187).

> 세렝게티 법칙 1(핵심종) 모든 동물이 다 동등한 것은 아니다. 어떤 종은 개체 수나 생물량이 불균형한 군집의 안정과 다양성에 막대한 영향을 미친다. 핵심종의 중요성은 먹이사슬에서의 위치가 아니라 그들이 다른 생물에게 미치는 영향력의 수준으로 판단된다.

먹이사슬이 엄존하는 밀림의 생태계에서 어떤 동물이 핵심종(keystone species)의 자격이 있을까? 호랑이, 사자 등의 최상위 포식자, 하이에나, 치타 등의 중간 포식자, 가젤이나 영양과 같은 초식동물, 덩치가 어마어마한 코끼리, 하마 등 세렝게티에는 수백 종의 생명들이 공존한다. 연구결과에 따르면 세렝게티 국립공원에서 핵심종은 백수의 제왕 사자도, 덩치 큰 코끼리도 아니다. 핵심종은 검은꼬리누다. 〈동물의 왕국〉에 자주 등장하는 장면이다. 검은꼬리누가 무리를 지어 강을 건너 이동할 때 악어의 먹이가 되는 장면을 보았을 것이다.

나무가 없는 평원에서 검은꼬리누는 화재를 예방하는 역할 외에도 식물에도 큰 영향을 미친다. 검은꼬리누의 수가 늘어나기 전에 동쪽 평원에 있는 초본은 대개 50-70cm 높이까지 자랐지만 검은꼬리누가 기하급수적으로 증가한 이후로 풀들은 10cm를 넘지 못하게 되었다. 풀의 높이가 낮아지자 상대적으로 다른 식물이 빛과 영양분을 받을 기회가 많아졌다. 그래서 초본의 종류가 다양해졌고, 식물의 종류가 많아지자 다양한 나비들이 모여들었다. 놀랍게도 실제로 풀은 보호받을 때보다 동물에 의해 뜯어 먹힐 때 더 많은 먹이를 제공하고 풍성해진다. 이러한 방식으로 검은꼬리누는 매해 자신들을 먹여 살리는 조밀한 풀밭의 형성을 양성적으로 조절한다.

생태학자 토니 싱클레어는 이렇게 단언한다. "검은꼬리누가 없다면, 세렁게티도 없을 것이다"(캐럴 2016, 212 재인용). 검은꼬리누가 세렝게티에서 군집의 구조와 조절에 파격적 영향을 미치는 핵심종이다. 세렝게티의 제1법칙은 우리 인간 세계에도 적용되지 않나 싶다. 사회경제적으로 높은 위치에 있다고 해서 그가 반드시 관계와 조직에서 핵심인 것은 아니다. 그가 조직과 구성원에게 미치는 영향력의 수준으로 그의 존재 가치를 판단할 필요가 있다.

또 이 법칙은 코로나19로 고통받는 오늘날 인간과 자연의 관계 설정에 대해서도 생각해 볼 점이 많다. 생태학의 선구자인 로버트 페인은 이렇게 경고한다(캐럴 2016, 294 재인용).

> 인간은 확실히 생태계를 독점하는 핵심종임에 틀림없다. 하지만 생태계의 법칙을 이해하지 못하고 끊임없이 생태계에 해를 가한다면 결국에는 최후의 패자로 남게 될 것이다.

이제 인간을 제어할 수 있는 종은 인간 자신뿐이다. 생태학자들은 한결같이 20세기를 지배한 모토가 '의술을 통한 더 나은 삶'이었다면 21세기의 모토는 '생태학을 통한 더 나은 삶'이 되어야 한다고 말한다. 세렝게티 법칙은 인간과 자연의 관계 설정에 대한 방향을 제시한다. 물리적 힘이 강한 종이 핵심종이 아니다. 문제는 누가 더 영향력을 행사하느냐다. 우선 교육의 영역에서는 자연을 이용·활용하는 실용적인 학문 분야뿐 아니라 인간과 자연과의 관계를 재설정하는 데 도움이 되는 환경학, 생태학 등에도 더 많은 관심을 가질 필요가 있다.

캐럴, 션 B. (2016). 《세렝게티 법칙》. 조은영 옮김. 곰출판.

목우유마

리더와 팔로어의 차이

역사를 보면 국가의 집권 세력에 힘의 균열이 생기면 기회를 엿보던 잠룡들이 모습을 드러내고 세력 간의 이합집산이 생긴다. 이합집산의 형체가 뚜렷해지고 통치 체제가 형성되면 그것이 또 다른 부족 또는 국가로 탈바꿈한다. 우리나라 고대사에서도 고구려, 백제, 신라 삼국이 한반도 패권을 놓고 다투다 신라가 한반도를 통일하였다. 통일 신라 말기에는 힘의 균열이 생기면서 후삼국시대가 열리고 고려가 재통일을 하였다. 중국의 역사도 이와 유사한 이합집산을 반복했다. 전국시대를 통일한 진(秦)이 뜻밖에 곧바로 힘의 공백(진은 통일 후 15년밖에 유지하지 못함)을 초래하면서 초와 한이 우열을 다퉜지만 한이 재통일을 하게 됐다. 400년 역사의 한의 통치력에 균열이 생기면서 위·촉·오 삼국이 천하 쟁패를 놓고 우열을 가리게 됐다. 《삼국지》는 후한 시대 위·촉·오의 군웅들이 광활한 중국 대륙에서 펼치는 대하 역사 드라마이다.

《삼국지》에는 수많은 왕, 제후, 장수, 지략가, 병법가, 달변가, 열사, 지사, 협객, 배신자, 간신 등 주연과 조연 들이 등장하여 놀라운 재능과 현란한 무예를 펼치지만, 진즉 독자의 시선은 제갈량과 사마의의 지략 대결에 쏠리지 않을까 싶다. 불세출의 두 지략가가 펼치는 대결 중에서도 전쟁 수행의 관건인 군량 확보를 위한 두뇌 싸움은 많은 것을 생각하게 한다.

현대전이든 고대전이든 전쟁 수행에 가장 중요한 요소는 군수물품의 지원, 그중에 군량의 확보와 원활한 보급이 핵심이다. 고대전에서 군량에는 병사용 쌀, 잡곡 등만이 아니라 말이 먹는 마초도 포함된다. 현대전에서는 병사들이 먹는 음식을 안전하고 위생적으로 보급하기 위해 진공 포장이나 캔 등을 이용한 다양한 군량을 확보하고 있지만, 고대전에서 군량의 보관, 운송은 쉬운 일이 아니었을 것이다. 군량을 어떻게 조달하느냐는 전쟁 수행과 승패에 결정적인 변수로 작용한다. 중국은 광활한 평야 지대도 많지만 고산준령도 많다. 특히 촉이 위치한 지형은 산악 지대다. 고대전에서는 우마차를 이용하여 군량을 보급해야 하는데, 산악 지대를 통과할 때는 문제가 생긴다. 우기에 산사태나 홍수가 나면 이 험한 길마저도 끊기게 된다.

삼국 전쟁은 대략 1800년 전의 이야기이다. 위의 조조와 촉의 유비가 죽고, 위 대도독 사마의와 촉 승상 제갈량이 치열한 지략 대결을 펼치면서 먹느냐 먹히느냐의 절체절명의 전쟁을 벌이는 때였다. 자신들이 모시던 주군을 대신하여 벌인 대리전이었다. 촉은 건국 때 설정한 '위 정벌, 한 부흥'이라는 원대한 국가 목표를 향해 국력을 총결집했다. 그 중심에 제갈량이 있다. 촉 병사들은 위를 정벌하기 위해 수백 수천 km를 행군해야 했고, 자연스럽게 군량을 조달하는 동선이 길었다. 긴 동선은 많은 문제를 내포했다. 주둔지가 고산준령에 있을 때는 군량을 운반하는 것이 불가능하기까지 했다. 소와 말이 끄는 수레에 군량을 싣고 이동할 수가 없기 때문이다. 병사들이 어깨에 메고 옮기는 것도 한계가 있다. 바로 옆은 천 길 낭떠러지였다.

산사태로 군량을 우마차로 옮길 수 없다는 보고를 접한 제갈량은 아이디어를 내놓는다. 오늘날 용어로 '외바퀴 수레'를 만들었다. 한자어로 목우유마이고, 영어로는 'wheelbarrow'이다. 이 수레에 대한 구조와 유래에 대해서는 여러 견해가 있다. 그중 하나가 글자 그대로 두 가지 유형의 수레다. 앞에서 끄는 소 모양의 수레와 뒤에서 미는 말 모양의 수레다. 병사들은 목우유마에 군량을 싣고 좁고 험준한 산악지대를 이동할 수 있었다. 수레에 한 번에 운반할 수 있는 양은 병사 한 사람이 1년 동안 먹을 수 있는 분량이고, 하루에 수십 리를 이동할 수 있었다. 무엇보다 적군이 수레를 탈취해 사용하는 것을 방지하기 위한 브레이크 장치가 내장되어 있다고 알려져 있다. 필요는 발명의 원동력이고 최고의 아이디어 인큐베이터다. 에디슨이 "필요는 발명의 어머니"라는 말을 남겼다고 하지만 그 먼 옛날에도 필요에 따라 발명은 이루어졌다.

당시 전황은 촉에게 유리하게 돌아가고 있었다. 제갈량이 위를 상대로 구사한 신들린 병법과 계략 들이 적중하면서 연전연승을 하였다. 이런 기세로 나가면 한조 부흥의 꿈을 이룰 수 있다는 기대로 한껏 부풀었다. 문제는 군량이 바닥났다는 것이다. 촉의 수도 성도에서 군량을 보냈다는 연락을 받았지만 기일이 지나도 소식이 없었다. 위 정벌을 포기하고 회군해야 하는 기로였다. 마침내 도착한 군량관의 보고로는 산사태로 길이 막혀 우마차를 포기하고 병사들이 어깨에 메고 겨우 몇 천 석만을 가져왔다는 것이었다. 제갈량은 이 상황에 맞는 지략을 내놓는다. 역시 공명이다. 제갈량은 목공들에게 도면대로 목우유마를 만들도록 지시했다. 목우유마가 외바퀴 수레의 프로토타입이 된 배경이다.

위군은 목우유마로 군량을 운반하는 촉군을 기습하여 이 수레들을 탈취했다. 수레의 효용성을 알아본 위군도 몇 천대의 목우유마를 제작하여 수도 장안에서 조달된 군량을 주둔지로 옮겼다. 상황은 역전되어 위나라에 유리하게 돌아간 듯했다. 제갈량은 기술뿐 아니라 후속 전략도 준비되어 있었다. 부하 장수와 병사들을 위군으로 변장시켜 군량 검사를 핑계로 수레를 만지면서 목우의 혀를 반대쪽으로 돌려놓았다. 검사관이 돌아간 뒤 위군이 수레를 끌고 가려 하는데 꼼짝하지 않았다. 촉군의 발명품을 모방하여 만든 위군은 수레의 작동 원리를 몰랐다. 밀고 끄는 원리만 알았지 멈춤 장치를 간과했다. 공명은 위군의 군량 30만 석을 탈취하여 군량 문제를 해결할 수 있었다.

《삼국지》에서는 제갈량의 지략을 사마의보다 한 수 위로 표현한다.

현대는 지식정보사회이다. 국가 또는 기업의 미래는 고부가가치의 지식과 기술을 얼마나 많이 창출·활용하느냐에 그 명운이 달려있다. 중국 삼국시대 제갈량이 발명한 목우유마는 군량 운반 도구에 불과하다고 말할 수 있지만, 당시 전쟁의 승패와 국가의 운명을 좌우하는 고부가가치의 지식과 기술이었다. 제갈량은 병사들이 처한 상황을 정확히 진단하고 그에 적합한 기술을 개발하면서 군과 국가의 위기를 벗어나게 하는 위기관리 리더십을 보여줬다. 생각해 보아야 할 점은 리더와 팔로어의 차이이다. 선도적으로 수레를 고안하고 적용한 촉의 전략과 기술을 뒤쫓게 된 위는 모방을 통해 수레를 만들 수 있는 인재와 기술을 갖추었지만, 그 핵심적인 작동 원리를 몰라 촉에게 식량을 뺏기고 말았다. 오늘날 기업의 원천 기술의 중요성에 비유할 수 있다. 기업이든 국가든 독창적인 원천 지식과 기술 없이 모방 단계에 머물러서는 미래를 보장할 수 없다. 공명의 목우유마는 팔로어 단계를 벗어나 리더 단계로 도약해야 하는 이유를 생각해 보게 한다.

맥닐, 윌리엄. (2013). 《전쟁의 세계사》. 신미원 옮김. 이산.

쌍찐롱. (2017). 《마흔 제갈량의 지혜를 읽어야 할 때》. 박주은 옮김. 고양: 다연.

Woods, M. B. & Woods, M. (2011). *Ancient transportation technology: From oars to elephants*. Minneapolis: Twenty-First Century Books.

근원적 질문, 삶의 의미는 무엇인가?

빅터 프랭클의 로고테라피

빅터 프랭클 박사(1905-1997)는 오스트리아 빈 태생의 유대계 의사였다. 제2차 세계대전 중 나치에 의해 무려 네 군데의 강제 수용소를 옮겨 다녔다. 매일 매시간 삶과 죽음의 갈림길에 놓여있는 수용소에서 기적적으로 살아난 그는 인간의 실존적 분석, 즉 로고테라피를 창안해 냈다. 로고테라피는 정신치료법의 제3학파로 부른다. 제1학파는 프로이트, 제2학파는 아들러. 로고테라피의 포인트는 '산다는 것은 곧 시련을 감내하는 것이며, 살아남기 위해서는 그 시련 속에서도 어떤 의미를 찾아야 한다'는 것이다. 로고테라피는 극한의 수용소에서 살아남은 프랭클 박사가 생생한 체험을 통해 완성한 이론이다. "왜 살아야 하는가를 아는 사람은 어떤 시련도 견뎌낼 수 있다"라는 니체의 말과도 상통한다. 삶의 의미를 상실한 순간 인간은 실존할 수 없다.

수용소의 포로는 언제든 가스실로 보내질 수 있는 일시적 존재다. 나치에 의해 노동자로서 이용가치가 없거나 떨어졌다는 조짐이 보이는 순간 그의 삶은 종말을 맞게 된다. 프랭클 박사의 관찰에 따르면 미래에 대한 기대와 믿음의 상실은 삶을 자포자기하는 것과 같다고 한다. 한 수감자는 꿈속에서 자신이 예언자로부터 포로 생활에서 풀려날 날을 약속받았다. 철석같이 믿었던 그날에도 풀려날 기미가 보이지 않자 다음날 그는 숨을 거두었다. 직접적인 원인은 발진티푸스였다. 그의 근거 없는 낙관론이 신체의 면역체계를 뚝 떨어뜨린 것이다.

'스톡데일 패러독스'와 비슷하지만 결은 다르다. 제임스 스톡데일은 베트남 포로수용소에서 8년을 보냈다. 스톡데일은 포로수용소에서 일찍 죽는 사람은 비관론자가 아니라 근거 없는 낙관론자라고 말한다. 낙관론자들은 자신이 믿는 날(예컨대 성탄절)에 석방되지 않으면 좌절한다. 곧 풀려날 것이라는 섣부른 희망을 품고 좌절을 반복하다 죽어갔다. 비관론자들은 석방은 현실적으로 어렵다고 보고 하루하루 수용소 생활을 잘 견뎌냈다. 중요한 것은 막연한 낙관을 버리고 현실을 냉정하게 판단하는 것이다. 어떤 전제를 두느냐가 중요하다. 프랭클 박사는 살아남기 위해서는 미래에 대한 희망과 기대의 끈을 놓지 말아야 한다고 주장한다. 현실을 뛰어넘는 낙관주의다. 반면 스톡데일 패러독스는 막연한 미래의 기대와 낙관이 장기간의 포로 생활에 방해가 될 수 있다고 한다. 냉혹한 현실주의다.

강제 수용소에서 살아남은 사람들에겐 공통점이 있다. 생존자들은 왜 살아야 하는가에 대한 삶의 의미를 알고 있다. 삶에 대한 의지가 있기 때문에 어떤 시련과 고통도 이겨낼 수 있다. 이와 대조적으로 자신이 삶 속에서 이루어야 할 목적이나 목표 그리고 의미를 발견해 내지 못한 사람은 오래 버티지 못했다. 프랭클 박사의 로고테라피 이론의 핵심은 다음 문장으로 압축된다. "우리(내)가 삶으로부터 무엇을 기대하는가가 아니라 삶이 우리(나)로부터 무엇을 기대하는가를 찾아내는 것이다. 우리가 삶에게 그 의미에 대해 질문을 던지는 것이 아니라 삶으로부터 질문을 받고 그 질문에 답을 할 필요가 있다." 결국 인생이란 삶으로부터 받은 질문에 대한 올바른 답을 찾는 여정이고 그 여정의 인솔자이며 책임자는 그 자신이다. 자신의 삶은 자신이 책임지고 지켜내야 한다.

프랭클이 주창한 실존 분석의 출발은 삶에 대한 질문의 주체와 대상을 바꾸는 데서 시작한다. 내가 질문을 던지는 것이 아니라 삶이 질문을 던지도록 하는 것이다. 유의할 점은 추상적인 질문을 하는 것은 금기다. 우리는 주객이 전도된 질문을 하면서 살아가고 있는지 모른다. 그래서 삶의 의미가 없거나 부재할 가능성이 높다. '내 인생은 왜 이렇게 꼬이지?' '왜 나에게만 이런 문제가 생겨?' 자신이 자신의 삶에 던지는 전형적인 질문이다. 삶에 대해 누가 질문할 것인가? 질문자를 바꿔보자. '이번 일로 나의 삶이 나에게 요구하는 것은 무엇일까?' '나의 삶을 가치 있고 보람 있게 하기 위해 나는 무엇을 해야 할까?'

삶의 의미는 사람마다 각각 다를 수 있다. 찾아낸 해법도 각양각색일 것이다. 질문을 바꾸면 각자의 삶을 바라보는 시각이 달라진다. 지하에 갇혀있던 어두컴컴한 삶이 지상의 밝은 햇살을 받고 있는 듯하다.

프랭클 박사에 따르면 인간은 실존 안에 숨겨진 로고스(그리스어로 '의미')를 찾고자 하는 원초적 동력을 가지고 있다고 한다. 이 동력은 곧 '인간의 존재 의미를 찾고자 하는 강력한 의지'다. 삶의 의미를 어떻게 찾을 것인가? 프랭클 박사는 세 가지 방식을 제시한다. 첫째, 무엇인가를 창조하거나 어떤 일을 함으로써, 둘째, 어떤 일을 경험하거나 어떤 사람을 만남(대표적으로 사랑)으로써, 셋째, 피할 수 없는 시련에 대해 어떤 태도를 취하기로 결정함으로써 찾을 수 있다고 한다. 첫째와 둘째는 쉽게 이해된다. 셋째는 인간의 자유의지와 관련된다. 인간의 자유는 어떤 조건을 피할 수 있는 자유가 아니라 그가 어떤 조건에 처해 있든 그것에 대해 자신의 태도를 결정할 수 있는 자유다. 결국 인간에게 있어 진정한 의미의 자유란 어떤 일에 대해 방임이나 회피할 자유가 아니라 자신의 입장을 천명할 의지를 말한다. 로고테라피에서 기본 신조로 삼고 있는 '자신의 삶은 자신이 책임자다'라는 말과 상통한다.

장황하게 프랭클 박사의 로고테라피에 대해 설명했다. 이 이론에 근거하여 우리나라의 현실을 직시해 보자. 우리나라는 자살률이 높다. 경제적으로 잘산다는 OECD 국가 중에서 제일 높은 꼭대기에 놓여있다. 부끄러운 성적표다. 우리 사회가 삶의 의미보단 계량화된 지표만 보고 달려온 것에 대한 대가가 아닌가 싶어 더 무섭다. 물질적으로는 풍요를 누리고 있지만 실존적 공허가 이런 비극을 만들어냈을 것이다. 정책 당국과 학계가 힘을 합쳐 근본적인 원인을 찾아내고 최우선적으로 치유해야 할 국가적 시련(과제)이다. 삶의 의미가 부족하거나 부재하면 외부 환경에서 가해지는 약간의 압박에도 쉽게 포기하고 만다는 실증적 지표이기도 하다.

'자살'이란 우리말을 거꾸로 보면 '살자'가 된다. 무엇이 삶의 의미를 충만케 할 것인가? 앞에서도 강조했지만 나와 삶의 관계를 바꿔보자. 내가 삶에게 질문하는 것이 아니라 삶이 나에게 질문하게 해보자. 학교와 사회는 과도한 경쟁에 내몰려있다. 과잉 경쟁의 시대다. 한 줄 세우는 학교 시험과 대학 입시, 1등에만 환호하는 사회적 분위기는 정글의 약육강식 생태계에서 벌어지는 폭력과 야만을 탓할 바가 아니다. 먹이사슬과 같다. 숨 쉴 여지가 없다. 자살하려는 사람은 옆에 누군가가 자신의 이야기를 들어준 것만으로도 살고자 하는 마음으로 바꾼다고 한다. 실존적 존재로서 인간은 자살하려는 이유가 한두 가지라면 살아야 하는 이유는 수십 수백 가지다. 삶의 의미를 찾으려는 의지는 인간에게 부여된 원초적 동력이라는 것을 깨닫고 이를 실행에 옮기려고 하는 한 살아남아 행복할 이유를 찾는 것은 어렵지 않은 일일 것이다.

학생에게는 왜 공부를 해야 하는지에 대한 의미를 먼저 배우게 하는 것이 공부의 첫 순서다. 왜 수학을 배워야 하고, 왜 국어 외에 외국어를 배워야 하는가에 대한 그 의미를 먼저 가르쳐보자. 학교를 중도에 그만두거나 포기하는 학생들에게 왜 학교를 다녀야 하는가에 대한 의미에 대해 진지한 상담이 필요하다. 청소년 시기에 맺은 친구가 그들의 삶에 어떤 의미를 갖는가에 대해 알려줄 필요가 있다. 오늘날 학교 위기가 일반적인 말이 되고 청소년 문제가 사회 문제로 급부상한 것은 전적으로 어른들 탓이다. 어른들은 청소년들이 그들의 삶에 대한 의미를 찾고 있을 때 그 갈증을 해소시켜 주기는커녕 무관심하게 방치했다.

빅터 프랭클 박사가 죽음의 수용소에서의 체험을 통해 완성한 로고테라피는 현대인이 직면한 실존의 문제를 해결하는 한 가지 대안이 될 수 있다. 프랭클 박사가 수용소에서 찾아낸 그의 삶의 의미가 궁금하다. 그는 수용소에 오기 전 쓰다만 원고를 마감해야 하고 대학에서 강의도 해야 했다. 무엇보다 수용소에서 체험한 실존적 존재로서 인간의 본질에 대해 증언하고 싶었다. 이것이 극단적 시련을 극복하고 살아남은 근본적인 동력이었다. 그를 통해 '희망'과 '꿈'이라는 단어는 그저 추상적인 개념이 아니라 오늘의 나를 존재하게 하는 실존의 소중한 양식임을 깨닫게 된다.

프랭클, 빅터. (2005). 《삶의 의미를 찾아서》. 이시형 옮김. 파주: 청아출판사.
프랭클, 빅터. (2005). 《죽음의 수용소에서》. 이시형 옮김. 파주: 청아출판사.

에이징 파워

늦게 핀 꽃의 향이 더 멀리 오래간다

우리나라에서 노인 연령은 65세다. 노인 연령 기준이 65세가 된 것은 프로이센(지금의 독일)의 오토 폰 비스마르크(1815-1898) 시기로 거슬러간다. 당시 프로이센은 프랑스와의 전쟁(1870-1871)에서 승리하고 독일 통일을 달성했다. 프로이센이 유럽의 중심 국가로 두각을 드러내게 된 순간이었다. 프로이센은 전쟁에서 공을 세운 군인들에게 일자리를 제공하기 위해 노동 시장에서 노인을 퇴출하고 노인에게 연금을 지급하기로 했다. 노령연금수급 연령은 70세로 정했다. 당시 평균 수명은 40세 안팎이던 시절이었다. 지나치게 비현실적이라는 지적에 1916년에는 65세로 낮췄다. 70세에서 65세로 낮췄지만 당시 65세는 오늘날의 수명과 비교하면 꽤 높은 연령에 해당한다. 65세가 되어 연금 혜택을 받은 대상자가 얼마나 됐을까 싶다. 1950년 유엔에서도 노인 기준을 65세로 잡았다. 프로이센의 노령연금수급 연령 기준에 영향을 받았을 것이다.

세계 주요 선진국의 경우 노인 연령을 상향 조정하고 있다. 평균 수명이 늘면서 생긴 자연스러운 현상이다. 일본은 2004년 65세까지 고용 확보 조치를 의무화했고, 2021년 4월부터는 〈신고령자고용안정법〉이 시행됨에 따라 70세 정년퇴직 시대가 시작되었다. 이번 조치에 따라 65세가 된 종업원은 퇴직하거나 5년간 정년연장, 65세 정년 후 재고용되는 방법 등을 선택할 수 있다. 현재는 권고조항이지만 추후 의무화를 고려하고 있다. 미국은 1986년에 정년 자체를 폐지했다. 미국의 대학교수들은 종신교수로 일한다. 피터 드러커(1909-2005)는 거의 100세가 될 때까지 대학에서 강의했다. 노벨상 수상자도 70대, 80대가 많다. 영국도 2010년 기본 퇴직연령(65세)을 폐지했다.

우리나라는 2019년 2월 대법원 판결에서 육체노동 가능 연한을 60세에서 65세로 상향 조정했다. 1989년 12월(평균수명 71.2세) 55세에서 60세로 상향한 뒤 30년 만에 5년이 늘어났다. 주요국과 비교하면 사회 변화에 더디게 반응한 것이다.

2015년 유엔은 연령 구분을 파격적으로 제안했다. 노인 연령을 80세로 상향 조정했다. 유엔이 제시한 새로운 연령 구분에 따르면 18-65세는 청년, 66-79세는 중년, 80세 이상부터 노인이고, 100세 이상은 장수 노인이다. 100세를 보편적인 현상으로 기정사실화 한 뒤에 설계한 구분일 것이다. 70세 노인이 경로당에서 총무로 일하면서 담배 심부름한다는 말이 현실이라고 하니 결코 틀린 구분은 아닐 듯하다.

우리나라에서 에이징 파워는 정신의학자이자 뇌과학자로 널리 알려진 이시형 박사의 저술 《에이징 파워》에서 유래했다. 말 그대로 에이징 파워는 나이가 들수록 발휘되는 파워다. 이 파워의 주 요소는 원숙미, 경륜, 지혜 등이다. 나이가 많다고 저절로 에이징 파워가 생길까? 아닐 것이다. 원숙미, 경륜, 지혜는 인간성이 만들 수 있는 지고지선의 가치가 아니던가. 저자는 에이징 파워의 원천을 '부단한 학습'이라고 생각한다. 학습은 곧 삭비(數飛)다. 삭비는 마치 새가 날기 위해 끊임없이 날갯짓을 하는 것이다. 새조차도 태어날 때부터 날 수 있는 것은 아니다.

나이 먹어서 하는 학습이 진짜 공부다. 보통 고인을 모시는 제사 때 쓰는 위패에 '현고학생부군신위(顯考學生府君神位)'라 적는다. '배우는 학생으로 살다 돌아가신 아버지의 신령이시여 나타나서 자리에 임하소서'라는 뜻이다. 2500년 전에 시작된 유교의 사유 방식이고 의식이지만 현대 사회에서도 찬찬히 생각할 점이 많다. 서양에서는 이마누엘 칸트(1742-1804)에 이르러 '인간은 학습 동물이다'라는 명제가 등장한다. 동서양 모두 인간은 평생 배우고 배우지 않으면 안 되는 존재로 정의내리고 있다. 평생학습자. 인간은 태어나 죽을 때까지 배우는 학생이다. 학습자로서 나이가 들다 보면 에이징 파워가 형성된다. 학습과 연령은 비례관계를 만든다.

대기만성형의 인간을 영어로 'late bloomer'라고 한다. 늦게 피는 꽃이다. 사계절 중 늦가을이나 겨울에 피는 꽃을 관찰하고 그 향을 음미해 보라. 일찍 피고 지는 꽃보다 더 향이 짙고 멀리 퍼져나간다. 100세 시대에 대기만성형의 레이트 블루머들이 많이 나오면 좋겠다.

학습자를 나무의 자람에 비유해도 흥미롭다. 조기에 개화를 하는 학습자는 오동나무로, 늦게 피는 학습자는 회양나무로 비유할 수 있다. 오동나무는 터를 가리지 않고 어디서든 잘 자라고 한 해 만에 사람 키를 훌쩍 넘겨버린다. 속전속결형이다. 회양나무는 시간이 지나도 자랐다는 느낌이 잘 오지 않을 정도로 더디게 자란다. 소동파는 '황양액윤년(黃楊厄閏年)'이라고 해서 윤년을 만나면 회양목은 오히려 액운을 맞아 세 치가 줄어든다는 시를 읊을 정도였다. 황양액윤년은 어떤 일의 진행속도가 늦음을 빗대는 말로 굳어졌다(박상진 2018, 307-311, 395-399 참조). 중요한 것은 오동나무든 회양나무든 목질과 재질에 따라 귀하게 쓰인다는 점이다. 오동나무로 만든 가야금과 거문고를 최고로 치고, 도장나무로 불리는 회양나무의 명성처럼 개인의 인장이나 관인, 낙관은 회양나무 차지다. 사람은 조기개화형이든 대기만성형이든 모두 쓰임새가 있으며 소중한 인재다.

'장수' 롱런(long-run)의 전제는 '장수학습' 롱런(long-learn)이다. 좌절과 고난을 겪어본 아인슈타인도 "역경을 이겨내고 피어난 꽃이 모든 꽃 중 가장 진귀하고 아름답다"라고 하지 않던가. 롱런으로 만들어진 에이징 파워야말로 우리 사회의 계층 갈등, 세대 갈등, 이념 갈등을 조화롭게 통합하는 소프트파워에 다름 아니다.

박상진. (2018). 《문화와 역사로 만나는 우리나무의 세계 2》. 파주: 김영사.
이시형. (2007). 《에이징 파워》. 파주: 리더스북.
《매일경제》. (2019). 〈노인 기준 65세 시초는 1889년 獨 비스마르크…유엔은 "80세 부터 노인"〉. 2월 26일.
《조선일보》. (2021). 〈일본은 내일부터 '정년 70세' 시대〉. 3월 31일.

양심적 병역거부

신념과 병역의 조화

2020년 10월 26일은 우리나라 인권 역사에서 기념비적인 날로 기록될 것이다. 종교적 병역거부자를 위한 교도소 대체복무가 처음으로 시작된 날이기 때문이다. 대체복무자들은 현역병 훈련소 입대 모습과 모든 면에서 달랐다. 정장에 넥타이를 매고 반짝이는 구두를 신은 사람도 눈에 띄었다. 입교식에서는 국민의례와 충성 경례와 구호도 생략됐다. 훈련소에서는 상상할 수 없는 진풍경이다. 이들은 3주 교육(군사훈련 아님)을 마치고 교정시설에서 급식, 물품, 보건위생, 시설 관리 등 보조업무를 하게 된다. 복무 기간은 36개월이다.

대체복무의 단초는 2018년 6월 헌법재판소가 양심적 병역거부자들이 대체복무할 수 있는 여건을 마련하지 않은 병역법에 대해 헌법불합치 결정을 내리면서 시작되었다. 양심적 병역거부자를 형사 처벌한 것은 위헌이라고 볼 수 없지만, 정부와 국회는 이들이 대체복무를 통해 병역의무를 이행할 수 있도록 관련 조치를 마련하라고 주문했다. 처벌 이전에 대체복무의 기회를 제공하는 것이 순서라는 것이다.

개정된 병역법에 따르면, 병역 유형은 5가지(현역, 예비역, 보충역, 병역준비역, 전시근로역)에서 대체역이 늘어나 6가지가 되었다. 헌재는 '기존 5가지 유형의 병역은 모두 군사훈련을 전제하고 있다는 점에서 양심적 병역거부자에게 기존 병역을 부과할 경우 그들의 양심과 충돌을 일으킬 수밖에 없다. 이들을 처벌한다고 해도 교도소에 수감할 수 있을 뿐 병역자원으로 활용할 수 없으므로 대체복무제 도입으로 병역자원의 손실이 발생한다고 할 수 없다'고 밝혔다. 남북 대치 상황에서도 현실적인 판단을 하였다.

교육 현장과 종교적 신념을 관련지어보자. 1973년 9월 김해여자고등학교의 교련 수업에서 22명의 학생들이 종교상의 교리를 이유로 국기에 대한 경례를 거부했다. 16명은 학교 측의 설득으로 학교의 지도에 따르기로 하였지만, 나머지 6명은 제적 처분을 받았다. 학부모들은 학교장을 상대로 제적처분 취소 소송을 제기했다. 이 사건은 1976년 4월 27일 대법원에서 최종 판결을 내렸다. 사건명이 길기도 하다. '국기의 존엄성에 대한 경례를 거부한 여자고등학교 학생에 대한 징계처분(제적처분)의 적부' 판결 요지에 따르면, "원고들이 나라의 상징인 국기의 존엄성에 대한 경례를 우상숭배로 단정하고 그 경례를 거부한 것은 국기 예절에 관한 위 학교의 교육방침에 위배되는 행위라고 보아 퇴학 처분한 징계처분은 적법하다"라고 했다. 국기에 대한 경례는 국기에 대한 예절 문제로서 종교적 자유를 침해하지 않았다고 판시한 것이다. 군사정권에서 종교 및 양심의 자유를 보호받을 수 있다고 기대하는 것은 꿈같은 이야기다. 매일 정시에 길을 가다가도 애국가에 맞춰 경례를 하던 시절이 아니었던가?

2018년 헌법재판소는 국기에 대한 경례 거부에 대한 대법원 판결이 나오고 42년이 지나 병역 유형으로 대체복무를 도입하도록 판결하였다. 격세지감이다. 우리나라 헌법의 양심의 자유(19조)와 종교의 자유(20조)가 눈에 번쩍 들어왔다. 병역에서 양심의 자유를 보호받을 길이 열렸다. 우리 사회가 지속적으로 다양성과 공정성 사이의 균형을 맞추는 노력을 하면 결실을 맺게 된다. 헌법에서 명시한 정교분리의 원칙을 견지해 나가는 것은 민주주의 첩경이 아닐 수 없다.

다른 나라의 경우는 어떤지 살펴보기로 하자. 배우 해리슨 포드가 주연한 영화 〈위트니스〉(1985)는 아미시 교도의 공동체 생활을 잘 보여준다. 이들은 개신교의 보수적 성향의 교파로서 주로 미국 펜실베이니아와 위스콘신 그리고 캐나다 온타리오에 거주한다. 자동차, 전화, 컴퓨터, 텔레비전 등 현대 문명을 거부하면서 외부세계와 격리된 채 생활한다. 그들은 종교적 신념에 따라 병역을 거부하고, 공적연금을 수령하지 않는 등 정부로부터 어떤 종류의 도움도 받지 않으려 한다. 국가의 지원을 받으면 간섭이 따르고 제도에 종속된다는 생각 때문이다. 지금도 대다수 교인은 전통 방식의 농축산업에 종사한다.

아이들의 교육은 어떻게 할까? 뚜렷한 철학과 원칙이 있다. 아이들은 공동체에서 세운 마을 학교에서 교육하며 과학을 가르치지 않는다. 읽기, 쓰기, 계산하는 법 등 생활에 필요한 기본 지식만 가르친다. 대부분 학생은 중학교까지 다닌다. 단지 소수의 우수한 학생, 가정형편이 매우 좋은 학생만 중학교를 마치고서 고등학교와 대학교로 진학한다.

위스콘신의 아미시 공동체 사람들이 자녀들을 8학년(중학교)까지만 보내고 고등학교에 보내는 것을 거부했다. 고등학교 과정의 이수를 의무교육법으로 명시한 위스콘신 주법에 위배되어 처벌을 받을 처지에 놓였다. 이 사건에서 종교적 신념을 이유로 의무교육을 거부할 권리가 헌법상 종교의 자유에 의해 보장되는가 하는 문제가 최초로 제기되었다. 1972년 미국 연방대법원은 오랫동안 종교적 신념 아래 진실하고 경건하게 살아온 그들의 독특한 생활양식을 존중하고, 전문가의 증언을 토대로 고등학교 의무교육이 아미시 촌락에 미칠 충격을 고려해, 아미시 부모들에게 자녀들을 고등학교까지 보내도록 강요하는 것은 종교의 자유를 침해하는 것이라고 판결하였다.

자신의 신념을 국가 권력과 제도에 따르느냐의 여부는 민감한 사안이다. 신념을 목숨보다 더 중요하게 여긴다. 정치적·종교적 신념은 더욱 그렇다. 정치적·종교적 박해와 탄압을 피해 다른 나라로 이주하고 난민이 생기는 이유다. 유발 하라리는

《사피엔스》에서 "인간은 권력을 생성하는 데에는 놀라운 능력을 발휘하지만, 권력을 행복으로 바꾸는 능력은 부족하다"라고 꼬집고 있다. 인류가 시행착오를 겪은 수많은 제도 중에 민주주의만한 제도가 없을 듯하다. 혹자는 민주주의는 낭비가 심하다고 한다. 뻔한 결과를 알면서도 절차와 과정을 더 중시하니 생긴 말일 것이다. 범인을 체포하는 과정에서도 미란다 원칙을 지키지 않으면 실효성이 없다.

우리 사회에서 처음 시행되는 대체복무제는 그동안 대다수의 신념과 다르다는 이유로 사회적 낙인이 찍힌 소수자들의 인권을 존중하고 보호하고자 하는 헌법 정신의 구현이다. 첫 대체복무자들이 본보기가 되어 성공적인 제도로 자리 잡기 바란다. 2021년 2월 25일 대법원은 "인간에 대한 폭력과 살인을 거부한다"라면서 예비군 훈련을 거부한 이들에게 무죄를 확정했다. 대법원은 비종교적 신념에 따른 예비군 훈련 거부를 인정한 네 이이, 2021년 6월 24일 비종교적 신념에 따른 현역 입영 거부 사건에 대해서도 무죄를 확정했다. 대법원은 '종교적이 아닌 윤리적·도덕적·철학적 신념에 의한 경우라도 진정한 양심에 따른 병역거부에 해당한다면 법으로 처벌할 수 없다'고 판시했다. 우리나라에서 비종교적 사유로 인한 병역거부를 인정한 첫 사례다.

진정한 양심이란 무엇인가? 대법원이 제시한 기준은 이렇다. "양심이 과연 깊고 확고하며 진실한 것인지를 가려내는 일이 무엇보다 중요하다. 인간의 내면에 있는 양심을 직접 객관적으로 증명할 수는 없으므로 사물의 성질상 양심과 관련성이 있는 간접사실 또는 정황사실을 증명하는 방법으로 판단하여야 한다." 대법원이 헌법에서 규정한 '양심의 자유'를 종교적 차원만이 아니라 비종교적 차원에까지 확장해 인정하였다는 점에서 의의가 크다 할 것이다.

민주주의는 개인의 신념과 가치관을 존중하고 보호한다는 측면에서 우위를 차지한다. 역사가 증명하고 있다. 우리나라 민주주의도 다양성, 포용성, 지속성의 관점에서 진화하고 있다. 국가 지도자와 위정자 들은 국민으로부터 위임받은 권력을 국민의 행복을 위해 어떻게 사용할 것인가를 놓고 치열하게 고민해야 한다.

에겐스, 린다. (2001). 《아미쉬》. 조연숙 옮김. 다지리.

웨스트오버, 타라. (2020). 《배움의 발견》. 김희정 옮김. 파주: 열린책들.

〈병역법 제88조 제1항 등 위헌소원〉. (2011). 헌법재판소_2011헌바379.

〈여호와의 증인 신도가 아닌 피고인이 자신의 비폭력주의·반전주의 신념과 신앙을 이유로 현역병 입영을 거부하여 병역법 위반으로 기소된 사건〉. (2021). 대법원_2020도17564.

〈피고인이 병역거부에 이르게 된 원인으로 주장하는 '양심'이 '진정한 양심'으로서 병역법 제88조 제1항의 정당한 사유에 해당하는지 여부가 문제된 사건〉. (2020). 대법원_2020도8055.

Wisconsin v. Yoder, 406 U.S. 205. (1972).

〈위트니스〉. (1985). 영화.

학습예찬

학습, 꽃봉오리를 피게 하는 힘

엘리자베스 아펠의 시 〈위험〉을 음미해 보자. 아펠은 미국의 무명 시인이다. 류시화 시인이 시집 《시로 납치하다》에 소개하였다. 류시화는 영성이 강한 시인이다. 탁월한 리크루터다. 지구촌의 무명 시인을 캐내 세상에 소개한다. 그가 캐낸 시인과 시는 보석처럼 반짝인다. 인간 내면 깊은 곳에 돌멩이를 던져 의미 있는 파도를 일으킨다.

> 마침내 그날이 왔다.
> 꽃을 피우는 위험보다
> 봉오리 속에
> 단단히 숨어있는 것이
> 더 고통스러운 날이.
>
> –엘리자베스 아펠, 〈위험〉(류시화 2018, 230 재인용)

깊은 울림과 교육적 메시지를 전해준다. 꽃을 피우는 것은 세상 밖으로 존재를 드러내는 것이다. 커밍아웃이다. 존재를 알리는 것은 늘 두렵고 위험한 일이다. 그냥 피어나는 것이 아니다. 자기 의지와 노력으로 만들어낸 성취다. 줄탁동시(啐啄同時). 암탉의 따뜻한 체온을 누리기만 하는 알은 병아리가 되지 못한다. 안에서 밖으로 나오려고 필사의 몸부림을 쳐야 한다. “새는 알에서 나오려고 싸운다. 알은 곧 세계다. 태어나려고 하는 자는 하나의 세계를 파괴하지 않으면 안 된다”(헤세 1991, 104). 생명은 몸부림이고 타이밍의 예술이다.

봉오리는 꽃이든 사람이든 내면의 잠재력이고 가능성이다. 생명의 근원이다. 누구든 봉오리를 꽃으로 피게 하는 파워가 있다. 하워드 가드너의 다중지능 이론이 진즉 나왔어야 했다. 사람은 자기만의 고유한 봉오리가 있다. 그 봉오리는 각양각색이다. 말을 잘하는 봉오리, 수리능력이 뛰어난 봉오리, 음률에 조예가 깊은 봉오리, 신체 활동에 탁월한 봉오리…. IQ가 사람 잡던 때가 있었다. 지금도 잡고 있다. 초중고 시절 한 번은 테스트를 받았을 것이다. 아이큐가 한 사람의 일생을 그림자처럼 쫓아다닌다. 콤플렉스와 확증편향. 아이큐가 한 사람의 미래를 예측하고 결정하는 도구가 되었다. 위험천만한 결정론이다.

학교와 강의실은 학습정원이다. 정원에 많은 종류의 꽃과 풀들이 있는 것처럼, 학습정원에는 다양한 가능성과 잠재성을 가진 학습자들이 있다. 학습정원에 심어진 생명에는 봉오리가 넘쳐난다. 봉오리를 억지로 열게 할 수는 없다. 물가로 데려가도 억지로 물을 먹을 수 없는 이치다. 스스로 피도록 해야 한다. 스스로 피지 않고 움츠리며 숨는 것은 고통이다. 선생은 움츠리고 숨어버리는 아이들의 고통과 공감해야 한다. 선생의 공감이 그 아이의 봉오리를 피게 한다. 선생은 학습정원의 정원사다.

어린 아이를 잃을 때 슬픔은 더 크다. 봉오리를 피워보지도 못한 게 슬픈 것이다. 그 봉오리가 어떤 향기를 어떤 감동을 줄지 모른다. 선생의 눈엔 아이 하나하나가 봉오리다. 정원사는 활짝 핀 꽃과 함께 할 때 기쁨과 보람을 만끽한다. 학습정원의 정원사도 마찬가지다. 학습의 힘으로 저마다의 꽃을 활짝 펴야 한다.

사람을 가르치는 자를 교사요, 선생이라고 한다. 교육(education)의 어원은 라틴어의 'édŭco'인데, 이것은 'é(밖으로)'와 'dŭco(꺼내다)'가 결합된 말이다(김정환·강선보 2016, 4). 무엇을 밖으로 꺼낼 것인가? 사람이 가진 고유한 잠재성과 가능성이다. 교사의 사명과 역할이 얼마나 숭고한가? 오늘날 자신의 꽃을 피우지 못하고 봉우리에 갇혀 숨어있는 수많은 아이들이 있다. 학습으로 봉우리를 터트리게 하자. 한번 봉우리를 터트리는 황홀감을 맛보기만 하면 된다. 선생은 모든 학습자들에게 그 황홀감을 맛보게 해줘야 한다. 그것이 진정한 교육 기회의 평등이다.

아펠의 시 "마침내 그 날이 왔다./꽃을 피우는 위험보다/봉오리 속에/단단히 숨어있는 것이/더 고통스러운 날이"라는 구절은 종교학자 배철현의 교육에 대한 정의와 맥을 나란히 한다(배철현 2016, 248-249).

> 교육이란 이 편안한 세계가 결국 나 자신을 질식시키는 '알'이라는 사실을 깨닫도록 유도하는 자극이다. (…) 자신이 알고 있는 세계가 우물 안의 개구리라는 것을 깨닫고 그 좁은 우물에서 탈출해 다른 세계를 경험하게 만들어주는 것이다. 이때의 경험을 황홀감으로 느끼도록 해주면 된다.

교육학 전공자인 저자에게도 깊고 넓은 울림을 준다. 학습이야말로 개인의 꽃봉오리를 피게 하는 강력한 힘이다. 배움의 날갯짓, 즉 삭비(數飛)를 하는 이유이기도 하다. 삭비가 황홀감으로 이어지도록 하자.

김정환·강선보. (2016). 《교육학개론》. 박영스토리.
류시화. (2018). 《시로 납치하다》. 더숲.
배철현. (2016). 《심연》. 파주: 21세기북스.
헤세, 헤르만. (1991). 《데미안》. 김충남 옮김. 학원사.

정치란 무엇인가?

정치꾼 vs. 정치인

정치와 관련된 우스갯말이 있다. 세상에서 가장 오래된 직업은? 정형외과 의사와 건축가, 그리고 정치가가 가장 오래된 직업을 두고 설전을 벌였다. 먼저 정형외과 의사가 말했다. "성경을 보면 아담의 살비뻬로 이브를 만들었다는 대목이 나오는데, 그걸 보면 정형외과 의사가 가장 오래된 직업인 게 틀림없어." 건축가가 반박했다. "아니지. 하느님이 혼돈 속에서 우주 만물을 설계하고 만드신 걸 보면 건축가야말로 최초의 직업이지." 곁에서 두 사람의 말을 듣고 있던 정치가가 한마디 거들었다. "그런데 그 혼돈은 누가 만들었죠?"

최악의 정치가는 누구일까? 프랑스 총리 조르주 클레망소(1841-1929)에게 신문기자가 물었다. "지금까지 본 정치가 중에서 누가 최악입니까?" 클레망소가 대답했다. "이 나이가 되도록 아직 최악의 정치가를 찾지 못했습니다." 기자가 의외라는 듯 되물었다. "그게 정말입니까?" 그러자 클레망소가 분하다는 표정으로 말했다. "저 사람이 최악이다 싶은 순간 꼭 더 나쁜 사람이 나타나더군요."

2020년 11월 3일 치러진 미국 대선을 지켜보면서 느낀 점이 많다. 미국은 민주주의와 인권을 수출하는 나라다. 고도의 소프트파워 국가다. 문화를 수출하고 이식한다. 요즘 미국이란 나라와 그 나라를 움직이는 정치인을 보고 있으면 앞뒤가 맞지 않는다. 툭하면 상대국의 인권 침해니 독재니 하면서 개입하기 일쑤인 이 나라의 꼴이 말이 아닌 것이다. 민주주의와 인권 수출국에서 분열과 선동, 인종차별, 중상모략, 오기와 독선, 일방주의를 선동하는 국가로 떨어진 느낌이다. 유권자가 투표를 한 이유는 표심을 반영하기 위해서다. 투표는 민주시민의 기본 권리이면서 정치인들이 가장 두려워하는 것이다. 정치인들은 사람이 두려운 것이 아니라 표가 두려운 것이다. 미국은 개표를 놓고 소송하는 나라가 되었다.

미국은 국가 수립 때부터 다양한 인종과 문화가 이합집산을 거쳐 간신히 '미합중국'을 일구었다. 지금은 어떤가? 인종, 종교, 지역, 연령, 세대, 문화, 신념 등 모든 분야에서 당파나 정파로 분열되었다. 깨진 유리를 복원하는 것은 힘든 일이다. 국제적으로도 제멋대로다. 주판알을 튕겨 이해관계가 맞지 않으면 협약이고 뭐고 필요 없다. 〈마이 웨이〉를 부른 프랭크 시나트라도 원통해할 노릇이다. 국가 간의 신의도 없다. 자기들만 잘 먹고 잘 살면 된다. 타국을 상대로 협박하고 으름장을 놓는 것은 다반사다. 아니면 그만이라는 식이다. 품격과 통합의 구심점을 잃어버렸다. 역사는 구심점을 잃기는 쉬워도 되찾기는 어렵다는 것을 증명한다. 팍스 아메리카가 쇠락할 징조다. 어쩌면 시그널을 알고도 인정하기 싫었을 것이다.

오늘의 미국 사회를 분열·선동하고 분노와 증오를 조장한 장본인을 트럼프 탓으로만 돌릴 게 아니다. 트럼프를 대통령으로 만든 것은 그 사회의 요구와 정서를 반영한 결과이다. 트럼프는 그 기회를 적절히 이용했을 뿐이다. 정치꾼(politician)은 유권자의 분노와 증오 위에 올라타는 데 특별한 재주가 있는 모사꾼처럼 들린다. 표로 먹고사는 정치꾼은 표가 되는 일을 하는 데 남다른 능력의 소유자다.

'politician vs. statesman.' 둘은 어떤 차이가 있을까? 비슷하지만 근본이 다르다. 'politician'은 선출직으로 국회의원, 지자체장이 해당된다. 이 단어의 유래는 셰익스피어 시대로 거슬러간다. 'politician'은 '점잖은', '신중한'이라는 뜻을 가진 'politic'에서 비롯되었는데, 나중에는 '교활한', '술책을 잘 부리는'이라는 뜻으로 바뀌었다고 한다. 이들은 여론의 향배나 이슈에 따라 자신의 신념도 달라진다. 출마하면서 약속한 공약은 당선되고 나면 나 몰라라 한다. 두 얼굴을 가진 '정치꾼'이다. 개인적인 신념을 실천하는 것보다 정파나 당파의 입장을 대변한다. 당론을 따르지 않은 정치인은 쫓겨나거나 배신자 소리를 들을 각오를 해야 한다. 소신이나 신념이 통할 수 없는 구조다. 정치꾼이나 정치인 들이 어디 태생적으로 거짓말쟁이고 악한이겠는가. 정치 문화와 정치 지형이 그렇게 만드는 것이다. 한국이나 미국의 정당과 정치인들도 마찬가지다. 영어 단어의 의미에 정확히 맞는 '정치꾼'들일 뿐이다.

'statesman'은 국민과 국가를 위해 옳다고 생각하는 것에 그가 가진 에너지와 힘을 쏟는다. 추구하는 핵심 가치가 있고 정치 지형의 변화에 따라 그의 신념을 바꾸지 않는다. 신념을 바꾸는 대신 목표 달성에 필요한 실행 방식을 바꾼다. 정치판에 정치꾼(politician)은 많지만 정치인(statesman)은 찾아보기 어려운 이유다. 역사가들은 정치인으로 마하트마 간디, 넬슨 만델라, 달라이라마, 시몬 볼리바르 등을 꼽는다.

2500년 전 공자가 활동하던 때도 정치의 폐해가 심했나 보다. 공자는 정치에 대해 질문을 받고 이렇게 답한다. "간단히 말하자면, 정치란 당신이 관할하고 있는 백성을 기쁘게 하고 안정시키는 것이며, 백성들이 스스로 당신을 떠나지 않게 하는 것입니다"(천웨이핑 2005, 102 재인용). 공자의 정치적 이상은 현대 정치에도 깊은 울림을 준다. 정치 지도자는 국민을 기쁘게 하고 안정시키는 자이다. 기쁨이 있고 안정감이 있는 나라에서 사는 국민이라면 그 나라를 떠나지 않을 것이다. 그런 공자가 외딴 산속을 가는데 묘지 앞에 한 여인이 앉아 울고 있었다. 그 울음소리가 하도 서글퍼 제자 자로를 시켜 까닭을 물었다. 그 여인이 울면서 말했다. "옛날 시아버지가 호랑이에게 물려 돌아가셨는데, 그 후 남편도 호환으로 죽었습니다. 그런데 이번에 아들마저 호랑이에게 물려 죽었으니, 슬퍼 울고 있답니다.” 공자가 의아하였지만 나름 방안을 내면서 물었다. “읍내로 이사를 가든지 할 일이지, 어째서 산속에 살면서 피하지 않는 것입니까?” 여인이 대답했다. “그래도 이 산속에는 가혹한 정치가 없습니다”(최인호 2012, 11-12). ‘가혹한 정치는 호랑이보다 무섭다(苛政猛於虎)’의 유래다.

권력의 속성을 이해하는 데 도움이 되는 흥미로운 실험을 소개한다. 값비싼 자동차가 심리에 미치는 영향에 대해 알아볼 목적으로 수행된 이 실험은 횡단보도에서 보행자가 발을 막 내딛는 중에 이루어졌다. 두 가지 유형의 실험 결과다. 첫 번째 실험에서 중고차를 운전하는 피험자들은 모두 횡단보도에서 차를 정지했다. 두 번째 실험에서는 값비싼 차를 운전하는 피험자들 중 45%는 횡단보도에서 차를 정지하지 않았다. 자동차가 비쌀수록 교통법규를 지키지 않았다. 심리학자들은 이런 행동 성향을 후천적 소시오패스라고 한다. 머리에 충격을 받아 뇌의 주요 부위가 손상되면 발생하는 것으로 유전되지 않은 반사회적 성격장애다.

권력자는 마치 뇌손상을 입은 사람처럼 반사회적 행동을 한다고 한다. 자기중심적이고 뻔뻔스럽고 낯이 두꺼워 좀체 얼굴이 붉어지지 않는다. 인간이 다른 영장류와 다른 한 가지는 모욕이나 부끄러운 느낌이나 생각이 들면 얼굴이 붉게 나타난다는 점이다. 권력자의 얼굴은 예외다. 권력자를 인간의 탈을 쓴 다른 동물이라고 하면 지나친 표현일까. 또 있다. 권력자들은 미러링(mirroring)을 잘하지 못한다. 보통 사람들은 누군가 웃으면 따라 웃으면서 미러링을 한다. 권력자는 전기 플러그가 뽑힌 것처럼 자신이 다른 사람들과 연결되어 있다고 느끼지 않는다고 한다. 그래서 오만하고 무례하게 행동하는 것이다(브레흐만 2021, 316-319 참조). 어떤 진술이나 이론에 대해 심리학자, 역사학자, 사회학자 들이 만장일치로 동의하는 경우는 드물지만, '절대 권력은 절대적으로 부패한다'는 진술에 대해서만큼 만장일치로 동의하는 이유를 알 것 같다.

예나 지금이나 정치는 변한 게 없다. 앞에서 말한 우스갯소리가 그냥 나온 게 아니다. 호랑이는 물리치면 되지만 호랑이보다 더 무섭다는 정치를 어떻게 해야 할 것인가? 정치란 무엇인가에 대한 근원적인 질문을 던져보지만 돌아온 답은 원론적이다. 중국 역사에서 정치의 황금시대를 열고 문물과 제도를 정비한 업적으로 '정관의 치'로 평가받는 당 태종(재위 626-649)의 어록을 상기할 필요가 있다. 당 태종은 태자에게 황위를 물려주면서 한 말이다. "군주가 배라면 백성은 물이다. 물은 배를 띄울 수도 있지만, 뒤집어엎을 수도 있다"(멍셴스 2008, 418 재인용). 오바마 대통령의 어록도 되새겨 볼 일이다. "대통령은 남을 위해 봉사할 수 있는 기회가 많은 자리다." 정치꾼들이 대대손손 누릴 것같이 생각하고 함부로 휘두르는 권력은 언제 풍랑에 전복될지 모른다. 권력의 냉혹한 속성을 아는 권력자라면 권력과 봉사의 조화를 꾀하기 위해 노력하고, 권력을 맡긴 사람들을 위해 어떻게 권력을 쓸지 고민해야 할 것이다.

멍셴스. (2008). 《정관의 치》. 김인지 옮김. 에버리치홀딩스.
브레흐만, 뤼트허르. (2021). 《휴먼카인드》. 조현욱 옮김. 인플루엔셜.
천웨이핑. (2002). 《공자 평전》. 신창호 옮김. 미다스북스.
최인호. (2012). 《소설 공자》. 열림원.
《중앙일보》. (2008). 〈유머 한 방 ㅋㅋ 당신도 직장 스타〉. 2월 20일.
《중앙일보》. (2021). 〈정치꾼(politician)은 선거를, 정치인(statesman)은 다음 세대를 걱정〉. 3월 13일.

4부

리더십

리드하는 삶을 사는 법

화선 장승업 이야기

선배들만 원(園)이에요? 나도 원(園)이에요!

우리나라 17-18세기는 문예부흥기로 유럽의 르네상스에 비교할 수 있다. 유럽의 르네상스가 신본주의에서 인본주의로 패러다임이 바뀐 것이라면, 영조와 정조 시대에 꽃이 핀 문예부흥은 중국 중심의 문화에서 벗어나 우리나라 고유의 정체성을 찾고자 노력한 것과 다름이 없다. 예를 들어, 그림에서는 진경산수화가 등장하여 우리나라 산천의 아름다움을 있는 그대로 그렸다. 겸재 정선의 〈인왕제색도〉가 대표적이다. 중국 사대주의가 얼마나 만연했는지, 그 위세가 얼마나 대단했는지 그림조차도 중국의 산수를 그렸으니 다른 것은 상상할 수 없을 것이다.

우리나라 문예부흥기에는 특히 그림으로 재능을 떨친 화가들이 대거 등장했다. 많은 미술사 연구자들은 이때 명성을 떨친 대표적인 화가들을 삼재삼원(三齋三園)으로 부르는 데 견해를 함께한다. 삼재는 겸재 정선, 현재 심사정, 관아재 조영석을 말하며, 삼원은 단원 김홍도, 혜원 신윤복, 오원 장승업이다. 미술사가에 따라서는 공재 윤두서를 포함하여 사재로 부르기도 하고 관아재를 빼고 공재를 삼재로 분류하는 사람도 있다.

오원 장승업(1843-1897)은 대중적으로 잘 알려진 단원과 혜원에 비하면 미술 공부를 하기 위한 환경이 절대적으로 척박했다. 경기도 안산 출신의 단원은 당대 시·서·화의 삼절로 이름을 날린 표암 강세황을 스승으로 모시고 조기 교육을 받았다. 또 스승의 소개로 한양으로 올라와 현재 심사정에게 과외를 받기도 했다. 혜원은 그의 아버지 신한평이 도화서의 전문 직업화가로 영조 대왕의 어진을 그릴 정도로 실력을 인정받고 있었다. 장승업의 경우는 단원과 혜원과는 출신이나 배경이 판이하게 다르다.

장승업은 어려서 부모를 잃은 고아로 수표교 아래에서 거지처럼 떠돌며 살다가 역관 출신의 집에서 머슴살이를 하며 하루하루 연명할 정도로 비참한 신세였다. 단원이나 혜원은 훌륭한 스승을 두었거나, 직업화가인 아버지 아래에서 그림 공부의 엘리트 코스를 밟았다면, 장승업은 대부분 어깨너머로 배웠거나 명작들을 임모하면서 그림 공부를 했다고 볼 수 있다. 그래서인지 장승업은 한자를 제대로 배우지 못해 작품의 화제는 다른 사람이 써주곤 했다. 그에 대한 에피소드가 많지만 대개는 '술'과 관련된 이야기로 시작한다. 취명거사(醉瞑居士)라는 별호는 그의 예술 창작과 술이 불가분의 관계를 맺고 있음을 말해준다.

장승업은 천재와 광기 사이를 오가며 힘겹게 살다가 고통스럽게 죽어간 빈센트 반 고흐와 닮았다. 다른 점이 있다면 장승업은 살아있을 때 인정을 못 받다가 사후에 명성을 얻었던 고흐와는 달리, 생전이나 사후 모두 천재 화가로 크게 이름을 떨쳤다는 것이다. 장승업의 천재성은 여러 기록에서 확인할 수 있으며 대부분은 그의 그림을 '신이 그린 작품', 즉 신품이라고 평가하였다. 그의 예술 세계는 자유분방하고 선이 굵고 거침이 없어 한 곳에 머물러 있는 것을 꺼려 하고 술이 없으면 붓을 들지 않을 정도였다. 술에 취해서야 신명 나게 붓을 놀리는 천재성과 광기를 넘나드는 불가사의한 존재였다. 임권택 감독의 영화 〈취화선〉(2002)은 화가 장승업의 일대기를 그린 영화인데, 이 영화에서도 장승업을 호방하고 기개가 넘치는 인물로 묘사하고 있다.

조선 말기의 전설적 화가로 자리매김을 한 장승업은 선배 화가였던 단원 김홍도와 혜원 신윤복에게 도전장을 내밀었다. 화가 장승업은 "선배들만 원입니까? 나도 원이에요"라고 한 것이다. 장승업의 호 오원(吾園)은 이렇게 해서 탄생한다. 어쩌면 엄격한 유교적 신분질서 속에서 단원이나 혜원과 같은 대선배들이 가진 신분과 배경에 대해서는 콤플렉스를 가질 수 있지만, 실력에서만큼은 선배들에게 뒤떨어지지 않고 어깨를 나란히 할 수 있다는 자긍심을 표현한 것은 아닐까.

사람은 누구나 닮고 싶은 롤 모델이 있다. 오원을 만든 것은 그의 대범함과 호연지기이고 그것은 자신이 도달할 목표가 되었다. 그는 "그래! 나도 원이다"라는 기개와 자유분방함으로 선배 화가들을 '법고해서 창신'했다. 장승업은 전통 화법과 근대 화법을 넘나드는 자유로운 터치로 단원과 혜원을 뛰어넘었을 뿐 아니라 미술사적으로도 조선 전통 회화와 근대 회화의 징검다리 역할을 했다는 평가를 받고 있다.

조정육. (2002). 《신선이 되고 싶은 화가 장승업》. 미래엔아이세움.
이강인. (2017). 〈오원 장승업의 생애와 예술세계〉. 세한대학교 대학원 석사학위논문.
《중앙일보》. (2019). 〈김홍도의 외침 "그림에는 신분이 없다"〉. 12월 12일.
〈취화선〉. (2002). 영화.

한국인보다 한국을 더 사랑한 헐버트 ①

한국학 연구의 개척자

19세기 말 우리나라는 근대국가로의 이행을 위해 자주적인 개혁안을 실행에 옮긴다. 교육 개혁의 일환으로 〈교육조서〉(1895)을 발표하고 교육입국의 의지를 천명하면서 외국어와 신학문의 교육을 담당할 외국인 교사들을 초빙한다. 1882년 외교관계를 수립한 미국에 의뢰하여 교사 세 명을 초빙하게 되는데 이때 우리나라에 입국한 세 명의 교사 중 한 명이 호머 헐버트(1863-1949) 박사다.

헐버트는 목회자이면서 역사, 문화, 언어, 예술 분야의 해박한 지식을 가지고 있었다. 무엇보다 한민족의 역사와 문화에 대한 지적 호기심이 남달랐다. 우리나라 최초의 서양식 학교 육영공원의 교사로서 그는 학생들을 가르치면서 틈틈이 한글과 우리나라 역사와 문화를 공부했다. 그가 얼마나 우리나라를 사랑했는가에 대해서는 그가 남긴 자취들이 말해준다. 서울시에서는 헐버트의 한글 보급의 공헌을 인정하여 주시경과 함께 조형물을 세웠고, 경북 문경새재에는 '헐버트 아리랑 비'가 있다. 구전으로 전해져오던 아리랑에 헐버트가 서양식 음계를 붙여 채보한 〈문경아리랑〉이다.

헐버트는 1906년 《대한제국멸망사》를 발간했다. 역사서지만 한국사 외에 건축, 언어, 문학, 음악과 시, 예술, 교육제도, 민담과 속담, 종교와 미신, 장례 및 매장 풍습, 여성의 지위 등 사회, 문화, 예술, 제도, 생활상 등을 고찰했다. 아무리 한국에 대해 관심이 많다고 해도 이렇게 다양한 분야에 대해 저술하는 것은 쉽지 않은 일이다. 그는 미국이 한국과 국교를 맺은 최초의 서방국가로서 한국인의 안전과 이익을 존중하겠다는 약속을 저버리고 한국인의 가슴을 할퀴어 놓았다고 힐난했다. 헐버트는 미국인이면서도 공개적으로 자기 나라를 비난했다. 그러면서 그는 교육만이 한민족의 앞날을 여는 희망의 불씨라고 주장했다.

우리나라 역사와 문화의 진면목을 알리기 위한 헐버트의 노력은 여기에 모두 담을 수 없을 정도다. 특히 헐버트는 '은둔의 나라', '고요한 아침의 나라'로 알려진 우리나라의 문화유산을 국제사회에 소개하는 데 큰 기여를 했다. 그는 우리나라 문화유산 중 한글, 거북선, 금속활자를 세계문화사를 빛낸 발명품이라고 소개했다. 헐버트만큼 영어로 한국 문화와 한국인의 유산을 세계에 알린 사람도 찾아보기 힘들 것이다.

더 놀라운 사실은 헐버트 박사가 고종의 침전에서 불침번을 섰다는 것이다. 믿기지 않는 일이다. 왕을 낮밤으로 지키는 군사와 신하 들이 있을 터인데 외국인이 일국의 왕을 보호하기 위해 보초를 선 것이다. 일본이 저지른 을미사변(1895)으로 왕비 시해라는 극악무도한 참변을 겪은 고종은 신변에 극도의 불안과 공포를 느끼면서 궁중에서 일하는 사람들조차 믿지 못했다. 고종은 당시 조선에 와있던 선교사들과 조선 주재 외교관들에게 자신의 신변보호를 요청하였다. 이들은 두세 명씩 조를 편성하여 불침번을 섰다. 음식은 정동에 있는 언더우드 선교사 집에서 조리하여 자물쇠를 채워 운반하고 고종에게 직접 열쇠를 전달하였다. 일본이나 친일 분자들이 음식에 독을 탈지도 모른다는 우려 때문이었다. 고종은 왕비 시해 후 국모 참살에 원수를 갚아주는 사람, 즉 국모보수(國母報讐)하는 사람에게는 자신의 머리를 깎아 신발이라도 만들어줄 것이라고 말할 정도로 분노와 울분은 컸다.

'국모보수' 하면 떠올리는 인물이 있다. 백범 김구(1876-1949)다. 1895년 10월 '민비'가 살해된 을미사변이 일어난 지 넉 달 후인 1896년 2월 김구는 국모를 살해한 일본에 비분강개하여 황해도 안악군 치하포 부근 주막에서 일본인 쓰치다 조스케(土田讓亮)를 죽였다. 민비 살해의 복수를 마쳤다 생각한 김구는 큰길가에 '국모의 원수를 갚으려 이 왜놈을 죽였노라. 해주 백운방 기동 김창수'라고 글을 써놓았다. 3개월 뒤 김구는 체포되어 사형 선고를 받았다. 사형 집행을 기다리던 김구에게 기적이 일어났다. 사형이 집행되기 위해선 왕의 재가를 받아야 하는데, 승지 중 한 사람이 '국모보수'라는 죄목의 사형수인 김구를 발견하고는 고종에게 보고한 것이다. 고종은 인천 감옥 책임자에게 전화를 걸어 김구의 사형 집행 정지를 명령했다. 서울과 인천 간에 전화가 개통되지 않았다면 김구는 교수대의 이슬로 사라졌을 것이다(김구 1994, 57-113 참조).

그런데 김구가 전한 '국모보수 사건'의 진위 여부에 논란이 있다. 조선의 전화 개통 시기가 《백범일지》에 나온 시기와 맞지 않다거나 김구가 죽인 일본인이 사실 을미사변에 가담한 적 없는 일개 상인이었다거나 하는 등 사실관계의 오류가 후대 연구로 드러난 것이다. 게다가 우리가 읽은 《백범일지》는 사실 대표적인 친일인사 이광수가 윤문·첨삭한 것으로, 국모보수 사건이 실은 김구를 신화화하기 위한 왜곡이라는 주장도 있다(김상구 2014 참조). 비록 《백범일지》에 나오는 내용이지만 액면 그대로 받아들이지 못한 채 사실관계 검증이 필요하다는 점에서 역사적 진실을 알기란 이렇게나 어려운 일이다. 하지만 개인의 일생이든 국가의 중대사든 역사적 진실은 밝혀져야 한다. 그리고 밝혀진 역사의 진실 앞에서는 누구든 솔직하고 겸허해야 한다.

학창 시절 한창 감수성이 민감할 때 한국사 시간은 고문과 자괴의 시간이기도 했다. 특히 19세기 말에서 20세기 초 제국주의 국가와 서구 열강이 호시탐탐 우리나라를 집어삼키려고 기회를 엿보는 역사를 공부하면서 우리 선조의 무능과 배신과 허영에 피가 끓을 때가 한두 번이 아니었다. 교과서를 덮어버리고 싶은 마음은 나뿐만이 아니었을 것이다.

오늘의 대한민국이 있기까지 하늘의 별만큼이나 많은 사람들이 나라를 위해 몸과 혼을 바쳤다. 그들의 영혼은 별이 되어 우리나라를 굽어 지켜주고 있다. 헤아리기 어려운 별들 중 그 어느 한국인보다 한국을 사랑했던 헐버트 박사가 이 땅에 남긴 그의 유지 또한 기억하면 좋겠다. 한글을 무척 사랑했고 한글을 인류 최고의 문자 발명으로 평가한 헐버트는 이렇게 외친다. "한글보다 더 나은 문자는 없다. 한글은 현존하는 문자 가운데 가장 훌륭한 문자 중의 하나이다"(김동진 2019, 154). 헐버트가 끔찍이 사랑했던 우리나라의 역사와 문화는 그 영광과 시련에도 불구하고 우리의 거울이면서 나침반이다. 외국인으로서 헐버트 박사는 우리나라 사람들조차 알지 못했거나 외면하고 있었던 우리의 역사와 문화를 연구·발굴해 널리 알린 한국학 연구의 개척자이다.

김구. (1994). 《내가 원하는 우리나라》. 지성문화사.
김구. (1995). 《백범일지》. 범우사.
김구. (2002). 《백범일지》. 도진순 주해. 돌베개.
김동진. (2019). 《헐버트의 꿈 조선은 피어나리!》. 참좋은친구.
김상구. (2014). 《김구 청문회 1—독립운동가 김구의 정직한 이력서》. 매직하우스.
헐버트, 호머. (2019). 《대한제국멸망사》. 신복룡 옮김. 집문당.
《조선일보》. (2013). 〈문경새재의 헐버트〉. 8월 14일.

한국인보다 한국을 더 사랑한 헐버트 ②

경천사지 10층 석탑 반환

이웃 나라 일본이 우리나라에서 약탈해 간 문화재의 목록을 정리하면 몇 권의 책으로도 부족할 정도다. 한 나라의 문화재란 그 구성원의 생각, 가치관, 신념체계, 행동양식의 내적·외적 표현이며 민족의 혼과 얼이 깃든 문화의 정수라는 점에서 일본의 문화재 약탈은 용서치 못할 중범죄다. 탐욕스러운 제국주의 서구 열강도 비슷하다. 영국이나 프랑스의 박물관에도 약소국이나 피식민국가에서 약탈한 문화재를 자기 것인 양 전시해 놓고 있지 않는가. 이러니 역사는 승자의 기록이라는 비아냥거림이 쏟아지는 것이다.

1866년 병인양요 때 프랑스가 약탈해 간 외규장각 의궤(조선 왕실 행사를 글과 그림으로 정리한 책)만 해도 그렇다. 2011년 4월 프랑스는 의궤를 우리나라에 대여 형식으로 반환했다. 소유권은 프랑스 국립도서관에 있고 5년마다 대여 갱신을 해야 한다고 한다. 우리의 문화재이지만 우리 것이 아니다. 최근에는 프랑스로부터 '의궤 사진 사용료를 내라'는 요구를 받았다고 한다(허윤희 2021 참조).

반면에 독일, 프랑스, 영국은 과거 아프리카에서 약탈해 온 문화재를 돌려주는 행보를 본격화하고 있다. 식민 잔재를 청산하라는 국제적 압력이 지속되고 있고, 무엇보다 아프리카에서 영향력을 확대하는 중국에 맞서 옛 식민지였던 나라들에게 문화재를 돌려주며 다독인다는 말이 나온다. 영국박물관은 '세계 최대 장물 보관소'라는 말을 듣고 있다(손진석 2021 참조). 다른 나라에서 약탈한 물건을 돌려주고 그 나라에 사죄해도 욕을 먹을 마당에 국익을 따진다. 진정성과 순수성이 결여되었다. 후안무치로 당장의 이익에 눈이 멀어 부끄러운 줄도 모른다.

경천사지 10층 석탑은 고려 1348년에 제작된 것으로 원래 개성에 있었다. 이 석탑이 지금은 용산 국립중앙박물관 복도에 자리 잡고 있다. 고려의 융성했던 불교문화를 보여주는 이 석탑이 어떻게 박물관에 터전을 잡게 되었을까? 이 석탑의 밀반출과 반환 과정은 우리나라 문화재의 수난사를 상징하고 있다.

1907년 고종은 을사늑약(1905)의 불법과 부당함을 국제적으로 알리기 위해 네덜란드 헤이그 만국평화회담에 밀사들을 파견했다. 을사늑약의 핵심은 우리나라 외교권의 박탈로 우리나라가 국제 사회에서 대표성을 띨 수가 없다는 의미다. 밀사들은 여러 국가 대표들이 모인 자리에서 늑약의 불법과 부당함을 호소하고자 눈물겨운 노력을 했지만 일본의 집요한 방해로 뚜렷한 성과를 거두지는 못하였다. 그럼에도 불구하고 밀사 파견 자체는 국제적으로 일본을 긴장시켰다.

이 사건을 빌미로 일본은 고종을 강제 퇴위시키고 순종에게 양위하게 했다. 이때 문제의 인물, 다나카 미쓰아키가 한반도에 왔다. 그는 일본 궁내대신으로 순종의 혼례를 축하할 목적으로 특사 자격으로 왔지만 딴마음을 품고 있었다. 그는 헌병들을 동원하여 경천사지 10층 석탑 약탈을 저지하는 개성 주민들을 총칼로 위협하고 한밤중 석탑을 밀반출하였다.

이 소식을 전해 들은 헐버트는 일본의 문화재 약탈을 언론에 기고하고 반환을 촉구했다. 헐버트는 석탑이 있던 개성 현장으로 직접 찾아가 증빙 자료를 사진으로 촬영하고 명백한 증거를 수집했다. 한두 번 언론에 보도되었다고 반환할 정도의 양심을 가진 일본인이었으면 처음부터 훔쳐가지도 않았을 것이다. 헐버트는 국내 언론 폭로에 한계를 깨닫고 다른 전략을 구사했다. 일본의 영자 신문 《재팬 크로니클》과 미국의 일간지 《뉴욕포스트》에 증빙 사진과 함께 약탈 사실을 기고했다. 게다가 1907년 헤이그 만국평화회의 밀사로 파견되었을 때도 현지 신문에 석탑 밀반출을 폭로하였다. 결국 일본은 계속된 국내외 반환 여론이 비등해지면서 1918년에 이르러서야 석탑을 반환했다.

또 놀라운 사실은 헤이그 만국평화회담 밀사 파견은 헐버트가 고종에게 제안하고 고종이 제안을 승인하여 이루어졌다는 것이다. 헐버트와 외국 선교사들이 교대로 고종의 불침번을 선 것에 대해 이야기했지만, 바람 앞에 등불과 같은 누란의 한반도 정세에서 헐버트는 고종의 절대적인 신임 속에 미국 등 서방국가들과의 외교 및 대화 창구 역할을 했다. 대개 이준, 이상설, 이위종 3인이 헤이그 밀사로 알려지고 있지만, 헐버트도 특사 자격으로 함께 헤이그로 파견되었다. 헐버트는 외국인이라는 점에서 일본의 감시를 따돌릴 수 있었으며, 열강에게 을사늑약의 부당함을 호소하는 데 유리하였다.

일본에게 눈엣가시와 같았던 헐버트는 1907년 미국으로 추방되다시피 하였지만 미주에서 더 왕성하게 대한의 독립과 주권 회복을 위해 노력했다. 그는 평소 "웨스트민스터 사원보다 한국에 묻히고 싶다"라는 유언을 남겼다. 양화진 외국인 선교사 묘역에 안장된 그의 묘지명에 적힌 글이다. "한국인보다 한국을 더 사랑했고 자신의 조국보다 한국에 헌신했던 빅토리아풍의 신사 호머 헐버트 박사 이곳에 잠들다." 외국인이 약소국의 독립과 주권 회복이라는 대의를 위해 자신의 모든 것을 바치기란 결코 쉽지 않은 일이다. 안중근 의사가 1909년 이토 히로부미를 저격하고 뤼순 감옥에 있을 때 간수에게 한 말이다. "헐버트는 한국인이라면 하루도 잊을 수 없는 인물이다"(김동진 2019, 24). 안 의사의 말은 헐버트 박사의 한국, 한국인을 향한 사랑과 헌신에 대한 최고의 헌사가 아닐까 싶다.

김동진. (2019). 《헐버트의 꿈 조선은 피어나리!》. 참좋은친구.

헐버트, 호머. (2019). 《대한제국멸망사》. 신복룡 옮김. 집문당.

손진석. (2021). 〈獨·佛, 아프리카 약탈 문화재 속속 돌려주는 까닭은〉. 《조선일보》, 5월 4일.

허윤희. (2021). 〈외규장각 의궤, 佛서 날아온 이메일 한 통〉. 《조선일보》, 4월 22일.

유방과 항우의 리더십

도량과 용인술의 차이

역사적 인물 중 유방과 항우의 리더십은 종종 흥미로운 비교의 대상이 된다. 그들은 출신 배경과 성장 환경이 다를 뿐 아니라 성품에서도 많은 차이가 있다는 점에서 리더십의 좋은 소재거리가 될 것이다. 이 둘이 역사의 전면에 등장하게 된 발단은 전국시대를 평정한 진(秦)의 시황제가 리더십을 잃게 되면서 야기되었다. 중국처럼 광활한 국토에 수많은 민족들이 어울려 사는 곳에서 리더가 중심을 잡지 못하고 민심을 잃게 되면 지역의 맹주들이 다시 존재감을 드러내기 마련이다.

최초의 통일국가를 이룬 시황제는 강력한 중앙집권제를 통해 정국을 주도해 나갔지만 만리장성 축성과 대운하 건설 등 과도한 토목공사에 따른 가혹한 노역 등은 민심의 이반을 가져왔다. 이뿐만이 아니었다. 분서갱유로 통치에 방해가 된다고 생각되는 유학 경서를 불태우고 유학자들을 땅에 묻는 포악한 성정을 드러내면서 인재들이 떠난다. 시황제가 죽고 어린 아들 호해가 2세 황제로 즉위하자 환관 조고와 같은 간신의 횡포가 더해져 진의 폭정에 반발한 전국의 군웅이 거병하게 됐다.

현대의 정치 용어로는 독재타도와 정권교체라는 기치 아래 모여든 군웅들 중 유방과 항우라는 인물이 등장한다. 통일국가치고 짧은 역사(15년)를 남기고 멸망한 진 이후 패권은 유방과 항우의 싸움으로 결정 나게 되었다. 유방과 항우는 출신 배경과 성장 환경 그리고 성품에서 서로 대척점에 놓여있다. 사마천의 《사기》에서도 유방과 항우의 성격을 비교하고 있다.

유방은 가난한 농민 집안 출신이다. 가방끈도 짧아 문해 능력도 변변치 못했다. 한때는 장돌뱅이처럼 이리저리 다니면서 이른바 협객 노릇을 하면서 수하를 거느리기도 했다. 얼굴 하나는 매력적이었던 것 같다. 얼굴을 자세히 보면 용의 얼굴을 닮았다고 하고 약간의 신비감마저 드는 관상이었다. 도량이 넓고 의리를 중히 여기고 참모들의 의견을 잘 듣는 편이다. 전형적인 덕장의 모습이다. 그렇지만 항우군에게 쫓길 때 마차의 무게를 줄이기 위해 함께 탄 아들과 딸을 떠밀쳐 버리는 비정한 모습에서는 유방이란 인물이 무섭기도 하다.

항우는 명문가 출신이다. 공부는 어느 정도 했지만 칼 쓰는 것이 적성에 잘 맞았다. 무인형의 외모에 힘이 장사였다. 힘은 산을 뽑을 정도고 기운은 세상을 덮을 정도라는 뜻의 '역발산기개세(力拔山氣蓋世)'라는 말이 나올 만큼 일당백의 힘을 자량했다. 마초형의 호연지기가 크다고 할 수 있지만 자만심에 빠지는 성품의 소유자다. 성질이 불같으면서도 감수성이 풍부하여 눈물을 보이는 변덕스러운 스타일이다. 자신의 용맹을 과신한 나머지 참모들의 의견을 잘 듣지 않는 편이다. 전형적인 용장의 영웅적 기질을 갖췄다. 그러나 수십만 명의 포로에게 먹일 식량이 없다는 이유로 그들을 생매장하는 등 잔인무도한 폭군의 기질도 다분하다.

유방과 항우가 난세에 호각지세를 보이는 가운데 펼쳐진 패권 다툼에서 가장 결정적인 변수는 두 가지라 생각한다. 첫째는 누가 더 넓은 도량을 가졌느냐이다. 전쟁의 초중반 객관적인 군사력을 평가하면 유방의 군대는 항우의 군대에 상대가 되지 않을 정도였다. 유방은 이 점을 잘 알고 있었다. 그는 본래 성품이 느긋하고 의리를 중시하지만 믿는 사람을 끝까지 믿어주고 공을 세운 부하에게는 확실한 보상을 해주었다. 항우는 전쟁의 신으로 불릴 정도로 용맹하고 싸움에 능했지만, 부하 장수의 공적에 걸맞은 보상을 하는 데 인색했다.

둘째는 용인술, 즉 인재 등용이다. 유방은 개인적으로 싸움과 지략에서 항우와 비교하기 곤란할 정도로 상대적인 열세에 놓여있었다. 그는 자신의 부족함을 인정하고 이를 인재 발굴과 적재적소의 등용으로 보완했다. 반면 항우는 자신을 과신하고 주변의 인재를 무시하고 내치는 스타일이었다. 한신만 해도 그렇다. 원래 그는 항우 진영에 가담했지만 능력을 인정받지 못하고 무시당하자 유방에게 투항하고 종국에는 항우에게 결정적인 패배를 안겨주었다.

역사의 결과를 보면 용장보다는 덕장을 선택하는 경우가 많다. 덕장이란 표현에는 당사자의 인품이 넓고 관대한 도량을 갖추고 주변 참모들의 의견을 소중히 여긴다는 의미를 내포하고 있다. 항우와 유방에게도 책사와 지략가 들이 있었다. 항우는 아보(亞父, 아버지에 버금갈 정도로 존경하는 사람)라 부르는 범증이 있고, 유방에게는 수많은 참모들이 있지만 장량(장자방)이 대표적일 것이다. 유방과 항우의 대결은 두 사람의 직접적인 대결보다는 참모들 간의 지략 싸움이라고 해도 지나치지 않다. 전쟁의 우위를 예측할 수 있는 지표, 즉 군사 수, 사기, 용맹, 군량, 기동력 등의 전력 면에서 유방은 항우의 상대가 되지 못한다. 하지만 당장 보이지는 않지만 엄청난 잠재력을 발휘하게 힘, 즉 참모들의 지략과 민심 등 정치공학의 이용 등을 놓고 보면 유방이 앞서게 된다. 또 전쟁이 후반으로 치달을수록 항우는 자신의 능력을 과신하게 되면서 특급 참모로서뿐 아니라 뛰어난 지략가였던 범증을 내치는 최악의 자충수를 두고 만다. 물론 유방 측이 쳐놓은 덫에 걸려든 결과였다.

무엇보다 한나라 황제에 오른 유방 스스로 성공 요인을 분석한 '3불여(三不如)'야말로 가장 설득력 있게 받아들여진다. 3불여는 '내가 세 사람들보다 못하다'는 뜻이다(위리 2021, 308).

> 방략을 품고 계획을 구상하여 신묘한 계산으로 장막 안에서 계책을 마련하고 천리 밖에서 승리를 결정짓는 면은 짐이 장량보

다 못하오. 백성을 위무하고 나라의 재산을 잘 관리하면서 물자를 제때 공급하여 군대를 구제하는 면은 짐이 소하보다 못하오. 백만 대군을 거느리고 싸우면 승리하고 공격하면 이기는 작전과 지휘의 본령은 짐이 한신에 미칠 수 없소. 짐이 비록 이들보다 못하지만 이들이 나를 위해 헌신할 수 있게 했소. 이 점이 바로 짐이 천하를 얻은 원인이오. 그러나 항우는 그 자신의 용맹함은 누구보다 뛰어나지만 범증 한 사람도 수용하지 못했기 때문에 짐에게 패배한 것이오.

유방의 자체 분석에 따르면 항우와의 싸움에서 승리의 관건은 도량과 용인술이었다는 점을 강조했다. 리더의 도량이 넓으면 인재풀도 넓어지기 마련이다. 도량과 용인술은 민심과 연결되어 있고 서로가 상승작용으로 이어지게 만든다. 더 깊이 들여다보면 인재풀이 넓다는 것은 다양성과 이질성을 국가 통치에 반영한다는 의미이다. 국가 통치를 위한 합리적인 의사결정을 위해서는 '똑똑한 한 사람'보다는 다양한 의견을 제시할 여러 명의 인재들이 필요하다. 리더는 참모들의 다양한 의견을 통합하고 합의를 이끌어내는 리더십을 발휘해야 한다. 동서고금을 막론하고 역사가 증명하고 있다. 결국 역사의 승자는 자신과 다른 인간 유형에 대한 관대한 도량과 다양한 생각과 경험을 가진 인재의 등용에 달려있다. 항우와 유방의 리더십 스타일, 그리고 그들이 패권을 놓고 다투던 때에 보여준 의사결정과 행동 들은 현대의 국가나 기업 경영에서도 역지사지로 눈여겨볼 점이 아닐까 싶다.

사마천. (2005). 《사기열전》. 김원중 옮김. 을유문화사.
위리. (2021). 《제왕의 스승 장량》. 김영문 옮김. 더봄.
유재주. (2005). 《초한지》. 랜덤하우스코리아.
정거배. (2015). 〈한나라 고조 유방, 건달이 황제가 되기까지〉. 《목포시민신문》, 8월 4일.

'감자 대왕' 프리드리히 2세

굶주리는 백성이 없어야 한다

어릴 적 생감자를 먹고 혼이 난 적이 있다. 속에 가스가 차 고통스러웠다. 감자에 대한 지식이 부족해서 빚어진 일이다. 감자에는 '솔라닌'이라는 독성 성분이 있다. 영국의 엘리자베스 1세가 감자 보급을 위해 감자 파티를 열었는데 요리사가 감자의 잎과 줄기까지 모두 요리해 버리는 바람에 솔라닌에 중독돼 고생한 일도 있었다고 한다.

감자는 16세기 초 남미 페루에서 유럽에 들어왔다. 초창기에는 거부감이 심했다. 유럽인들은 하느님이 '씨앗으로 번성하는 식물'을 창조했다는 성서의 기록에 따라 씨앗이 아닌 줄기로 자라는 감자를 불길하게 생각했다. 감자가 종교재판을 받고 화형을 당하기도 했다. 겉모습도 흉했다. 오늘날 감자는 개량종이다. 감자의 수난사다.

감자가 진가를 발휘할 때가 왔다. 18세기 전만 해도 유럽은 빈곤, 전쟁, 전염병 등 온갖 재앙으로 인구가 줄었다. 프랑스에 대기근이 들었을 때 루이 16세는 옷의 단추 구멍에 감자꽃을 꽂아 장식했고, 왕비 마리 앙투아네트도 감자꽃을 사람들에게 나누어주거나 감자꽃을 모자에 꽂아 본의 아니게 감자 홍보대사가 되었다. 엉뚱한 사람의 엉뚱한 행동이 역사의 한 페이지를 장식하기도 한다.

유럽 각지로 감자가 보급되면서 사회를 변화시켰다. 인구는 폭발적으로 증가했고 감자가 돼지 사료로 쓰이며 육식 문화도 만들어냈다. 항해사들에도 감자는 매우 중요한 식량이 되었다. 비타민C 결핍으로 생기는 괴혈병을 방지했다. 감자의 유용성은 증명되었지만, 감자에 대한 편견과 잘못된 지식이 수용을 가로막았다. 굶어죽더라도 개도 먹지 않을 감자를 사람이 먹을 수 없었다.

프로이센(지금의 독일)의 계몽 군주 프리드리히 2세(재위 1740-1786)의 감자 보급을 위한 아이디어와 노력은 신선했다. 그는 궁궐 정원에 감자를 심고 삼엄한 경비를 서도록 했다. '감자는 왕과 귀족들만 먹는다'는 소문이 돌게 했다. 실제 감자는 왕의 식단에 매일 올라왔다. 감자가 귀한 몸이 되었다. 왕이 솔선수범하여 감자를 먹기 시작하자 백성들도 더 이상 개도 안 먹는 감자라고 놀릴 수 없었다. 이만하면 사람들은 감자를 먹어보고 싶은 생각을 하게 됐다. 일부러 감자밭 경비를 느슨하게 하면서 감자를 가져가도록 했다.

그렇게 프로이센 전체로 감자가 보급되었고, 오늘날 감자는 독일인의 대표 음식이 되었다. 프리드리히 2세 사후 국민들은 감자 보급으로 부족한 식량 문제를 해결하기 위해 노력한 국왕에게 '감자 대왕'이라는 별명을 붙여주었다. 그 무엇보다 영예로운 호칭이 아닐 수 없다. 그의 무덤에 꽃보다 감자가 더 어울리는 이유다. 동서고금을 막론하고 목민의 근원, 정치의 첫 번째 덕목은 굶주리는 백성이 없게 해야 한다는 것이다. "군주는 국가의 제일의 종이다." 프리드리히 2세의 어록이다.

주경철. (2008). 《대항해 시대》. 서울대학교출판부.

주경철. (2015). 《문화로 읽는 세계사》. 파주: 사계절.

《조선일보》. (2020). 〈굵은 감자 만들려고 따버리는 꽃…6월에 피지만 쉽게 못 본대요〉. 6월 26일.

노블레스 오블리주 ①

유래와 현대적 의미

벨기에 왕위 계승 서열 1위 공주가 군사훈련을 받는 사진과 뉴스가 큰 반향을 일으켰다. 벨기에 왕실의 전통을 따른 것이라고 하지만 왕자도 아닌 공주가 훈련에 참가하는 것은 처음이라고 한다. 공주는 특별대우를 받지 않고 다른 훈련병과 똑같이 진흙탕을 기며 훈련을 받았다. 우리 사회에서 빈번하게 논란과 시비가 일고 있는 사회 지도층의 특혜와 반칙을 생각하면 부러운 뉴스가 아닐 수 없다.

사회적 지위가 높고 영향력이 큰 사람들이 솔선수범하여 도덕적 책무를 실천하는 것을 노블레스 오블리주라고 한다. 이 연원은 영국과 프랑스의 백년전쟁(1337-1453)으로 거슬러 올라간다. 영국의 에드워드 3세는 도버해협에 인접한 칼레를 포위하고 1년 가까이 공격을 퍼부었다. 난공불락의 칼레도 식량이 바닥나 마침내 항복을 선언했다. 1347년 칼레 시민군은 에드워드 3세에게 자비를 구하는 항복 사절단을 보낸다. 솔직히 영국 왕은 그동안 고생한 것을 생각하면 마음 한편에 도시를 쑥대밭으로 만들고 시민들을 몰살시키고 싶었지만 자비를 베풀기로 했다. 영국 왕은 시민들의 생명을 보장하는 조건으로 칼레의 대표 6명이 맨발에 속옷만 걸치고 목에 밧줄을 감은 채 성 밖으로 걸어 나와 성문 열쇠를 바치길 요구했다. 그리고 대표 6명은 교수형에 처하겠다고 했다.

누가 나설 것인가? 칼레에서 가장 부자로 알려진 외스타슈 드 생피에르가 먼저 나섰다. 뒤이어 시장, 법관 등 5명이 동참하겠다고 자원했다. 칼레시에서 가장 높은 지위와 신분을 지닌 노블레스가 솔선수범으로 나선 것이다. 정확히 537년의 시간이 지난 1884년 오귀스트 로댕(1840-1917)은 칼레시로부터 6인의 모습을 형상화한 작품을 만들어달라는 부탁을 받는다. 로댕은 작품을 완성하는 데 10년이 넘게 걸렸다. 칼레 시청 앞에 설치된 작품은 시장통에서 떠나는 6인의 모습을 형상화한 것이다. 조각상을 보면 항복한다는 굴욕감과 비통함, 죽음에 대한 두려움도 느낄 수 있지만 자신들은 처형되지만 시민들의 목숨을 구했다는 안도감 내지는 자긍심도 엿볼 수 있다. 사회 지도층의 솔선수범과 헌신, 즉 노블레스 오블리주가 탄생한 순간이다.

노블레스 오블리주를 강조하는 지도자를 많이 본다. 미국의 케네디 전 대통령은 1961년 1월 20일 취임 연설에서 "많은 것을 받은 사람은 많은 책무가 요구된다"라고 말했다. 이해하기 쉽고 설득력 있는 말이다. 개인이 뛰어난 재능과 능력으로 많은 것을 성취했다고 생각하겠지만 개인의 성공은 공동체의 뒷받침에서 비롯된 것이다. 노블레스 오블리주의 기본 철학은 사회에서 많이 받을수록 더 많은 것을 사회에 환원해야 한다는 것이다. 오바마 전 대통령의 대통령직에 대한 정의다. "대통령이란 지리는 남보다 더 많은 봉사를 할 수 있는 기회의 자리다." 대통령이란 국가 최고의 지위에 올라 온갖 특혜를 누리는 것이 아니라 자기보다 열악한 환경의 사람들을 도와주고 그들이 꿈을 이룰 수 있도록 지원하는 것이다. 멋진 대통령들의 멋진 철학이다. 지위가 높거나 가진 것이 많다고 해서 남들이 존경하는 것은 아닐 것이다. 존경은 남들보다 솔선수범하고 헌신할 때 덤으로 따라오는 것이다. 노블레스 오블리주가 활성화되면 사회 구성원들의 통합은 물론 부의 대물림이니 사회경제적 지위의 재생산이니 하는 말이 줄어들 것이다. 유발 하라리는 《사피엔스》에서 이렇게 말하고 있다. "인간은 권력을 획득하는 데는 매우 능하지만, 권력을 행복으로 전환하는 데는 능하지 않다." 노블레스 오블리주는 권력을 행복으로 전환하는 고귀한 방법이 아닐까 싶다.

예종석. (2006). 《노블레스 오블리주》. 파주: 살림.

노블레스 오블리주 ②

경주 최 부잣집의 경우

노블레스 오블리주의 유사어와 반대어는 무엇일까? 유사어는 리세스 오블리주(Richesse Oblige). 영연방 유대교 최고 지도자 조너선 색스(J. Sachs)가 소개한 용어로 부를 누리는 계급의 사회적 책임을 강조한 것이다. 반대어는 노블레스 말라드(Noblesse Malade). 기득권 세력이 힘을 믿고 각종 부정부패를 저지르는 행위다. 그러나 이 세상에서 필요로 하는 지혜의 대부분은 성경에 있다. 노블레스 오블리주의 원전은 《신약성서》 〈누가복음〉 12장 48절이다. "무릇 많이 받은 자에게는 많이 요구할 것이요, 많이 맡은 자에게는 많이 달라할 것이다." 심플하지만 정곡을 찌른다.

우리나라의 노블레스 오블리주를 대표하는 가문이나 사람은 누구일까? 경주 최 부잣집(경주시 교동 소재)을 꼽는 데 주저할 사람은 없다. 이 가문은 9대 동안 진사를 배출했고, 12대에 걸친 만석꾼이었다. 시조는 최진립(1568-1636). 임진왜란, 정유재란, 병자호란의 조선 3대 국난에 참전한 참전 용사다. 부자 3대 못 간다는 말이 있지만, 이 가문은 무려 300여 년 동안 존경받는 부자였다. 특별한 원칙이 있었다.

최 부잣집은 수신과 제가를 위한 원칙을 정하고 대대로 이를 철저히 지켜냈다. 수신은 육연(六然)이요, 제가는 육훈(六訓)이다. 육연은 최 부잣집 구성원들이 자신을 다스리고 행동하는 6가지 원칙이다. 자처초연(自處超然, 스스로 초연하게 지내고), 대인애연(對人靄然, 남에게는 온화하게 대하며), 무사징연(無事澄然, 일이 없을 때에는 맑게 지내며), 유사감연(有事敢然, 유사시에는 용감하게 대처하고), 득의담연(得意淡然, 뜻을 얻었을 때에는 담담하게 행동하며), 실의태연(失意泰然, 실의에 빠졌을 때에는 태연하게 행동하라).

제가를 위한 육훈은 보다 구체적인 실행 원칙이다(조용헌 2002, 43-48).

① 과거를 보되 진사 이상은 하지 말라.

② 재산은 만 석 이상 모으지 말라.

③ 흉년기에는 남의 논밭을 매입하지 말라.

④ 과객을 후하게 대접하라.

⑤ 사방 100리 안에 굶어 죽는 사람이 없게 하라.

⑥ 최씨 가문 며느리들은 시집온 후 3년 동안 무명옷을 입어라.

과거를 보되 진사 이상은 하지 말라. 진사는 과거의 초시 합격자다. 조선 시대 신분사회에서 양반 신분을 유지하기 위한 최소한도의 자격요건에 해당한다. 소과 진사에 합격하면 성균관 입학자격과 대과 응시 자격을 얻는다. 출세를 위한 교두보를 확보한 셈이다. 반면 시험에 합격했더라도 바로 관직을 제수받는 것은 아니다. 진사는 일종의 양반이라는 사회적 지위에 불과하지만, 진사 시험에 합격했다는 사실은 중요한 의미가 있었다. 기본적으로 양반의 신분을 인정받기 위해서는 4대 내에 관에서 공식적으로 인정하는 품계라도 있어야 했다. 그래서 종9품이라도 품계를 따려면 소과라도 합격해 진사나 생원이 되어야 했다. 그렇지 않으면 양반으로 인정받을 수 없었다.

왜, 최 부잣집은 후손들의 중앙 정계 진출을 금지했을까? 정치의 속성을 잘 알고 있었기 때문이다. 대과에 합격하고 중앙에 진출하여 고위 관직을 맡아 권세를 얻게 되면 자칫 정쟁에 휘말리고 가문과 재산을 지켜내지 못할 것이라는 신념에서였다. 화무십일홍 권불십년. 화근을 경계한 지혜다. 영국 속담에도 '벼슬이 높을수록 감옥이 가까워진다'고 하지 않던가.

재산은 만 석(쌀 80kg 기준으로 약 2만 가마에 해당하며, 보통 만석꾼이라고 하면 곡식 만 섬가량을 수확할 만한 논밭을 가진 대지주를 말함) 이상 모으지 말라. 만 석 이상의 재산은 사회에 환원하는데, 그 방법은 소작료를 낮추는 것이다. 당시 소작료는 대체적으로 수확량의 7-8할 정도를 받는 것이 관례였는데, 최 부잣집은 5할이나 그 이하로 받았다. 오늘날 높은 임대료가 사회

문제가 되는 것을 생각하면 눈여겨볼 대목이다.

흉년기에는 남의 논밭을 매입하지 말라. 흉년에는 쌀 한 말 정도의 헐값에 논 한 마지기를 팔아넘기는 것이 다반사였다. 흰죽 한 끼 얻어먹고 논을 파는 경우도 있었다. '흰죽 논'의 유래다. 최 부잣집은 남의 어려운 처지를 악용하여 부를 축적하는 것을 경계했다. 공정한 거래도 아니고 정의롭지 않다는 생각 때문이었다.

과객을 후하게 대접하라. 1년 소작 수입 3천 석 중 손님 접대에 1천 석, 빈민구제에 1천 석, 집안일에 1천 석을 썼다. 전국에서 워낙 많은 과객들이 찾아왔는데 많게는 100명 정도의 과객이 머물렀다. 본가에서 손님 수용이 어려우면 인근 노비 집으로 분산하여 접대하였다. 접대 기준을 세워 지켰는데 상객은 매끼 과메기(마른 청어 또는 마른 꽁치) 한 마리, 중객은 반 마리, 하객은 4분의 1마리를 접대했다. 집을 떠나는 나그네에게는 과메기 한 손(두 마리)과 하루분의 양식, 그리고 몇 푼의 노자도 챙겨주었다.

사방 100리 안에 굶어 죽는 사람이 없게 하라. 100리는 40km다. 동으로는 경주 동해안 일대, 서로는 영천, 남쪽으로는 울산, 북으로는 포항을 포함한다. 불교의 경전에 나온 "중생이 아픈데 내가 어찌 아프지 않을 수 있겠는가!"를 실천한 것이다. 흉년이 들면 자신의 마을을 중심으로 인근 마을의 빈민을 구제하는 것에는 이해가 가지만, 동서남북의 빈민을 구제한다는 발상과 실행에는 고개가 절로 숙여진다. 국가에서 구휼미를 푸는 것도 아니고 한 가문이 이렇게 한다는 것은 놀랄 일이다.

최씨 가문 며느리들은 시집온 후 3년 동안 무명옷을 입어라. 창고의 열쇠는 남자가 아니라 안방마님이 관리한다. 재산 관리에서 상당한 권한을 여자가 지니고 있었다. 실제 집안 살림을 담당하는 여자들의 절약정신이 중요하다는 점을 강조한 대목이다. 보릿고개 때에는 집안 식구들도 쌀밥을 먹지 못하게 하고, 수저도 은수저는 절대 사용하지 못하게 하였다. 동병상련을 실천하였다.

해방 후 최 부잣집은 교육 사업에 재산을 환원했다. 대구대학(현재의 대구대학교와 다름)을 설립하고 장서 8천 권을 대학에 희사했다. 한국전쟁 후 경주에 피난온 교수들을 중심으로 계림학숙을 설립하고 서울 수복 후에는 대구대학과 계림학숙을 합병하였다. 5·16 쿠데타 후에는 삼성 이병철 회장에게 조건 없이 대학을 인계했다. 이병철은 기업 이미지 제고 차원에서 대학 경영을 계획했고 대학 인수 당시에는 한강 이남에서 최고의 대학을 만들겠다고 약속했다. 약속은 지켜지지 않았다.

1966년 삼성 소유 한국비료공업의 '사카린 밀수 사건'(삼성과 정부가 공모한 정경유착으로 밝혀짐)이 터졌다. 사카린은 설탕보다 300배 단맛을 내는 인공감미료로 1960-1970년대 수요가 많았다. 창사 이래 최대 위기에 처한 삼성은 한국비료공업을 국가에 헌납하고 대구대도 포기했다. 점잖은 표현으로 포기지 실제로는 이병철이 박정희에게 상납하였고 박정희는 강탈했다. 현재 영남대학교는 당시 지역 사립대학이었던 청구대학(박정희

정권의 주요 인사들이 관여하고 있었음)과 이병철이 상납한 대구대학을 합병하여 생긴 대학이다. 영남대학교 설립 주체인 학교법인 영남학원 정관 1조(목적)에는 "설립자 박정희 선생의 창학정신에 입각하여"라는 문구를 명시하고 있다. 경주 교동 최 부잣집은 영남대학교에서 관리하고 있다. 최씨 집안의 고택, 논, 선산이 모두 영남대학교 소유로 넘어가고 말았다. 이해관계에 밝은 장사꾼의 탐욕과 무소불위의 거대 권력을 행사한 국가가 한국판 노블레스 오블리주의 원형을 망가뜨렸다.

지위와 권세가 높을수록 사회적 의무와 책임을 앞장서서 실천하는 노블레스 오블리주의 정신은 공동체를 살 만하게 만들어나가는 사막의 오아시스다. 경주 최 부잣집을 통해 절약, 절제, 배려, 겸손, 희생과 같은 고귀한 인간성을 확인한다. 권력자와 부자들에게 어떻게 행동할 것인가, 어떻게 처신할 것인가를 묻고 있다.

전진문. (2009). 《경주 최 부잣집 300년 부의 비밀》. 민음인.

조용헌. (2002). 《5백 년 내력의 명문가 이야기》. 푸른역사.

최해진. (2007). 《경주 최부자 500년의 신화》. 뿌리깊은나무.

《한겨레》. (2013). 〈경주 최부자집은 박정희에게 어떻게 몰락했나〉. 2월 1일.

노블레스 오블리주 ③

스웨덴 발렌베리 가문의 경우

발렌베리 가문은 스웨덴을 대표하는 금융·기업 가문이다. 160여 년에 걸쳐 5대째 세습 경영을 하고 있다. 우리나라에서는 세습 경영에 대한 국민 정서가 부정적이지만, 발렌베리 가문에서는 세습을 통해 후계자에게 경영을 맡긴다. 오늘날 발렌베리 가문의 초석을 놓은 사람은 창업자 앙드레 오스카 발렌베리(André Oscar Wallenberg)다. 이 가문에서는 1856년 스웨덴 최초의 근대적인 상업은행을 설립하고 우리나라에서도 익히 알려진 통신장비업체 에릭슨, 발전설비업체 ABB, 가전업체 일렉트로룩스 등 산하에 100여 개가 넘는 계열사를 거느리고 있다. 발렌베리 그룹은 스웨덴 GDP의 30%(2010년 기준, 발렌베리 그룹의 세계시장 매출 규모가 스웨덴 GDP의 30% 정도라고 평가하기도 함), 종업원 수는 스웨덴 인구의 4.5%(2009년 기준)를 차지할 정도로 스웨덴 사회와 경제에 절대적인 영향력을 행사하고 있다.

발렌베리 가문의 구성원들이 시대 환경의 변화 속에서도 완벽하게 처신한 것은 아니었다. 전체 가문을 놓고 볼 때 역사적·사회적으로 옳은 일을 했을 때도 있었지만 그렇지 않은 경우도 있었다. 이 가문의 라울 발렌베리는 외교관으로 제2차 세계대전 중 수천 명의 유대인을 홀로코스트에서 구한 것으로 알려져 있다. 반면 야콥 발렌베리는 나치에 협력한 혐의로 비난을 받기도 한다. 사회를 위해 기여를 많이 했지만 친일 행적으로 그 빛이 바래는 우리나라 명사들과 유사한 상황이다.

이 가문의 경영 철학은 기업 소유는 특권이 아닌 사회에 대한 책임이라고 생각한다는 것이다. 기업가는 이윤을 창출하고 부를 축적하면서 누리는 특권층이 아니라 사회로부터 책임을 부여받았다는 경영 철학은 이 가문이 경영과 사회적 책임과 관련하여 어떻게 행동할 것인가를 예측하게 하는 지렛대다. 발렌베리 그룹 산하 기업들은 노조 대표를 이사회에 의무적으로 중용해 경영 참여를 유도한다. 노동자를 동등한 경영 파트너로 인정하면서 회사에 대한 주인 의식을 높이고 상생경영을 한다는 취지에서다. 우리나라 삼성은 이 가문의 기업을 롤 모델로 삼고 경영자들 간에 오랫동안 인간적인 친분을 맺고 있는 것으로 알려져 있다. 오늘날 삼성은 기업의 가치는 세계 일류지만 지배구조, 노사 문제 등을 생각하면 이 가문의 '착한 경영'에 비교할 바가 아닌 것 같다.

발렌베리 가문이 추구하는 또 다른 대원칙은 '생활은 평민처럼, 기부는 귀족처럼'이다. 스웨덴 최고의 부자지만 남들처럼 평범한 생활을 하면서 사회를 위한 기부에는 귀족처럼 하겠다는 발상이다. 아무리 성공한 명문가라도 사회의 한 구성원에 불과하다는 철학을 가지고 성공한 만큼 사회에 환원해야 한다는 원칙을 지키고 있다. 자기를 낮추고 사회를 위해 섬김 리더십을 발휘할 때 '좋은 기업을 넘어 위대한 기업'으로 도약하게 된다. 이 가문도 경주 최 부잣집과 같이 구체적인 실행 원칙을 정하고 대대로 실천에 옮기고 있다. 가문의 후계자 자격 조건에 눈이 가는 이유다.

후계자의 자격은 크게 네 가지다. 첫 번째는 부모의 도움 없이 대학을 졸업하고 해외 유학을 마쳐야 한다. 두 번째는 외국어를 중시한다. 영어는 기본이고 몇 개의 외국어를 능숙하게 구사할 것을 요구한다. 언어장벽이 존재할 경우, 원활한 경영이 쉽지 않기 때문이다. 세 번째 자격 요건이 특별하다. 해군 장교로 복무해야 한다는 것이다. 창업자인 앙드레 오스카 발렌베리도 해군 장교 출신이었다. 군대에서는 리더십을 기를 수 있고 해군 특성상 다양한 해외 경험을 할 수 있다는 장점이 있기 때문이다. 마지막으로 부모의 도움 없이 세계적인 금융 중심지에 진출해서 국제금융과 산업의 흐름을 익히고 폭넓은 네트워크를 쌓는 것이다.

후계자에게 요구하는 자격 기준은 엄격하다. 키워드는 독립심, 규율, 커뮤니케이션 능력, 사회 참여, 사회 경험, 리더십, 국가관, 국제 감각, 균형 감각, 성과다. 후계자의 자격 기준이 곧 발렌베리 그룹이 지향하는 기업 가치관으로 연결된다. '집에서 새는 바가지는 밖에서도 샌다'는 격언이 있다. 가문이 추구하는 원칙을 지켜나가기 위해서는 집 바가지가 새지 않도록 해야 한다. 가문에서 발생하는 형제간의 불화나 상속 문제, 기업 내부의 회계처리 문제 등은 기업의 가치를 떨어뜨리고 경쟁력을 약화시킨다. 발렌베리 가문은 내부에서의 혹독한 훈련을 통해 인격적으로 성숙하고 균형 잡힌 사고와 의사결정 능력을 구비한 최고 경영자(CEO)를 요구한다.

이런 원칙에 따른 후계자 평가는 10년 넘게 걸리며, 견제와 균형을 위해 두 명을 뽑는다. 선발된 두 명은 차례대로 산하 회사들의 경영진으로 참여하며 경영 수업을 받다가 최종적으로는 그룹의 지주회사인 인베스터 AB, 그룹의 모태인 SEB의 CEO 직책을 교대로 수행한다. 한쪽은 제조업, 한쪽은 금융을 맡는 투톱 경영 체제다. 어느 한쪽의 독단적인 의사 결정으로 그룹 전체가 위기에 처하는 것을 예방하기 위한 조치다. 재단과 그룹 경영자는 급여만을 받는다. 이들은 세계 1000대 부자, 스웨덴 100대 부자 명단에 끼지도 못한다. 천문학적인 스톡옵션이나 상여금이 없다. '존재하되, 드러내지 않는다'는 격언을 실천하는 것이다.

스웨덴은 20세기 초 극심한 노사 갈등과 파업 등 사회적 갈등과 혼란을 경험했다. 결국 노사정의 대타협(1938년 살트셰바덴협약)을 통해 노조는 경영자들의 지배권을 보장하고, 기업은 일자리 제공과 기술 투자에 힘쓰며 기업 이익금의 85%를 사회

보장 재원으로 내놓기로 했다. 노사가 합의를 통해 문제를 해결하는 전통을 만들었다. 발렌베리 그룹도 이 약속을 지키고 있다. 우리나라도 노사정 타협 기구가 있다. 갈등 없는 사회가 어디 있겠는가? 노사정의 입장은 각각 다를 수 있을 것이다. 그래서 대타협이 필요하다. 끊임없이 대화하고 토론하는 과정을 통해 합리적인 노사 타협의 문화를 만들어야 한다. 한번 대타협에 도달하면 반드시 지켜져야 한다. 정권의 부침에 따라 손바닥을 뒤집는 것처럼 약속을 저버리는 것은 상생(相生)이 아니라 상망(相亡)에 이르는 길이다. 시간이 걸리더라도 각 주체들이 큰 그림을 그려야 한다. 발렌베리 가문의 경영 철학과 방식은 우리나라 기업이 지향했으면 하는 롤 모델을 제시하는 것 같다.

스웨덴 발렌베리 가문에서 경영하는 통신장비업체 에릭슨은 우리나라와 오래전부터 관계가 있다. 19세기 말 조선 왕실에서 사용한 전화기는 에릭슨이 만든 자석식 전화였다. 이 전화기는 어화통(語話筒), 덕률풍(德律風, 텔레폰), 전어기(傳語機) 등으로 불렸다. 인류 문명과 문화의 교류와 이식은 시공간을 초월한다(이병철 2021 참조).

장승규. (2006). 《존경받는 기업 발렌베리家의 신화》. 새로운제안.

이병철. (2021). 〈흔하다고 가치 없나? 스마트폰은 이 시대 국보, 전화 덕분에 목숨 건진 백범〉. 《중앙일보》, 6월 2일.

《한겨레》. (2013). 〈'노사 타협·좌우 상생' 전통…신뢰 바탕 변화 모색〉. 7월 1일.

노블레스 오블리주 ④

사회 지도층의 참전, 의병

노블레스 오블리주는 국가 또는 공동체가 국난의 위기에 처했을 때 더 빛이 난다. 국난의 대표적인 케이스는 전쟁일 것이다. 우리나라는 얼마나 많은 외침을 당했던가? 그때마다 사회 지도층이 분연히 떨쳐 일어나 국난을 극복하고 나라를 구하는 데 목숨을 바쳤다. 인류사에서 우리나라만큼 외세의 침략과 핍박에 맞서 거병한 의병의 숫자(인구 대비)가 많은 곳도 드물 것이다. 불의를 보고 행동하는 정의로운 마음이 어디 가겠는가? 우리 역사를 존속시키는 원동력은 절체절명의 순간 나라를 구하기 위해 목숨을 내던진 의병들의 노블레스 오블리주가 있었기에 가능했다. 역사학자 박은식은 “나라는 멸할 수 있어도 의병은 멸할 수 없다”(이장희 1995 재인용)라고 하지 않았던가.

'의병'의 뜻을 분명히 하자. 여기에서 의병은 '나라가 외침을 받아 위급할 때 의로써 일어나 조정의 명령을 기다리지 않고 종군하여 싸우는 민군(民軍)'을 말한다. 자신의 영달을 추구하기 위해 의병을 빙자하는 경우가 있는데 이른바 '약탈의병'과 '시위의병'은 제외한다. 영국 《데일리 메일》의 한국 특파원이었던 매켄지는 의병을 '정의로운 군대'라고 정의했다(이태룡 2014, 24-25). 의병의 사전적 정의는 '국가가 외침을 받아 위급할 때 국민이 자발적으로 조직하는 자위군'이다.

1592년 임진년에 일어나 7년간 이어진 임진왜란은 단순히 조선과 일본 간의 전쟁이 아니었다. 한중일 삼국 전쟁이었으며 이 전쟁에는 유럽인과 흑인까지도 참전했다. 이 전쟁을 '임진 동아시아 전쟁'이라고 부르는 이유다. 조선은 무기, 병사의 훈련, 전략, 전술, 사기 등 전쟁을 수행하는 데 필요한 모든 면에서 일본군을 상대하기에는 역부족이었다. 전쟁하겠다고 대외적으로 천명하면서 만반의 전쟁 준비를 갖춘 일본군은 부산에 상륙하여 파죽지세로 한양으로 치고 올라왔다. 국왕 선조와 동인·서인 편 나눠 정쟁으로 날 새는 줄 몰랐던 조정의 신료들은 속수무책이었고 의주로 야반도주(몽진)하였다. 성난 백성들은 경복궁에 불을 질렀다. 노비문서를 소각하기 위해 불을 질렀다고 하지만 민심은 궁궐을 태워서라도 화풀이를 하고 싶었을 것이다.

조선군이 맥없이 패배하고 후퇴를 거듭하는 동안 조정에서는 명나라에 구원군을 요청한다. 명나라의 사정도 여의치 않았다. 이때 명나라는 국운이 쇠퇴하여 중앙정부의 통치력이 지방까지 미치지 못했으며 민심 이반도 두드러졌다. 무엇보다 북쪽 만주족의 기세가 사나웠다. 사가(史家)들은 명나라가 조선에 파병하면서 국력이 더 쇠해져 멸망에 이르는 한 가지 요인이 되었다고 주장한다.

개전 초기 조선 정규군은 가을 태풍에 쓰러지는 볏단처럼 존재감이 없었다. 왜란의 관전 포인트는 의병의 거병이었다. 조선 의병들은 1593년 기준 2만 2,600여 명으로 관군의 4분의 1에 해당했다. 조선 팔도에서 들불처럼 일어난 의병을 통솔한 의병장을 나열하기에 지면이 부족할 정도다. 경상도 곽재우, 정인홍, 김면, 호남 김천일, 고경명, 충청도 조헌, 경기도 홍계남, 우성전, 함경도 정문부…

의병장들은 지역 사회의 노블레스이면서 오블리주를 실천했다. 의병장들은 대개 중앙과 지방에서 관료를 지낸 문반 출신이 압도적으로 많았고 무인 출신은 소수였다. 그들은 지방 공직자로서 지역민에게 선정을 베풀고 덕을 쌓았다. 관료가 아니라도 평소 고장에서 덕망이 있어 추앙받는 자들도 의병장이 되었다. 오늘날의 공직자이거나 글을 읽고 시를 읊던 선비들이 칼을 빼들고 떨쳐 일어났다. 어디 문반과 무반뿐이었던가? 조선에서 가장 배척받으면서 온갖 부역을 도맡았던 승려들(평시 승려들은 성곽 축성에 동원되거나 종이를 만들었음)도 거병했다. 의승군(義僧軍)이다. 충청도 영규, 인준, 황해도 의엄, 법정, 강원도 유정, 호남 처영. 나라에서도 승통을 설치하고 본격적으로 의승군을 모집했다. 호국불교다. 승려들의 신임과 존경을 받던 고승 휴정(서산대사)은 의승군을 총지휘하는 도총섭(都

摠攝)의 직책을 제수받았다. 정유재란 종전 후 유정(사명대사)은 조선 대표로 일본으로 건너가 도쿠가와 이에야스와 강화 및 포로 귀환 협상을 벌였다. 그는 일본으로 끌려간 포로 3천여 명을 데려왔다. 누란의 위기에 나라를 위해 몸을 던진 의병은 지위고하, 신분의 귀천이 따로 없었다. 나라가 있고 백성도 있다.

의병장들은 나라가 누란의 위기에 놓인 전쟁에서 노블레스 오블리주를 앞장서 실천한 사람들이다. 신분 계급 사회에서 실력과 덕망을 갖춘 지역 명망가들이 나라를 구하겠다고 나서니 누가 따르지 않겠는가? 누구나 노블레스 오블리주를 실천할 수 있는 것은 아니다. 리더십과 관련된 속담이 있다. "나를 따르라고 말했는데 아무도 뒤따르지 않는다면 그는 단지 산책을 하고 있을 뿐이다." 노블레스 오블리주의 실천가는 평상시 지역사회에서 덕망을 얻어야 한다. 덕승재(德勝才)다. 평소에도 따르는 자가 없는데, 목숨을 내놓는 유사시에는 누가 따르려고 할 것인가?

인간은 누군가의 삶에 영향을 주는 존재다. 노블레스 오블리주가 강조되는 것은 노블레스의 행동 하나하나가 개인과 사회의 본보기가 되고 영향력이 크기 때문이다. 노블레스라고 누구나 오블리주를 실천할 수 있는 것은 아닐 것이다. 절체절명의 국난의 위기에 의병을 일으키고 싶어도 따르는 사람이 없으면 할 수 없는 것이다. 앞에 나선 자는 따르는 자의 마음을 먼저 얻어야 한다. 재승덕(才勝德)보다 덕승재(德勝才)다. 《논어》 〈이인편〉의 "덕불고필유린(德不孤必有隣)", 즉 덕이 있는 자는 외롭지 않으며 반드시 이웃이 있는 법이다. 노블레스 오블리주는 인류 공동체가 밝은 미래로 나아가기 위해 필요한 가치가 되는 이유이다.

김상기. (2019). 《의병전쟁과 의병장》. 파주: 경인문화사.

이태룡. (2014). 《한국 의병사》. 파주: 푸른솔나무.

이장희. 〈의병〉. 한국민족문화백과사전. https://encykorea.aks.ac.kr/Contents/Item/E0043232

노블레스 오블리주 ⑤

사회 지도층의 참전, 서양의 경우

2020년 9월 17일 자 국내 언론에서는 〈6·25 영웅 밴플리트 장군 아들, 북한→중국→러시아서 포로 생활 중 사망〉이라는 제하의 기사를 실었다. 밴 플리트 장군의 외손자 조 맥크리스천 주니어의 증언에 따른 것이다. 새삼 한국전쟁 당시 미 8군 사령관을 지낸 밴 플리트 장군을 떠올리게 된 이유다. 밴 플리트 장군의 아들 밴 플리트 주니어는 한국전쟁에 공군 중위로 참전, B-26 폭격기를 조종하고 폭격 임무를 수행하던 중 1952년 4월 북한 순천 지역에서 적의 포격을 맞고 실종됐다. 장군의 아들이 폭격을 맞고 실종될 수도 있다. 포인트는 아버지 밴 플리트 장군의 대응이다. 참모들의 수색 확대 건의에 장군은 "내 아들을 찾는 것보다 다른 작전이 더 중요하다. 흔들림 없이 작전을 수행하라"라며 수색 작업을 중단시켰다.

서양에서도 노블레스 오블리주는 전쟁에서 발휘되는 경우가 많다. 한국전쟁 당시 미국 참전 용사 중 142명이 장성들의 자제였다. 이들 중 35명이 전사하거나 부상당했다. 드와이트 아이젠하워 대통령의 아들 존 아이젠하워 소령도 참전했다. 일화가 있다. 존은 1952년 공화당 대선후보로 지명된 부친에게 한국전 참전의 뜻을 전했다. 아버지는 참전 조건을 내걸었다. "적들에게 이용될 수 있으니 절대로 포로가 돼서는 안 된다." 아들은 "포로로 잡히느니 차라리 자결하겠다"라고 했다. 부전자전, 그 아버지에 그 아들이다. 이후 미국에서는 현직 대통령과 부통령 자녀의 참전을 금지하는 규정을 만들었다. 부러운 일이다. 한쪽은 참전하려 애를 쓰고 다른 한쪽에서는 이를 막으려 규정까지 만드니 말이다.

노블레스 오블리주를 실천한 참전 용사 중 미국의 존 시드니 매케인 3세(1936-2018)를 빼놓을 수 없다. 그의 조부와 부친은 4성 장군 부자로 둘 다 해군 제독을 역임했다. 우리들이 알고 있는 정치인 매케인은 매케인 3세로서 해군사관학교를 졸업하고 항공모함에서 전투기 조종사로 베트남전쟁에 참전했다. 1967년 10월 작전 도중 격추되어 5년 6개월 만에 석방됐다. 그가 장군의 아들로 참전하고 포로 생활을 한 자체가 감명을 주는 것은 아니다. 포인트는 아버지와 아들의 신념과 행동이었다. 1968년 7월 아버지 존 매케인 주니어가 해군 제독으로 태평양 사령관이 되었을 때 월맹군이 아들의 석방을 제안하였다. 아버지는 "다른 많은 미군들이 잡혀있다"라며 단호히 거부했다. 아들 매케인 3세도 조기 석방을 제안받았지만 '먼저 들어온 사람이 먼저 나간다'는 군인 수칙을 지켰다. 역시 부전자전이다. 아들을 걱정하는 아버지나 포로 생활 중 실제 고문과 구타를 당한 아들의 쉽지 않은 결정이다.

프랑스의 랄프 몽클라르(1892-1964) 장군은 계급을 낮추면서까지 한국전쟁에 참전했다. 장군은 제1, 2차 세계대전의 영웅으로 한국전쟁 발발 직전 프랑스 외인부대를 지휘한 중장이었다. 프랑스 정부가 한국전쟁에 대대급 부대를 파병하기로 결정하자 몽클라르 중장은 참전을 위해 자청해서 네 단계 낮은 중령 계급장을 달았다. 무엇이 장군으로 하여금 스스로 계급까지 낮춰가면서 참전을 결정하게 했을까? 몽클라르 장군은 양차 세계대전에서 스물일곱 번이나 부상을 입은 가운데 가슴에 바윗돌처럼 단단하게 자리 잡은 민주주의와 자유를 지키려는 신념 외에는 달리 설명할 길이 없을 것 같다(손진석 2021 참조).

외국의 명문 학교일수록 교내 건물 벽에 전사한 졸업생 명단을 새긴다. 영국의 이튼스쿨 건물에는 제1, 2차 세계대전에 참전해 목숨을 잃은 졸업생 2천여 명의 명단이 새겨져 있다. 이 학교는 역대 영국 총리 19명을 배출한 학교라는 것보다는 국가를 위해 목숨을 바친 참전 용사가 있다는 사실을 더 자랑스럽게 여긴다. 1982년 포클랜드섬을 놓고 영국은 아르헨티나와 전쟁을 시작했는데, 왕위 계승 서열 2위 앤드루 왕자가 전투기 조종사로 참전했다.

사실 노블레스 오블리주의 원조는 고대 로마다. 로마는 귀족

등 사회 지도층의 솔선수범과 희생이 없었다면 500년의 역사를 지탱하지 못했을 것이다. 로마가 한니발의 카르타고와 벌인 제2차 포에니전쟁에서만 사망한 집정관 수가 13명에 달했다. 집정관은 국가 최고 지도자다.

통계에 따르면 우리나라 재벌가 자녀의 군 면제율은 30%가량이다. 어떤 가문은 60-70%에 달한다. 정부 고위직, 언론사 간부, 국회의원 등 사회 지도층 자녀의 군 면제율도 국민 평균 군 면제율보다 높다. 2020년 병무청 발표에 따르면 대한민국 일반 국민 병역 면제율은 24.1%다. 우리 사회의 불공정과 불평등을 단적으로 말해준다. 병역 면제 사유는 질병, 외국 국적 취득, 장기 유학, 과체중, 수형 등 다양하다. 노블레스 오블리주의 반대어는 노블레스 말라드(Noblesse Malade)다. 기득권 세력이 힘을 믿고 각종 부정부패를 저지르는 행위다. 사회 지도층의 노블레스 오블리주가 아니라 특권을 악용하는 도덕적 타락이다. 코로나19보다 더 무서운 전염병이다. 공동체를 분열시키고 좌초시키는 바이러스다. 국방의 의무가 신성하다고 했던가? 목숨의 소중함은 왕후장상이 따로 없다. 참전을 막기 위해 규정까지 만드는 나라를 떠올리는 이유다.

《경향신문》. (2013). 〈한국전 참전한 아이젠하워 아들 존 아이젠하워 사망〉. 12월 23일.

《세계일보》. (2018). 〈매케인·최민정으로 본 '노블리스 오블리주'와 '노블리스 말라드'〉. 9월 3일.

손진석. (2021). 〈"내 아버지, 6·25 참전하려 더 낮은 계급장 달았다"〉. 《조선일보》. 6월 26일.

다독왕 백곡 김득신

장애를 극복한 인간승리

독서백편의자현(讀書百遍義自見). 글을 여러 번 계속해서 읽으면 뜻이 저절로 드러난다. 남아수독오거서(男兒須讀五車書). 남자는 모름지기 다섯 수레에 실을 만큼의 많은 책을 읽어야 한다. 구서불염백회독 숙독심사자자지(舊書不厭百回讀 熟讀深思子自知). 묵은 글을 싫증 내지 않고 일백 번을 읽은 후, 숙독하고 깊이 생각하면 스스로 알게 된다. 공통점은 다독이다. 글을 많이 읽으면 스스로 그 이치를 깨닫게 된다는 뜻이다.

김득신(1604-1684)은 어린 시절 천연두를 앓아 10살이 돼서야 글공부를 시작했다. 후유증으로 발달이 느리고 아둔했다. 그가 살았던 시대의 양반가에서는 조기교육이 일반적이었다고 한다. 양반집 자녀는 5살쯤 되면 사서삼경에 입문하는 경우가 허다했다. 조선인들은 조기교육에 대한 분명한 철학을 갖고 있었다. "어릴 적에 배우고 익히도록 한 것은 배움은 지혜와 함께 자라고, 교화는 마음과 함께 이뤄지게 해서 그 배운 것과 실천이 서로 어그러져 감당하지 못하게 되는 근심을 없게 하고자 해서이다"(윤호창 2019, 25). 어렸을 적부터 배움이 지혜로 상승작용을 하고 배움이 실천으로 이어지도록 하는 것이다. 아는 것과 행하는 것이 서로 연결되도록 했다. 지행합일의 교육철학을 엿볼 수 있는 대목이다.

김득신의 아버지는 김치(金緻)다. 김치의 아버지는 임진왜란에서 진주대첩의 신화를 쓴 김시민 장군이다. 김득신은 김시민의 손자다. 조선 후기 화가 김득신(金得臣, 1754-1822)과는 동명이인이다. 아버지 김치는 아들에게 용기를 북돋아 주었다. "학문의 성취가 늦어도 성공할 수 있다. 읽고 또 읽으면 대문장가가 될 수 있다"(오윤주 2019 재인용). 김득신은 이해가 느린 약점을 다독으로 극복했다. 58세에 급제했다. 당대 최고의 문장가로 시인으로 이름을 올렸다. 그는 〈독수기(讀數記)〉를 남겼다. 고문을 읽은 횟수의 기록이다. 만 번 이하로 읽은 것은 아예 싣지 않았고, 그 이상 읽은 것만 기록했다. 공전절후(空前絶後) 전무후무(前無後無). 정약용은 백곡의 다독을 이렇게 평가했다. "글자가 생겨난 이후로 상하 수천 년과 종횡 3만 리를 통틀어 독서에 부지런하고 뛰어난 이로는 당연히 백곡을 제일로 삼아야 할 것이다"(최효찬 2010 재인용).

그가 남긴 〈독수기〉를 보자. "〈백이전〉은 1억 1만 3천 번, 〈노자전〉, 〈분왕〉, 〈벽력금〉, 〈주책〉, 〈능허대기〉, 〈의금장〉,

〈보망장〉은 2만 번, 〈제책〉, 〈귀신장〉, 〈목가산기〉, 〈제구양문〉, 〈중용서〉는 1만 8천 번… 《장자》, 《사기》, 《대학》《중용》은 많이 읽지 않은 것은 아니나, 읽은 횟수가 만 번에 이르지 못했기 때문에 〈독수기〉에는 싣지 않았다. 만약 훗날 자손들이 나의 〈독수기〉를 보게 되면, 내가 책 읽기를 게을리하지 않았음을 알 것이다"(김득신 2014, 123-124). 〈독수기〉에 등재되기 위한 기본 조건은 만 번 독서를 하는 것이다. 만편독수(萬遍讀數). 그의 서재 이름도 억만재(億萬齋)다.

백곡의 독서 방법은 초독(抄讀)이다. 전편이 아닌 일부를 발췌하여 집중적으로 읽었다. 문장을 선별하고 요약하여 만 번 이상을 읽었다(김득신 2014, 273).

> 대저 배우는 사람은 책이 많아도 반드시 훌륭한 곳과 요점에 대하여 그 중요한 뜻을 요약해야, 바야흐로 아름다운 맛을 느껴 생각이 심원해지고, (…) 그렇게 하지 않고 한갓 전편, 대작에만 내달리면 층층의 봉우리와 겹친 산 같아 응접에 틈이 없고, 많기도 많아 그 한계가 다함이 없을 것이다.

충북 증평군은 '독서왕 김득신 문학관'을 건립하여 그의 초인적인 노력을 기리고 있다. 백곡은 위대한 평생학습자요, 대기만성의 본보기다.

김득신. (2014). 《백곡 김득신의 산문》. 신범식 옮김. 파주: 조율.

오윤주. (2019). 〈충북 중앙도서관은 왜 '백곡 도서관'이 되지 못했나?〉. 《한겨레》, 2월 4일.

최효찬. (2010). 〈'위대한 바보'에게 배우는 승리의 기술〉. 《한경비지니스》, 10월 15일.

대통령의 권위

오소리(吾小利) vs. **오대리**(吾大利)

'권위'는 영어로 'authority'다. 복수 'authorities'라고 하면 '합당한 권위를 가진 (정부) 당국'이 된다. '권위주의' 또는 '권위주의자'라고 할 때의 'authoritarian'은 억압적·부정적 가치를 대표하는 인물 또는 제도를 말한다. 그것은 정당한 권위의 뒷받침 없이 권력을 행사하는 것을 뜻한다.

고려대학교 정문에서 홍릉 쪽으로 가다 보면 오소리(吾小利) 순대 식당이 있었다. 오소리는 '식당 주인이 이익을 적게 취한다'는 의미다. 식당 이름에 주인의 경영 철학이 녹아있다. 음식 맛도 좋고 가격도 적당했다. 요즘말로 가성비가 좋았다. 오소리! 어디서 많이 들어본 소리다. 맞다! 'authority'. 한글로 표현하면 '오소리티'다. 묘하게도 권위를 나타내는 오소리티와 식당 간판 오소리가 하모니를 이룬다.

권위란 어떤 사람이 가질 수 있는가? '오소리' 하는 사람이 가질 수 있다. 상사가 부하보다 적게 이익을 취한다. 가진 자가 덜 가진 자보다 이익을 덜 취한다. 사회적 지위가 높은 사람이 그렇지 않은 사람보다 이익을 적게 취한다. 그러면 그들은 권위를 갖게 될 것이다. '오대리(吾大利)' 하는 사람도 있다. 부하보다, 덜 가진 자보다, 사회적 지위가 높지 않은 사람보다 더 많은 이익을 취하는 사람이다. 부자로 살면서 높은 사회적 지위에 올라가고 더 많이 가질지 몰라도 권위는 바닥일 것이다.

권위와 권위주의는 늘 경계에 있다. 권위주의자는 세 가지 특성이 있다(홍사중 1998, 38-39).

① 인습과 관례, 전통에 얽매여 자신들이 지켜오고 믿어온 것에 전혀 의심을 품지 않고, 오히려 그런 인습을 남에게까지 강요한다.

② 자기보다 힘 있는 사람에게는 복종하고 자기보다 약한 사람은 업신여긴다. 어느 사회든 집단이든 힘이 있다면 무조건 그의 권위를 인정하고, 그 권위를 무조건 따른다.

③ 자기가 믿는 권위를 따르지 않는 사람을 그냥 놔두려 하지 않는다. 모든 것을 지배와 복종, 강자와 약자, 지도자와 복종자로 갈라서 생각한다.

2020년 11월 미국 대선에서 바이든 후보가 승리했다. 트럼프는 끝까지 인정도 승복도 하지 않았다. 자신이 2016년 당선되었을 때는 민주당 대통령 후보 힐러리로부터 축하 전화를 받았다. 하루 만에 오바마 대통령의 백악관 초청도 받았다. 하지만 본인이 패배하자 증거도 제시하지 않으면서 지지자들에게 불법선거라고 부추기고 선동했다. 분열과 선동의 대가다. 무슨 일이든 자신이 의도한 대로 되지 않으면 직성이 풀리지 않는 모양이다. 대통령이 거짓과 위선의 아이콘이 됐다.

현직 대통령이 선거에 지면 인계인수가 원활히 이루어지도록 지원하고, 마무리를 하는 것이 상식이다. 트럼프라는 사람은 도대체 알 수가 없다. 일흔넷 연배에 전혀 어울리지 않은 처신이다. 이럴 때 나이를 헛먹었다고 말한다. 그의 내면을 지배하는 가치는 무엇일까 궁금하다. 자기를 따르지 않은 인사들에 대해 보복인사를 단행했다. 한심하고 치사하다. 이런 인사가 대통령을 4년 더 했으면 얼마나 끔찍할까 싶다. 대통령의 권위는 없고 전형적인 권위주의자의 모습을 본다. 언론에서는 권력을 잃은 대통령을 큰 망치를 들고 도자기를 깨는 악동으로 비유했다(조종엽 2020 참조).

대통령이란 지위 자체는 헌법에 보장된 합법적 권위를 가진다. 문제는 이 합법적 권위를 어떻게 행사하고 관리하느냐다. 아이젠하워는 제2차 세계대전의 영웅이다. 그 영웅이 미국 대통령(재임 1953-1961)이 되어 행사한 권위의 행태를 보자. 하찮은 것에 목숨을 걸어 명예를 잃고 대통령의 권위를 실추시킨 일화가 아닐까 싶다(홍사중 1998, 31-32).

대통령이 파리의 미국 대사관저에 묵고 있었을 때였다. 장관 수행원이 잠옷 차림의 대통령의 흥분한 목소리를 들었다. "도대체 댈러스는 어디 있는 거야?" 그는 대통령이 급한 용무로 장관을 찾는 줄 알았다. 대통령은 관저 이곳저곳을 뒤지며 "대사는 도대체 어디에 시바스 리갈을 넣어두지?" 하고 묻는 것이었다. 이때부터 그 수행원은 어떤 인물도 존경하지 않게 됐다고 한다.

믿고 싶지 않은 안타까운 예화다. 권력자가 권위라는 탑을 쌓기는 어렵지만 무너트리는 것은 순식간이다. 자신에게 맞는 옷이 있듯이 자리도 마찬가지다. 일국의 대통령 자리는 어떻겠는가? 대통령이 '오소리' 하면 '오소리티'가 생기고 국민의 존경을 한 몸에 받는다. 나라는 안정되고 국민들은 화합한다. 대통령이 '오대리' 하면 명예는 잃고 존경받지 못할 것이다. 국민들은 서로 반목·질시하고 하나라도 더 많은 것을 취하려고 할 것이나. 유권자가 지도자를 잘 뽑아야 하고, 뽑힌 지도자는 주어진 권위를 잘 행사해야 하는 이유이다.

홍사중. (1998). 《리더와 보스》. 사계절.
조종엽. (2020). 〈"권력 잃은 트럼프, 대형 망치 든 도자기 가게 악동처럼…" '몽니' 우려〉. 《동아일보》, 11월 9일.

부러운 사제 ①

공자와 맹자

사람은 홀로 성장할 수 없다. 누군가로부터 유무형의 영향을 받지 않는 사람이 없을 것이다. 서로가 서로에게 영향을 주고받는 가운데 성장해 나간다. 동물과 다른 인간만이 가진 특성이다. 스승이란 누군가의 삶에 영향을 주는 존재다. 한자 사람 인(人)의 모양도 서로가 등을 기대고 있는 모양이다.

이 세상에는 부러운 사제관계가 많다. 부러운 사제의 첫 모델로 공자와 맹자를 손꼽는 데 망설임이 없다. 공자와 맹자의 첫 글자를 따 공맹이라고 부르지 않던가. 공자 역시 맹자의 얼굴을 모르고 제자로 맞이한 적도 없지만 싫지 않았을 것이다.

공자(B.C. 551-B.C. 479)는 유가 원리를 창시한 사상가, 정치가지만 누구보다 위대한 교육자이다. 공자만큼 인간의 본질과 본성을 깊이 연구한 인물도 드물다. 그는 유가 원리에 따라 이 세상을 바로잡고 사람들을 교화하려고 노력했다.

공자는 인류의 정신문화의 꽃을 피우는 데 크게 기여한 공로를 인정받아 예수, 석가모니와 함께 세계 3대 성인 중 한 분으로 추앙받고 있다. 불후의 역사서 《사기》를 완성한 사마천은 제후가 아니었던 공자를 〈공자세가〉로 편성해 제후의 반열에 올려놓았다. 사마천은 공자를 이렇게 평가했다. "높은 산처럼 사람들로 하여금 우러러보게 하고, 큰길처럼 사람으로 하여금 따라가게 한다." 공자는 인류의 스승이요, 사표이다.

공자는 수천의 문하생을 두었다. 그들은 공자 생전에는 학문을 논하고 생사고락을 함께했다. 공자 사후에는 스승의 유업을 계승하여 학문에 정진하는가 하면 현실 정치에도 참여했다. 자칭 세자 맹자는 특이한 케이스다. 스승 공자를 직접 보지도 않고 사숙했지만 그의 사상을 계승하고 발전시키는 데 일생을 바쳤다.

맹자(B.C. 372?-B.C. 289?)는 공자 사후 약 107년 뒤에 태어났다. 공자 사후에 유가는 침체를 겪었다. 춘추전국시대였다. 춘추전국시대는 주나라가 수도를 낙읍(지금의 뤄양)으로 천도한 기원전 770년부터 진(秦)나라가 중국을 통일한 기원전 221년까지를 말한다. 고대 중국의 대변혁기였다. 춘추시대와 전국시대는 어떻게 구분할까? 춘추시대와 전국시대는 한·위·조나라가 진(晉)나라를 삼분해서 독립한 기원전 403년을 경계로 한다. 쉽게 구분하면 공자가 《춘추》에서 주로 다룬 시기를 '춘추시대'라고 하고, 《춘추》 이후의 시기를 '전국시대'라고 한다. 공자는 춘추시대 사람이고 맹자는 전국시대 사람이다.

공자와 맹자 사이에는 1세기가 넘는 시차가 있다. 스승에게 직접 배우지 않고 스승의 사상과 학문을 흠모했다. 사숙(私淑). 맹자는 공자와는 일면식도 없었지만, 공자를 본(本)으로 삼고 배우면서 그의 사상을 실천하고 발전시켰다. 맹자는 공자의 손자로 《중용》을 집필한 공급[자는 자사(子思)] 계열의 유가 문파에서 체계적인 유가 교육을 받았다. 공자가 창시한 유가 학파의 계승자로 자부해도 문제없다.

맹자는 과묵한 성격의 소유자였다. 스승 공자의 사상과 업적에 흠집을 내려는 논객들에게는 싸움닭이었다. 공자 생전에는 유가와 도가가 주류 사상이었다면 사후에는 제자백가의 백가쟁명 시대가 도래했다. 180여 종의 사상이 난무했다. 세상은 그만큼 혼란·혼탁했다. 유가의 사상이 검증대에 올랐고 집중적인 공격의 대상이 되었다. 숱한 공격을 막아낸 사람이 맹자였다. 대표적인 상대 논객은 묵가와 양주였다. 묵가는 유가에서 파생했고, 양주는 도가에서 파생되었다. 맹자가 아니었다면 오늘의 유가는 논객들의 공격에 묻혀 그저 하나의 주장에 불과했을지도 모른다.

맹자는 스승 공자의 사상과 학문을 체계적으로 발전시켰다. 특히 유가를 폄하하거나 비난하는 제자백가와의 치열한 논쟁을 통해 자신의 사상을 정교하게 다듬었다. 맹자의 성선설(性善說), 사단칠정(四端七情), 무항산무항심(無恒産無恒心), 호연지기(浩然之氣)는 유가의 핵심적인 어젠다가 되었다. 맹자의 어젠다는 유가의 이론이 현실과 괴리된 이론에 불과하다는 비판을 잠재웠다. 특히 '무항산무항심'은 유교적 자본주의 이론의 뿌리가 되었다. 맹자는 2,300여 년 전 현대 자본주의의 핵심을 꿰뚫어보았다. 막스 베버가 기독교 윤리와 자본주의를 조합하여 서구 자본주의를 꽃피운 사상적 씨앗을 뿌렸지만 맹자의 사상은 이보다 훨씬 앞섰다.

유가의 핵심 원리는 수기치인(修己治人)이다. 자기 수양이 먼저이다. '수기치인'이 새라면 공자의 제자들은 이 새에 양 날개를 달았다. 맹자는 '수기'의 날개를 달았고, 순자는 '치인'의 날개를 달았다. 청출어람이다. 양 날개를 단 유가는 동양의 중심 사상이 되었다. 최인호는 《소설 맹자》에서 공자를 서양철학의 소크라테스에 비유한다면, 맹자는 이상주의자인 플라톤, 순자는 현실주의자인 아리스토텔레스에 비길 만한 성격의 쌍두마차로 평가했다(최인호 2012, 245 참조). 제자가 스승의 이론을 발전시켜 큰 명성을 얻는 경우도 있다. 공자와 맹자가 공동으로 노벨상을 수상하는 장면을 상상해 본다. 공자와 같은 스승, 맹자와 같은 제자가 낳았으면 좋겠나.

프랑스의 작가 알베르 카뮈는 스승 장 그르니에의 산문집 《섬》에 바친 헌사에서 이렇게 회고한다. "이 장기간에 걸친 교류는 예속이나 복종을 요구하는 것이 아니라 다만 가장 정신적인 의미에서의 모방을 야기한다. (…) 인간의 역사는 다행히도 증오 못지않게 찬미의 바탕 위에도 건설되는 것이다." 맹자는 공자를 정신적인 차원에서 모방했고 그의 일생을 스승을 찬미하고 닮아가면서 스승의 이론을 진일보시키는 데 바쳤다. "세상에 사람이 생겨난 이래로 공자만큼 위대한 분은 없었다. (…) 내가 원하는 것은 오직 공자를 배우는 것이다"(최인호 2012, 15-49). 사숙의 본보기다.

사마천. (2005). 《사기열전》. 김원중 옮김. 을유문화사.

소준섭. (2011). 《사마천 경제학》. 파주: 서해문집.

송호성. (2020). 《독서의 위안》. 화인북스.

최인호. (2012). 《소설 맹자》. 열림원.

《매일경제》. (2019). 〈장 그르니에(1898~1971)〉. 2월 1일.

《중앙일보》. (2020). 〈권력의 칼집에 권력을 넣어둘 수 있는 역량이 권위를 낳는다〉. 12월 10일.

부러운 사제 ②

추사 김정희와 소치 허련

2020년 1월 추사 김정희(1786-1856)가 제자 이상적(1804-1865)에게 그려준 〈세한도〉가 국립중앙박물관에 기증되었다. 기증자는 손창근이다. 손창근의 아버지는 손세기이다. 손세기는 개성 출신으로 인삼 무역으로 성공한 실업가이다. 기증자의 이타행으로 추사의 작품이 국민의 품으로 돌아왔다. 박수 받아 마땅하다. 〈세한도〉가 국민 품으로 돌아오기까지 과정에 대해서는 〈세한도〉 편에서 설명했다.

추사는 명문가 출신이었다. 증조부 김한신이 영조의 공주와 혼인한 왕실의 인척이었다. 추사의 타고난 재능이 얼마나 비상했는가를 알려주는 이야기가 있다. 예닐곱에 쓴 입춘대길을 대문에 붙여놨는데 이를 보고 북학파의 거두 박제가가 찾아왔다. 이 인연으로 추사는 박제가와 사제의 연을 맺었다. 정조 때 재상을 지낸 채제공 역시 추사의 글씨를 보고 "이 아이는 명필로 세상에 크게 이름을 날리겠지만, 글씨로 큰 어려움에 처할 수 있다"(유홍준 2018, 30 재인용)라고 앞날을 내다보았다.

추사는 서예뿐 아니라 금석 고증학, 경학, 불교, 회화에 뛰어났다. 그가 완성한 독창적인 추사체는 익히 알려져 있지만, 신라 진흥왕 북한산순수비를 고증한 고대사 연구의 선각자라는 사실에 대해서는 잘 알려지지 않았다. 어디 이뿐이던가. 제2차 세계대전 중 일본에서 〈세한도〉를 손재형에게 넘겨준 일본인 후지쓰카 지카시(경성제국대학교 교수)는 추사를 청조학의 일인자로 인정했다. 후지쓰카 지카시의 후손은 선친이 소장한 추사 관련 유품을 과천 추사박물관에 기증했다. 웬만큼 존경하는 마음이 있지 않고서야 대대로 물려받은 유산을 선뜻 내놓겠는가 싶다. 예술의 가치는 국경을 초월한다.

소치 허련(1809-1892)은 전라도 진도 출신의 중인이었다. 소치의 조상 허대는 선조의 장자 임해군의 처조카였다. 임해군이 역모로 몰려 진도로 유배형에 처해졌을 때 진도로 함께 내려와 자리를 잡았다. 자칫 멸문의 화를 당할 뻔했다. 소치는 해남 대흥사의 초의선사의 문하에서 그림 공부를 했다. 초의와 추사는 동갑으로 절친이었다. 초의는 당대 최고의 지식인이며 예술가로 평가받는 추사 밑에서 소치가 그림 공부를 하도록 추천했다.

추사는 계급과 신분에 따라 사람을 차별하지 않았다. 그는 사람의 인품과 재능을 보고 판단했다. 공자의 유교무류(有敎無

類)를 실천했다. 대인의 면모를 갖췄다. 조의가 보낸 추천서를 읽어본 추사는 이렇게 말했다. "아니, 이와 같이 뛰어난 인재와 어찌 손잡고 함께 오지 못하셨소. (…) 즉각 서울로 올려보내도록 하시오"(유홍준 2018, 230 재인용). 추사가 재능을 가진 인재를 얼마나 아끼는가를 잘 나타낸다. 초의와 추사의 인간관계도 보여준다.

소치는 추사 집에서 머물며 그림 공부를 했다. 추사는 주관이 강한 성격의 소유자로 호불호가 분명했다. 조선의 문화와 예술보다 중국의 문화와 예술을 높게 평가했다. 추사의 중국 편향은 후세에 비판의 대상이 되기도 했다. 추사는 젊은 시절 청나라에 사신단으로 다녀왔다. 청나라 학자들과의 교류를 통해 형성된 세계관이 그의 예술 세계에도 커다란 영향을 끼쳤다. 추사는 소치에게 중국 그림을 임모하게 했다. 소치는 매일 한 편의 그림을 그리고 스승으로부터 품평을 받았다.

추사는 소치에게 그림 지도뿐 아니라 당대 이름난 문인, 예술가, 인플루언서를 소개했다. 소치가 화가로서 활동할 인적 네트워크를 제공한 셈이었다. 추사는 허련에게 '소치(小癡)'라는 호를 지어주었다. 조금 어리석다는 뜻이다. 추사는 원나라 화가 황공망(1269-1354)의 호가 '대치(大癡)'인 것에 착안하여 제자의 호를 소치로 지어주었다. 제자가 대치를 닮기를 바라는 마음과 함께 중국의 최고 화가와 비교해도 손색이 없다는 자부심의 표현이었을 것이다.

추사는 병조참판 벼슬에 있다 정치적 사건에 연루되어 제주 유배형을 받았다. 제주에서 햇수로 9년 동안 유배 생활을 했다. 소치는 제주 유배지에 세 번 찾아갔다. 유배지에서도 스승과 제자는 그림으로 마음을 주고받았다. 그곳에서도 스승은 제자를 가르쳤다. 소치는 스승의 예술 세계를 모두 빨아들일 듯 열심히 공부했다. 추사가 누가인가? 추사는 천재성을 바탕으로 피나는 수련과 연찬을 지속했다. 추사는 칠십 평생 벼루 열 개의 밑창을 닳게 하고 붓 일천 자루를 몽당붓으로 만들었다고 한다. 이런 스승 밑에서 공부하는 제자의 노력 역시 가늠하기 어렵다 할 것이다. 유배지에서 추사가 절친 초의에게 보낸 편지의 일부다. 추사와 소치가 교학상장의 멋을 뽐내는 대목이다 (유홍준 2002, 378 재인용).

> 허 소치는 날마다 곁에 있어 고화(古畵) 명첩을 많이 보기 때문에 그런 건지 지난 겨울에 비하면 또 몇 격이 자랐다네. 스님으로 하여금 직접 증명 못하게 된 것이 한이로세. 현재 오백 부처의 진영이 실린 수십 책이 있으니, 스님이 만약 그것을 보면 반드시 크게 욕심을 낼걸세. 허 소치와 더불어 날마다 마주앉아 펴보곤 하니 이 즐거움을 어찌 말로 다하리오.

소치는 스승의 예술 세계를 토대로 자신의 회화 세계를 구축하였다. 남종 문인화가 탄생한 순간이었다. 추사의 〈세한도〉가 유명세를 타다 보니 〈세한도〉의 주인공되는 이상적과 추사와의 인간관계가 부각되었지만, 추사와 소치의 인간관계와 예술 세계 역시 감동적이다. 추사로부터 인적 자원을 물려받은 소치는 추사의 절친이자 영의정을 지낸 권돈인의 집에 머무르며 헌종에게 그림을 바쳐 궁중과도 인연을 맺게 되었다. 소치와 교유한 인사들은 해남 대흥사 초의선사, 해남의 우수사 신관호, 정약용의 아들 정학연, 민승호, 김흥근, 정원용, 흥선대원군 이하응, 민영익 등 당대 대표적인 학자, 예술가, 정치인, 권문세가였다. 정약용의 애제자 황상과도 교유했다. 소치는 스승이 떠나고 없는 한양에 있을 이유가 없었다. 1856년에 진도에 귀향하여 운림산방(雲林山房)을 마련하고 그림에 몰두하였다.

조선 후기 남종 문인화의 종조로 평가받는 소치가 스승을 얼마나 흠모하고 존경의 마음을 가졌는가는 추사 사후에 그의 행적이 말해준다. 소치는 무려 20여 년 동안 추사 기일에 참석했다. 지금처럼 교통이 발달된 시절이 아니었다. 진도에서 출발하면 서울에는 20일, 충남 예산에는 보름이 걸렸다. 이런 스승을 둔 소치가 부럽고, 이런 제자를 둔 추사가 부럽다. 사제의 관계가 시공을 초월하면 진한 우정이 되고 이 우정은 역사를 발전시키는 추동력이 된다.

김봉호. (1992). 《초의선사와 완당 김정희》. 우리출판사.

김상엽. (2004). 《소치 허련》. 학연문화사.

박동춘. (2014). 《추사와 초의》. 파주: 이른아침.

석한남. (2017). 《다산과 추사, 유배를 즐기다》. 시루.

유홍준. (2002). 《완당평전》. 학고재.

유홍준. (2018). 《추사 김정희》. 파주: 창비.

부러운 사제 ③

표암 강세황과 단원 김홍도

표암 강세황(1713-1791)은 태어날 때부터 등에 흰 얼룩무늬가 있었다. 무늬가 표범과 비슷해서 별호를 표암(豹庵)이라 했다. 그의 집안은 부친이 대제학과 예조판서를 지낸 명문가였다. 영조를 축출하고 소현세자의 증손 이탄을 옹립하려 했던 이인좌의 난(1728)에 형 강세윤이 반란군과 내통했다는 누명을 썼다. 역모죄로 가문은 풍비박산이 났다. 과거에 급제해도 관직을 제수받을 수 없었다. 표암은 과거를 포기하고 그림과 글씨로 세월을 달랬다.

마침 경기도 안산에 살던 처남이 함께 살자는 청을 해와 한양에서 안산으로 옮겨갔다. 표암은 곤궁한 살림을 면치 못해 자의반 타의반으로 처남 집에 은거하였지만, 김홍도에게는 큰 행운이었다. 나중에 밝혀졌지만 강세황의 형 강세윤은 난의 주동자 정세윤과 이름이 같아 누명을 썼던 것이다. 재수가 없으면 뒤로 넘어져도 코가 깨진다고 했던가. 엄연히 성이 다른데 이름이 같다고 해서 역적으로 몰렸다. 당시에는 억울해도 그렇게 몰고 가면 어쩔 수 없는 일이었다.

유교를 통치 원리로 삼았던 조선에서는 사대부가 시와 글씨를 쓰는 것은 격에 맞는 행위로 보았지만, 그림을 그리는 것은 터부시했다. 영조는 표암에게 그림 그리는 것을 금지시켰다. "천한 기술 때문에 업신여길 사람이 있을 터이니 다시는 그림 잘 그린다는 말을 하지 말라"(이충렬 2019, 99 재인용). 영조의 말을 전해 들은 표암은 소장하고 있던 그림과 붓을 불태웠다. 신분사회에서는 그 격에 맞는 취미를 가져야 했다.

표암은 김홍도(1745-1806)의 나이 열 살에 그를 제자로 받아들였다. 본래 안산의 김홍도 집안은 무반 출신으로 그림과는 인연이 없었다. 김홍도는 일찍 그림에 재능을 나타냈고 그의 부모도 아들의 교육에 남다른 관심이 있었다. 표암과 김홍도 집은 10리 정도 떨어졌다. 매일 김홍도는 스승 표암의 집으로 가서 그림 공부를 했다. 표암은 자신의 형편도 넉넉지 않았지만 제자를 지도하면서 종이, 붓, 먹, 벼루를 무상으로 제공했다.

표암은 당시 조선 후기의 시·서·화 삼절(三絶)로 이름이 높았다. 자연히 그의 안산 집에는 유명 화가들이 찾았다. 표암은 현재 심사정, 호생관 최북 등 당대 최고의 화가들과 교유했다. 표암은 단원에게 심사정을 소개했다. 초의가 추사 김정희에게 소치 허련을 소개한 모양새와 같다. 김홍도는 스승 표암으로부터 그림의 기본기(畫訣)를 익혔다. 상경하여 심사정을 스승으로 모시고 심화 과정으로 입문했다. 조선 최고의 화가 김홍도를 만든 것은 천부적인 단원의 화재(畵才)와 노력, 그리고 스승 표암과 현재의 가르침이 있었기에 가능했다.

단원과 표암의 인연은 그림만으로 끝나지 않았다. 사제는 공직에서도 함께 근무했다. 표암은 60세 이상이 치르는 과거에 급제하였다. 영조도 억울하게 역모로 누명을 쓴 표암을 위해 배려를 아끼지 않았다. 단원이 30세, 스승 표암이 62세 때 한 직장에서 인연을 이어나갔다. 직장은 왕실 소유의 과일이나 채소 따위를 경작하는 사포서(司圃署)였다. 스승과 제자는 얼마나 겸연쩍었겠는가? 제자는 연로한 스승의 몫까지 일을 도맡아 처리했다. 이런 인연도 드물 것이다.

김홍도는 어용화사(御用畵師, 왕의 초상화를 그리는 화가)를 세 번이나 했다. 대단한 명예가 아닐 수 없다. 한 번 어용화사를 해도 명성과 함께 권세가나 돈 많은 중인들로부터 그림 요청이 끊이지 않아 마음만 먹으면 돈방석에 앉을 수 있었다. 단원은 어용화사라는 명예와 함께 여러 공직에 진출하였고, 이런 경험들이 화가로서 민중과 소통할 수 있는 화제(畵題)로 연결되었다. 28세 때 영조 어진을 그리고 나서 사포서 별제, 31세에 울산 목장 감목관, 36세에 정조 어진을 그리고 나서 동빙고 별제, 38세에 경상도 안동 옆 안기 역참의 찰방, 46세에 장원서 별제, 정조 어진을 그리고 나서 충청도 괴산 옆 연풍현의 현감을 제수받았다. 단원은 지방 고을의 현감부터 왕실에 꽃, 과일, 채소, 얼음을 관리·조달하는 일, 오늘날의 우체국장과 목장의 말 관리까지의 경험을 했다. 다방면의 경험은 단원이 도화서의 전문화가에 머물지 않고 조선 최고의 민중화가로서 입지를 굳히는 계기가 되었다.

스승 표암 강세황이 단원 김홍도에 대해 쓴 〈단원기(檀園記)〉는 스승과 제자의 아름답고 멋진 인간관계를 보여준다. 스승은 제자에 대한 기록을 한 번도 아닌 두 번이나 남겼다. 그만큼 제자를 아꼈고 자랑스럽게 생각했다. 연령과 신분을 뛰어넘은 부러운 사제였다. 망년망위지우(忘年忘位之友)였다. 〈단원기〉에서 스승은 제자와의 관계를 회고하고 제자의 그림과 인품을 평가했다(강세황 2010, 369-372). 부러운 사제가 아닐 수 없다.

> 사포서 관직에 임명되었는데, 때마침 나도 관직에 있어 군과 동료가 되었다. 예전에는 아이로만 보았는데 이제는 같은 반열에 있게 된 것이다. 나는 낮춰 불러 한스럽게 하지 않았고 군도 자기를 낮추고 공손하여 으레 함께 일하는 것을 영광스레 여기었다. 나도 군이 자만하지 않는 것에 감복하기도 하였다.

강세황. (2010). 《표암유고》. 변영섭·조송식·김종진·정은진 옮김. 지식산업사.
오주석. (2006). 《단원 김홍도》. 솔출판사.
유홍준. (2001). 《화인열전 2》. 역사비평사.
유홍준. (2018). 《안목》. 눌와.
이충렬. (2019). 《천년의 화가 김홍도》. 메디치미디어.

부러운 사제 ④

다산 정약용과 치원 황상

다산 정약용은 조선 후기 실학파를 대표하는 지식인, 관료, 저술가로 평가받고 있다. 500여 권의 저서를 남긴 것에서 알 수 있듯이 다독과 다작의 상징이다. 당시 정치 지형은 노론이 정권을 잡고 세도정치를 했다. 정조의 신임을 받은 정약용이었지만 소속 붕당은 남인이었다. 그의 앞날이 순탄치 않을 것임을 예고했다. 당파와 당색에 따라 가문의 성쇠도 개인의 미래도 결정되는 시기였다. 조선판 카스트 제도가 정치, 경제, 사회에 만연했다. 카스트에서 신분과 계급에 맞춰 직업, 결혼, 취미 등이 결정되는 것처럼 조선에서도 당파와 당색이 같은 집안끼리 결혼도 하고 직업도 가질 수가 있었다. 조선 후기는 붕당정치가 극에 달했다.

정약용의 가계는 우리나라 천주교의 보급·전파와 관련하여 중요한 위치를 차지했다. 정약용은 이승훈(처남), 황사영(조카사위), 정약종(형)과 친족관계였다. 서학에 대한 관심이 컸던 정약용도 한때는 천주교 교리에 천착한 천주교 신자였다. 그는 집권세력 노론에겐 눈엣가시와 같은 존재였으며, 그의 과거 천주 교리에 대한 관심과 천주교인들과의 교류, 그리고 집안의 천주교 내력 등으로 유배형을 당하였다.

다산은 강진에서 18년 동안 유배 생활을 했다. 유배 생활 18년이란 숫자가 말해주는 것처럼 정조 이후 다산을 유배지에서 해배(解配)해 줄 정치적 뒷배가 없었다. 줄 떨어진 연이었다. 다산은 강진에서 제2의 인생을 시작했다. 강진과 해남은 다산의 외가와 친인척 있는 지역이라는 점에서 그가 활동하는 데 많은 도움을 주었다. 다행이었다. 행복과 불행 사이에 다행이라는 말이 있다고 하는데 맞는 말이다. 다산의 어머니 윤씨는 고산 윤선도의 5대 손녀였다. 다산은 공재 윤두서의 외증손자였다. 해남 윤씨의 시조 격인 고산 윤선도는 일찍이 해남에 자리 잡은 명문세가로 남인의 영수를 지냈다. 다산은 외가의 후광을 톡톡히 누렸다.

강진에 둥지를 튼 다산은 저술 작업과 함께 지역의 학동들을 제자로 맞아들였다. 이 제자들은 두 부류로 구분된다. 하나는 다산이 처음 강진에 도착하여 은거하였던 주막집의 사의재(思宜齋)에서 가르쳤던 제자이고, 다른 하나는 해남 윤씨 가문의 자손들을 중심으로 한 제자들이었다. 다산은 제자들을 가르치는 데 있어 공자의 유교무류(有敎無類)를 실천했다. “가르치는 데는 계급이 없다." "하늘이 사람을 내릴 때는 귀천을 두지 않았고, 멀고 가깝고의 구분도 두지 않았다."

15세의 황상(1788-1863)은 다산이 강진 유배지에서 만난 첫 번째 제자였다. 황상의 아버지는 관청의 아전이었다. 강진 주막집 골방 사의재에서 사제의 연을 맺었다. 양반이 아니면 과거를 볼 수 없었기 때문에 다산은 황상에게 시를 가르쳤다. 다산의 눈에 황상은 시재가 있었다. 다산은 황상을 무던히 아꼈다. 환경만 갖춰주면 쑥쑥 커나갈 재목이었다고 생각했다. 다산은 흑산도에 유배 중인 형 정약전에게 보낸 편지에서 황상에 대해 이렇게 평했다(석한남 2017, 107 재인용).

> 어떤 아이 하나가 단정한 용모에 마음도 깨끗하고 필재는 상급에 속하며 글 역시 중급 정도의 재질을 가졌는데, 꿇어 앉아서 이학(理學)을 공부하였습니다. 귀족 자제들은 모두 기운이 쇠약하고 대부분 비루하며 책만 덮으면 금방 잊어먹는 정신 상태에다 의지와 취향은 수준 이하에 안주하고 있습니다.

형 정약전이 흑산도에서 보내온 답신이다(정민 2019, 242 재인용).

> 모름지기 이 사람을 더욱 부지런히 가르쳐서 그로 하여금 재주를 이루게 하는 것이 어떻겠는가? 인재가 드물어 지금 세상에서는 이 같은 사람을 기대하기 어려우니, 결단코 천 번 만 번 아끼고 보

살펴주어야 할 것일세. 애석하게 그 신분이 미천하니 이름이 난 뒤에 세도 있는 집안에 핍박을 당하는 바가 될까 염려스럽네.

다산과 정약전이 주고받은 편지를 통해 조선 후기의 사회상을 생각하게 된다. 의식 있는 선각자들이 사람의 재능을 얼마나 소중하게 생각하고, 그 재능을 어떻게 키울 것인가에 대한 고민을 엿볼 수 있다. 덧붙여 조선 후기 신분사회의 폐해가 어느 정도였던지도 짐작해 볼 수 있다. 다산은 제자를 엄하게 지도했다. 황상이 부친을 잃고 낙담하여 방황하던 때였다. 다산은 황상이 집에서 놀고먹고 있다는 소식을 듣고선 '날마다 방에서 잠만 자고 하루에 두 끼를 먹으니 편안하더냐. 아버지가 돌아가신 후 어쩌면 그렇게 윤리와 의리를 저버릴 수가 있느냐. 네 나이가 마땅히 집안일을 주재해야 할 스무 살이 아니더냐' 하고 다그쳤다. 극단적인 표현도 등장했다. '나는 너 같은 인간을 다시 보고 싶지 않구나.' '나는 너에게 과거의 사람이다.' '인연을 그만 끊자.' 황상이 신혼 재미에 빠져있을 때는 '당장 짐을 싸라. 절에 가서 공부하고 매일 시 한 수를 지어 보내라'는 엄명을 내렸다.

다산의 엄한 지도를 받은 황상의 시는 스승뿐 아니라 조선의 지식인들을 놀라게 했다. 이 지식인 그룹에는 추사 김정희도 포함되었다. 다산은 제자의 원석을 찾아내어 반짝이는 보석으로 만들었다. 황상의 호는 치원(巵園)이다. 치원은 치자동산이다. 치자를 좋아하는 황상에게 스승이 지어준 호다. 치자는 꽃 중에서 가장 귀한 꽃이며 네 가지 이점이 있다고 한다. "꽃 색깔이 희고 기름지며, 꽃향기가 맑고 풍부하고, 겨울에도 잎이 변하지 않고 푸름을 지켜내고, 열매로 황색 물을 들일 수 있다"(박상진 2020, 553). 황상은 스승이 지어준 호의 의미를 잊지 않고 실천하려고 노력했다. 그는 시를 지어 이름을 알린 것뿐 아니라 스승을 진심으로 존경하고 닮고자 했다. 그의 스승에 대한 진정성은 다산의 아들들을 감동시키고 후대에까지 교류가 이어졌다. 그의 시향(詩香)은 치자꽃의 진한 향기를 닮았으리라.

황상은 1836년 다산이 세상을 떠나기 직전 마재(경기도 남양주)로 다산을 찾았고 1845년 다산의 기일에 다시 방문하여 다산 형제와 정황계를 맺었다. 정황계는 황상과 다산의 아들 정학연, 정학유 세 가문의 자손들이 교류하겠다는 약속이다. 신분과 계급을 뛰어넘은 멋진 약속이 아닐 수 없다. 황상은 정학연의 소개로 추사 김정희와도 교유하였다. 추사가 제주도 유배가 끝나고 가장 먼저 찾아간 곳은 황상이 살던 강진 백적산 아래의 일속산방(一粟山房)이었다. 이 당호는 다산의 맏아들 정학연이 지어주었다. 조선 후기 최고의 지식인 중 하나로 평가받는 추사가 해배 후에 만나고 싶었던 사람이 바로 다산의 제자 황상이었다. 황상의 시재(詩才)가 얼마나 뛰어났는가를 알 수 있다. 황상이 집을 비운 뒤라 추사와 황상의 만남은 이루어지지 못했지만, 이후 황상이 추사의 집을 방문하면서 교유가 이어졌다. 이런 경우를 유유상종이라고 하였던가. 과천의 추사를 찾아왔던 황상이 떠나자 추사가 인편에 시를 지어 보냈다 (박철상 2016, 239 재인용). 시로 맺어진 인간관계의 깊은 울림을 전해준다.

이별의 마음 너무 아쉬워
차마 문밖을 나서지 못했네.
그대 떠나간 날 헤아려 보니
하마 월출산을 지났겠구나.

황상과 다산은 부러운 사제관계를 넘어 그 철학을 후대까지 계승시켜 나가는 특별한 유산을 남겼다. 사제의 연은 신분과 계급을 뛰어넘었다. 인간이 재능을 꺼내 펼치는 것 못지않게 나누는 것도 중요하다. 만남에 대한 책임은 하늘에 있지만, 관계에 대한 책임은 사람에게 있다는 말이 맞다. 황상은 하늘이 맺어준 다산과의 사제의 연을 지키고 후대에 계승토록 했다.

박상진. (2020). 《우리 나무의 세계》. 파주: 김영사.
박석무. (2014). 《다산 정약용 평전》. 민음사.
박철상. (2016). 《서재에 살다》. 파주: 문학동네.
석한남. (2017). 《다산과 추사, 유배를 즐기다》. 시루.
정민. (2011). 《삶을 바꾼 만남》. 파주: 문학동네.
한국연구재단. (2006). 《치원유고 해제(巵園遺稿 解題)》. 대전: 한국연구재단 기초학문자료센터.
구사회·김규선. (2012). 〈새 자료 『치원소고(巵園小藁)』와 황상(黃裳)의 만년 교유〉. 《동악어문학》. 58.
《현대불교신문》. (2018). 〈유산 정학연의 '일속산방기'〉. 11월 9일.

통합과 포용의 리더십

낭트 칙령 vs. 퐁텐블로 칙령

근세 이전 유럽의 역사는 신본주의의 종교 역사라고 해도 지나치지 않을 것이다. 유럽 기독교 국가와 이슬람교 국가와의 대립은 둘째치고라도 1517년 마르틴 루터의 종교개혁 이후 구교(가톨릭)와 신교(프로테스탄트)와의 대립은 더 격렬했고 무자비했다. 국가별로 구교와 신교를 수용하는 양태가 달랐다. 북유럽을 중심으로 신교가 퍼져나갔고 프랑스, 스페인 등은 가톨릭의 종주국으로서 위상을 지켜나가고자 했다. 영국의 헨리 8세는 로마 가톨릭의 간섭에서 벗어나 영국 성공회를 만들었다.

칼뱅의 종교개혁을 신봉하는 위그노(Huguenot)는 박해와 처벌의 대상이었다. 위그노는 프랑스의 개신교 신자를 가리키는 말이다. 스위스 사람을 뜻하는 독일어 아이트게노세(Eidgenosse)의 프랑스식 사투리인 에뇨(Eignot)와 제네바의 동맹당 당수 브장송 위그(Besançon Hugues)의 성을 합친 것이라고 한다. 루터파, 칼뱅파의 개신교는 기독교가 아니며, 개신교는 지도자 개인을 추종하는 집단이라고 모욕하고 경멸하는 명칭이다. 거기에 더해 타국인을 가리키는 말을 붙여 자국민 취급을 하지 않으려는 의도를 엿볼 수 있다.

프랑스는 전통적으로 가톨릭 국가다. 프랑스는 가톨릭 이외의 신앙을 가진 자를 차별하고 박해하는 법까지 만들었다. 위그노를 고발하는 사람에게는 몰수한 재산의 4분의 1을 주는 조항을 만들어 고발을 부추겼다. 1572년 8월 24일, 가톨릭 신자들이 5천 명이 넘는 개신교 신자들을 학살했다. 성 바르톨로메오 축일에 벌어진 대학살이었다. 가톨릭 수장인 교황 그레고리오 13세는 학살 소식을 듣고 감사 기도를 올리고 기념주화까지 제작했다. 천주교가 확산되면서 신자들을 박해하고 처벌했던 조선과 겹친다. 나와 다른 종교적 신념을 가진 사람은 타도의 대상이 되었다.

1594년 2월 27일, 앙리 4세(재위 1589-1610)는 우여곡절 끝에 왕위에 올랐다. 위그노였던 그는 국왕에 오르면서 가톨릭으로 개종했다. 가톨릭 신자만이 국왕이 될 수 있기 때문이다. 1598년 4월 13일, 국왕은 '낭트 칙령'을 선포하여 가톨릭과 개신교의 종교전쟁(1562-1598)의 종지부를 찍었다. 엄청난 정치적 모험이었다. 가톨릭 입장에서는 믿었던 도끼에 발등 찍혔다. 이 일로 앙리 4세는 교황을 비롯한 가톨릭의 조롱거리가 되었고 끊임없는 암살 위협을 받았다. 결국 가톨릭 광신도에게 암살당했다. 이 칙령은 200만 명에 달하는 위그노를 위해 남서부 개신교 도시에서의 종교적 자유를 허용했다. 종교 차별과 박해를 금지하고 종교와 관계없이 모든 국민에게 동등한 권리를 보장해 주었다. 낭트 칙령을 반포하여 종교의 다양성을 존중한 앙리 4세가 남긴 말이다. "우리는 모두 프랑스인이며 같은 조국의 동포다. 따라서 우리는 사람을 격분시키는 냉혹하고 잔인한 감정을 버리고 이성과 온정으로 화해해야 한다"(모루아 2016, 247-248). 톨레랑스의 비조다.

앙리 4세의 종교관은 세속적이었다. 그는 농민에게 관심이 많았고 일요일마다 그들이 닭고기를 먹길 원했다(모루아 2016, 257). 그는 신교든 구교든 자신의 백성들이 일요일이면 닭을 먹을 수 있을 만큼 풍족하게 살게 해주는 신이라면 그 신이 어떤 교단의 신이든 상관없다는 생각을 가졌다. 그는 아무리 위대한 종교라도 백성의 배를 곯게 하는 종교는 의미가 없다고 보았다. 국왕 자신도 정치적 상황에 따라 신교에서 구교로, 구교에서 신교로 개종을 반복했다.

반전이 일어났다. 1685년 10월 22일, 앙리 4세의 손자 루이 14세(재위 1643-1715)가 주인공이다. 1685년 10월 18일, '퐁텐블로 칙령'을 공포하여 낭트 칙령을 폐지했다. 87년 만에 다시 위그노를 불법화하고 개신교에서 가톨릭으로 개종하지 않으면 처벌하고 재산을 몰수하였다. 모든 개신교 학교를 폐교하고 목사들을 추방시켰다. 국왕은 '짐이 곧 국가다'라고 외치면서 절대왕정, 절대군주, 절대 권력을 행사했다. 역사는 '절대'라는 수식어가 붙은 사회는 획일화된 독재가 만연하다는 사실을 확인시켜 준다. 그는 정치적인 목적에서 종교적 관용을 포기했다. 예수회의 끈질긴 로비도 일조했다.

퐁텐블로 칙령으로 프랑스는 내전 못지않은 위기에 빠졌다. 장기적으로 경제에도 큰 타격을 주었다. 칙령으로 박해를 우려한 위그노 20만-100만 명이 국외로 탈출했다. 위그노 숫자는 프랑스 전체 주민 2,200만 명 중 3.8%를 차지했다. 이들 중 상당수는 상공업 종사자였다. 이들은 부의 정당한 축적을 인정한 칼뱅주의 교리를 따랐다. 당시 위그노는 프랑스의 기업인, 장인, 기술자의 상당수를 차지하였다. 상공업에 필수적인 지식과 기술을 갖춘 위그노가 국외로 망명하게 되면서 인재 고갈 현상이 나타났다.

위그노는 종교, 종파에 관용적인 네덜란드, 스위스나 개신교가 다수인 영국, 프로이센, 덴마크, 스웨덴 등으로 이주했다. 북미 대륙과 네덜란드령 남아프리카에도 정착했다. 프로이센(독일)이 가장 적극적으로 위그노를 수용했다. 프로이센은 퐁텐블로 칙령 1주일 후인 1685년 10월 29일 '포츠담 칙령'을 발표하고 위그노 수용을 국가 정책 차원에서 접근했다. 포츠담으로 이주해 정착한 위그노인들에게는 10년간 세금을 면제해 주는 특혜를 선사했고, 프랑스어로 설교하는 교회를 짓는 것을 지원해 주었다. 경제와 상업을 잘 아는 위그노가 이주한 네덜란드, 영국, 독일, 미국이 세계 강국으로 부상한 것은 우연이 아니다.

앙리 4세를 통해 통합과 포용의 리더십을 생각해 본다. 독재와 분열의 리더십은 잠시 좋을 수 있겠지만 영원히 망하고 만다. 다수 집단이 자신들의 종교적 신념과 가치 체계가 다른 소수 집단을 차별·박해·추방·학살하는 것은 종교가 아니다. 종교를 가장한 폭력이며 독재다. 신앙의 사유화와 도그마가 끔찍한 결과를 초래하는 이유이다. 1985년 10월, 프랑수아 미테랑(재임 1981-1995)은 '퐁텐블로 칙령' 선포 300주년을 맞아 전 세계의 위그노 후손에게 공개 사과했다.

모루아, 앙드레. (2016). 《프랑스사》. 신용석 옮김. 김영사.
이영림·주경철·최갑수. (2015). 《근대 유럽의 형성》. 까치.
주경철. (2017). 《주경철의 유럽인 이야기》. 휴머니스트.
《중앙일보》. (2018). 〈분열시대에 생각하는 통합의 지도자—그는 적을 끌어안았다〉. 4월 14일.

아! 펜실베이니아

해리엇 터브먼의 트럼프 저주

펜실베이니아는 미국 건국과 깊은 관련이 있다. 주도(州都) 필라델피아는 독립 당시 수도였다. 미국의 5대 도시다. 아이비리그에 속하는 펜실베이니아대학교가 있다. 트럼프 전 대통령도 펜실베이니아대학교 와튼스쿨 졸업생이다. 필라델피아에 소재한 '자유의 종'은 미국의 독립 정신을 상징한다.

2020년 11월 3일 치러진 미국 대선에서 펜실베이니아가 주목을 받았다. 미국 대통령은 당선에 필요한 전체 선거인단 538명 중 270명 이상을 확보해야 한다. 펜실베이니아 선거인단은 20명이다. 민주당 조 바이든 후보나 공화당 도널드 트럼프 후보 양쪽 모두 펜실베이니아를 누가 차지하느냐가 관건이 되었다. 펜실베이니아보다 선거인단이 더 많은 주는 캘리포니아(55명), 텍사스(38명), 뉴욕(29명), 플로리다(29명)이다. 이들주의 선거인단은 초반에 결정되어 주목을 끌지 못했다.

펜실베이니아는 남북전쟁(1861-1865)과도 관련이 깊다. 링컨이 게티즈버그 연설을 했던 곳이다. 노예 자유주였다. 남부에서 많은 노예들이 도망쳐 펜실베이니아에 정착했다. 남부의 노예들이 북부로 도망치는 데 결정적인 역할을 담당한 흑인 영웅들이 있다. 대표적으로 남자는 존 브라운(1800-1859)이고 여자는 해리엇 터브먼(1820-1913)이다. 브라운은 무력봉기를 통해 노예제를 폐지하려고 했지만, 터브먼은 섬세함과 조직력으로 차별화된 리더십을 발휘했다. 터브먼의 원래 이름은 '민티'다. 남부 농장에서 도망쳐 자유를 찾아 필라델피아에 정착한 후에 지은 이름이 해리엇 터브먼이다.

남부의 경제적 자원은 면화였다. 면화는 농장에서 재배되었는데 주된 노동력은 노예였다. 노예 숫자에 따라 농장주의 부의 크기도 정해졌다. 노예는 남부의 경제를 떠받치는 핵심 인력이었다. 흑인 노예들은 짐승처럼 일하고 짐승보다 못한 처우를 받았다. 소유물로 노예시장에서 거래됐다. 오늘날에도 남부에는 인종차별의 유령이 떠돌고 있다. 이른바 디프사우스(Deep South, 루이지애나, 미시시피, 앨라배마, 조지아 등 면화 농업이 성했던 지역)는 정도가 더하다. 'KKK(Ku Klux Klan, 미국의 백인 우월주의 단체)'가 괜히 조직된 것이 아니다. 자연스럽게 남부에서 인권지도자들이 많이 나왔다. 남부인들에게 공화당 소속 링컨은 불구대천의 원수였다. 노예해방이 남부 경제를 황폐화시켰다고 생각했다. 오늘날 남부가 공화당 텃밭이 되었지만,

링컨 이후 남부는 민주당의 텃밭이었다. 시대가 바뀌면서 유권자의 표심도 바뀐 것이다.

펜실베이니아로 도망쳐 자유를 찾은 해리엇 터브먼은 노예 탈주 비밀조직 '지하철도'의 차장이 되었다. 노예 탈주를 위한 길 안내자였다. 남성도 감당하기 어려운 일이었다. 해리엇은 19번에 걸쳐 남부에서 300여 명을 북부로 탈출시켰다. 별명은 '모세'였다. 이집트에서 유대인을 탈출시킨 그 모세다. 노예주들이 해리엇에게 건 현상금만 총 4만 달러였다. 남북전쟁 시기에는 북군의 첩보원으로 활약하는가 하면 군사작전을 지휘했다. 미군 최초의 여성 지휘관이었다.

그녀는 2016년 오바마 행정부에서 20달러 지폐의 주인공으로 선정되었다. 역사는 그녀를 잊지 않았다. 최초로 흑인 여성이 지폐 인물로 선정되었다. 그러나 2019년 트럼프 대통령은 해리엇 터브먼을 주인공으로 하는 20달러 지폐의 발행을 연기했다. 트럼프가 인종차별주의자이며 백인 우월주의자인 것은 널리 알려져 있다. 트럼프는 2020년 대선에서 펜실베이니아 유권자의 심판이 결정타가 되어 재선에 실패했다. 펜실베이니아의 자유의 상징이자 노예해방 영웅 해리엇 터브먼의 저주가 아닐까 싶다. 2021년 1월 20일 임기를 시작한 바이든 행정부는 터브먼을 20달러 지폐의 주인공으로 다시 선정하였다.

《조선일보》. (2016). 〈20달러 지폐 모델로 흑인여성 인권운동가〉. 4월 22일.
《한겨레》. (2016). 〈노예해방 운동가 해리엇 터브먼〉. 12월 5일.
《한국일보》. (2016). 〈존 브라운〉. 12월 2일.
〈해리엇〉. (2019). 영화.

넌 해고야!

말은 현실과 공명한다

'You're fiired!(넌 해고야!)' 2016년 11월 트럼프가 제45대 미국 대통령으로 당선되었을 때다. 기자가 오바마 대통령에게 "무슨 말을 하고 싶냐?"라는 질문에 "You're fired!"라는 말을 하고 싶다고 했다. 이 말은 미국 전역에 트럼프라는 인물을 알린 취업 면접 리얼리티 쇼 〈어프렌티스〉의 마지막 장면에서 나온 말이다. 이 서바이벌 쇼 프로그램에서 패배한 팀은 트럼프의 회의실로 불려가 패배의 원인에 대해 토론한다. 결론적으로 트럼프는 패배의 원인 제공자로 지목된 참가자에게 손가락질을 하면서 이 말을 내뱉었다.

4년이 지난 2020년 11월 3일 치러진 46대 미국 대통령 선거에서 펜실베이니아는 대통령 당선에 필요한 결정타(선거인단 20명)를 날렸다. 펜실베이니아는 바이든의 당선을 축하하는 파란 물결로 출렁거렸다. 미국 수도가 펜실베이니아주 필라델피아로 옮긴 듯했다. 특히 젊은이들이 쏟아져 나와 깃발을 흔들고 자동차 경적을 울렸다. 눈에 띄는 문구가 있다. “You're fired!” 실소를 금치 못했다.

말은 돌고 돌아 자신에 돌아온다. 말은 오묘하고 자석처럼 끌어당기는 힘이 있다. 말이 현실과 공명하는 경우가 빈번하다. 공자에게 묻는다. “선생님, 백성을 한데 모이게 하려면 어떻게 정치를 해야 합니까? 어떤 기술이 필요합니까?” 공자의 답이다. “근자열 원자래(近者悅 遠者來).” 가까이 있는 사람을 기쁘게 하면 멀리 있는 사람도 모여들게 마련이라는 뜻이다.

트럼프 시대가 막을 내렸다. 그는 승부가 결정 났음에도 끝까지 승복하지 않았다. 그는 역사의 무대에서 내려오지 않으려고 온갖 권력을 동원했다. 대선이 끝나면 현직 대통령은 당선인을 백악관에 초청하여 축하를 전한다. 승자와 패자가 한데 모여 덕담을 주고받으면서 분열의 상처를 어루만지고 다시 일상으로 돌아간다. 이번엔 그런 문화를 확인할 수 없었다. 오히려 소송으로 법정에서 전투가 벌어졌다. 트럼프에겐 다 계획이 있었다. 트럼프에게 패자의 승복 문화는 안중에 없었다.

트럼프 전 대통령의 임기 4년 동안 미국, 아니 전 세계는 그의 거친 말과 인종차별적인 레토릭에 진저리를 쳤다. 무던히도 품격도 없고 말 같지도 않은 많은 말을 쏟아냈다. 마치 백악관이 트럼프가 진행하는 리얼리티 쇼처럼 보였다. 세계 최강국 미국 대통령의 말은 그 파워와 영향력이 막강하다. 그는 바이러스에 가까운 말을 퍼뜨렸다. 그가 퍼뜨린 바이러스는 미국 국내뿐 아니라 국외적으로 일본, 필리핀, 터키, 헝가리, 러시아, 중동, 브라질 등의 지도자들에게 전염되었다. 바이러스의 이름은 트럼피즘(Tumpism)이다. 트럼프는 코로나19를 줄곧 '중국 바이러스', '쿵후 바이러스' 등으로 지칭했다. 그는 백인 지지층을 의식해 아시아계에 대한 혐오를 부추겼다. 증오와 혐오를 유권자의 표와 맞바꿨다. 미국에서 아시아계 미국인에 대한 증오범죄는 증가하고 있고 유럽 국가로 확산되고 있다. 놀라운 사실이 드러나고 있다. 증오범죄에 가담하는 사람들은 대부분 과거 백인으로부터 차별을 받았던 비백인이라는 점이다. 그들은 "망할 중국인들아, 네 나라로 가란 말이야"라고 말한다. 트럼프의 '중국 바이러스'라는 말이 현실과 공명한 순간이다.

지도자의 말 한마디에 얼마나 많은 사람들이 불안감과 공포감을 가지고 살아가야 한단 말인가. 증오발언은 가연성 물질에 불을 붙이는 것이다. 말이 말로만 끝나지 않는 이유이다. 트럼프식의 발언을 가스라이팅(gaslighting)이라고 한다. 가스라이팅은 상대의 심리나 상황을 소삭해 상대가 자기 생각과 판단을 의심하게 하고 결국 상대방이 자유의지와 독립성을 잃고 자신에게 의존하게 만드는 심리적 지배를 말한다. 트럼프는 끊임없는 거짓말로 미국과 인류의 보편적인 가치를 의심하게 만들고 거짓을 진실로 받아들이게 했다. 트럼프가 능숙한 가스라이터로 꼽히는 이유다(박혜민 2021 참조).

트럼피즘은 "자극적인 언행으로 기성 정치권에 대한 반감을 조장하는 포퓰리즘 선동” 또는 “트럼프의 극단적 주장에 대중이 열광하는 현상”이라고 한다. 트럼프(Trump)와 ‘ism’의 합성어가 아니라 트럼프와 포퓰리즘(populism)의 합성어라는 주장도 있다. 앞으로가 문제다. 트럼피즘은 또 다른 코로나19 역병이고 이단이다. 트럼프는 트럼피즘교의 교주다. 이번 대선에서도 7천만에 가까운 표를 얻었다. 트럼피즘은 미국 사회에 똬리를 틀고 재기를 기다리고 있다. 그가 퍼뜨린 바이러스가 미국 사회와 세계에 어떤 영향을 미칠 것인가에 주목하는 이유다. 새로 출범한 바이든 행정부가 직면한 도전과 과제이기도 하다.

말의 수준이 문화의 수준이다. 문화의 수준이 곧 기업의 경쟁력으로 이어진다. 24개 기업 직원 24,000명을 대상으로 그들이 사용하는 언어를 기준으로 조직문화의 단계를 규명한 연구가 있다. 연구에 따르면 조직의 문화 수준을 다섯 단계로 구분할 수 있는데, 1단계에서 5단계까지 구성원들이 사용하는 말에 차이가 컸다. 1단계는 폭력 조직에서 주로 사용하는 ‘인생 되게 꼬이네’와 같은 말을 주로 사용하는데 직장인 중 2% 정도가 이에 해당한다. 2단계는 ‘내 인생 꼬이네’로 소극적 적대감을 나타내는 말을 한다. 연구 대상 직장인 중 25%가 이 단계에 있었다. 49%가 3단계에 속하는데, 주로 사용하는 언어는 ‘난 대단해. 너는 아니지만’으로 의사, 교수, 변호사 등 전문직에 속하는 사람들이 주로 쓴다. 4단계는 직장인 중 22%가 해당하는데, 이들은 주로 ‘우리는 대단해, 저들은 그렇지 않지만’이라는 말을 사용한다. 5단계는 2% 미만이다. 이들이 주로 사용하는 말은 '인생은 아름다워. 위대해'이다(로건 등 2015, 39-50 참조). 트럼프가 내뱉었던 말의 수준은 몇 단계일까?

경북 예천군에 언총(言塚)이라는 '말 무덤'이 있다. 입에서 나오는 말(言)을 파묻는 무덤(塚)이다. 마을이 흉흉한 일에 휩싸일 때마다 문중 사람이 언총에 모여 "기분 나쁘게 들릴지 모르겠지만"으로 시작하는 쓸데없는 말과 "그쪽 걱정돼서 하는 얘기인데요"처럼 이웃을 함부로 비난하는 말을 한데 모아 구덩이에 파묻었다. 그러면 신기하게도 다툼과 언쟁이 수그러들었다고 한다. 트럼프는 말 무덤에 묻어야 하는 말들을 미국과 세계의 민주주의와 선량한 사람들의 가슴에 묻었다. 트럼프의 말이 앞으로 어떤 공명 현상으로 나타날지 두려움이 앞선다.

로건, 데이브·존 킹·헤일리 피셔-라이트. (2015). 《부족 리더십》. 염철현·한선미 옮김. 파주: 한울아카데미.

이기주. (2018). 《말의 품격》. 황소북스.

이기주. (2019). 《언어의 온도》. 고양: 말글터.

《동아일보》. (2021). 〈美 '아시아계 대상 증오범죄' 왜 늘고 있나〉. 3월 27일.

박혜민. (2021). 〈gaslighting〉. 《중앙SUNDAY》, 5월 1일.

《조선일보》. (2021). 〈美흑인, 이번엔 한인가게 쇠파이프 난동〉. 4월 5일.

《한국경제신문》. (2018). 〈논란 커지는 트럼피즘(Trumpism)〉. 7월 2일.

5부

전환

역사의 흐름을 바꾼 인물과 사건

미국 연방 대법원장 얼 워런

미국 연방 대법원은 우리나라 대법원과 헌법재판소의 역할을 수행한다. 연방 대법원은 대법관(justice) 9명으로 구성된다. 종신직이다. 대법관을 뜻하는 영단어가 평범하지 않다. 정의를 의미하는 'justice'다. 대통령이 대법관 후보자를 지명하면 후보자는 연방 의회 상원 인사청문회를 통과해야 한다. 대통령은 궐석 대법관을 지명할 때 자신의 정치적 이념과 궤를 같이하는 후보를 지명한다. 트럼프 전 대통령은 루스 베이더 긴즈버그(1933-2020) 대법관의 후임으로 보수 성향의 에이미 배럿 판사를 대법관으로 지명하고 상원에서 인준을 받았다. 연방 대법원은 보수 성향이 압도적인 우위(6 : 3)를 보이고 있다.

1953년 드와이트 D. 아이젠하워 대통령은 얼 워런(재임 1953-1969)을 대법원장으로 지명했다. 워런은 여느 대법관과는 경력과 결이 달랐다. 법률을 전공했지만 전국적으로 인지도가 높은 정치인이었다. 대법관 임명 전 워런은 캘리포니아 주지사를 세 번째 연임하고 있었다. 최장수 주지사 기록이다. 1948년 대통령 선거에서 공화당 부통령 후보로 출마했다. 공화당 소속의 아이젠하워 대통령이 같은 공화당 소속의 워런을 대법원장으로 지명한 것은 정치 노선에 따른 선택이었을 것이다. 역사의 아이러니다. 보수 성향의 공화당 소속 워런 대법원장은 전혀 뜻밖의 행보를 보여주었다.

워런은 대법원장으로 미국 인권 신장과 관련하여 기념비적인 사건으로 평가받는 두 가지의 판결을 주도했다. 브라운 판결과 미란다 판결이다. 연방 대법원은 1954년 "공립학교에서 분리된 교육시설은 위헌이다"라고 판결했다. 이 판결은 인종 간에 차별이 있더라도 분리하면 합법이라는 뿌리 깊고 해묵은 사고와 관행을 뒤집었다. 판결 이전 백인과 비백인이 다니는 학교가 따로 있었고, 식당, 극장, 화장실 등 모든 공공시설에서도 백인과 비백인을 구분했다. 심지어 영혼을 구제하는 교회에서도 흑백을 구분하는 커튼을 치고 예배를 드렸다. 수도꼭지도 백인과 비백인을 구분했다.

1966년에는 미란다 원칙을 판결했다. 미란다 원칙은 수사기관이 범죄 용의자를 체포할 때 체포의 이유와 변호인의 도움을 받을 수 있는 권리, 진술을 거부할 수 있는 권리 등이 있음을 미리 알려주어야 한다는 원칙이다. 자기부죄(자기 스스로 범죄 책임을 묻는 것) 금지의 핵심 조항이다. 우리나라 역시 헌법

12조에 명문화하고 있다. 2항에는 "형사상 자기에게 불리한 진술을 강요당하지 아니한다", 5항에는 "구속의 이유와 변호인의 조력을 받을 권리가 있음을 고지받지 아니하고는 체포 또는 구속을 당하지 아니한다", 7항에는 "피고인의 자백이 (…) 자의로 진술된 것이 아니라고 인정될 때 (…) 이를 유죄의 증거로 삼거나 이를 이유로 처벌할 수 없다"라고 규정하고 있다. 우리나라 경찰에서도 용의자를 체포할 때 미란다 원칙을 적용하고 있다.

아이젠하워 대통령은 워런을 대법관으로 임명할 때만 해도 그가 공화당의 가치에 가장 충실할 것으로 생각했다. 대통령은 워런을 잘 몰랐다. '열 길 물속은 알아도 한 길 사람 속은 모른다'고 하지 않던가. 아이젠하워 대통령은 나중에 워런 대법관 임명을 회고하면서 "이제까지 내가 내린 가장 바보 같은 결정이었다"(장호순 2005, 286)라고 후회했다고 한다. 아이젠하워 대통령은 후회막급이었겠지만 워런이 대법원장으로 있던 시기에 미국은 인권 신장을 이뤄냈다. 워런은 미국 역사에서 가장 영향력 있는 대법관이자 정치 지도자로 기억되고 있다.

워런은 법을 공부했지만 정치인으로서 넓은 세상을 보았던 것 같다. 법은 인간다운 삶을 누릴 수 있는 기본권을 보장해야 할 책무가 있다. 그 대상이 백인이든 비백인이든 인간으로서 누려야 할 기본권이 있다. 당시 워런의 인권 감수성은 상대적으로 높았다. 2021년 현재 연방 대법원 대법관의 보수 성향이 압도적으로 높아 미국 사회가 과거로 회귀하는 것 아니냐는 걱정을 한다. 대법관의 정치적 이념과 신념 체계가 보수 성향이라고 해서 반드시 보수적인 판결을 내리는 것 같지는 않다.

2021년 6월 17일 연방 대법원은 '오바마 케어'라 불리는 〈국민건강보험법(Affordable Care Act)〉이 위헌이므로 폐지해야 한다는 공화당의 주장을 기각했다. 연방 대법원의 대법관은 보수 6명, 진보 3명으로 보수 성향의 대법관이 압도적인 우위를 보이고 있지만, 이번 판결에서는 다수의 보수 대법관이 진보 대법관과 같은 의견을 냈다. 오바마 전 대통령이 주도해 만든 〈국민건강보험법〉은 정부 보조로 모든 국민의 건강보험 가입을 의무화하는 의료개혁 법안으로 2014년 1월부터 시행됐다. 이에 대해 도널드 트럼프 전 대통령은 재정 부족은 물론 기업에 부담을 주고 선택의 자유를 뺏는다는 등의 이유로 폐지를 주장해 왔다. 2010년 법으로 제정된 오바마 케어는 공화당 등 보수 진영으로부터 거센 도전을 받았다. 이번 대법원 판결도 세 번째다. 보수 진영에서는 2012년과 2015년에도 대법원에 오바마 케어 폐지 소송을 냈지만 기각당한 바 있다(황준범 2021 참조). 미국 재판부의 판결 결과를 지켜보면, 사법부의 독립성 이란 판사 개인의 신념이 시대가 요구하는 보편적 가치와 어떻게 조화를 이루는지에 달려있다는 생각을 하게 된다.

연방 대법관들은 미국 사회변혁의 키를 쥐고 있다. 제2, 제3의 워런 대법관을 기대해 본다. 진영논리나 이념의 프레임에서 벗어난 중립적인 대법관만이 정의를 구현할 수 있기 때문이다. 어느 헌법학자의 워런 대법원장에 대한 평가다. "워런이 이끈 대법원은 민권을 확장하고 정치적 자유를 넓히고 선거권을 확장하였다. 또한 언론, 집회, 결사의 자유를 강화하고 정치인들의 밀실 정치를 제한하였다. 그리고 경찰력의 한계를 규정하였다는 점에서 미국 역사상 견줄 상대가 없다”(이주형 등 1996, 218 재인용).

이주형·황혜성·김연진·조지형·김형인. (1996). 《미국현대사》. 비봉출판사.

장호순. (2005). 《미국 헌법과 인권의 역사》. 개마고원.

최승재. (2011). 《미국 대법관 이야기》. 대구: 경북대학교출판부.

케스터, L. 레너드·사이먼 정. (2012). 《미국을 발칵 뒤집은 판결 31》. 조미현 옮김. 현암사.

황준범. (2021). 〈보수 절대우위 미 대법원, '오바마케어' 손 들어준 까닭은?〉. 《한겨레》, 6월 18일.

불가촉천민 암베드카르

인도의 카스트 제도는 인도에서 처음 세력을 형성한 포르투갈인들에 의해 불렸는데, 영국이 식민지배 하면서 카스트를 표준화된 사회계급으로 구분하게 되었다. 1871년 영국은 인도에서 인구조사를 실시하면서 고대 경전에 등장하는 바르나 제도에 따라 인구를 브라만, 크샤트리아, 바이샤, 수드라로 분류하였다. 많은 인구를 카스트의 4개 틀로 분류하는 것이 어려워 하위카스트를 만들었다(이옥순 2007, 198-204 참조). 고대 경전에 언급된 4개 카스트와 그 아래의 카스트들은 오늘날 3천여 개의 집단으로 세분화되었다(자다브 2007, 13 참조).

1947년 영국에서 독립한 인도 정부는 카스트를 법률적으로 금지하고 카스트에 따른 차별을 금지하는 시행령도 공포하였다. 그러나 여전히 이 차별적 신분제도는 인도인들의 일상생활과 삶에 큰 영향을 미치는 사회적 관습과 의식으로 존재하고 있다. 계층 간의 불평등 의식은 결코 관념에 머물지 않고 행동으로 이어진다. 관습과 관행은 법률이나 제도보다 영향력이 크다. 습관은 인간의 감수성을 마비시켜 버린다. 의식은 습관으로 이어지고 습관은 행동으로 나타난다. 지금도 농촌을 중심으로 인도인의 카스트에 대한 집착은 포기할 수 없을 정도로 완강하다.

불가촉천민(不可觸賤民)은 최하위계급인 수드라 아래에 있는 다섯 번째 계층이다. 이는 산스크리트어 '찬달라'를 번역한 한자어다. 찬달라는 '부정 타는 자', '닿으면 안 되는 미천한 것'이라는 뜻을 담고 있다. 힌디어로는 암베드카르가 고안한 달리트(억압받는 자) 혹은 간디가 제안한 하리잔(신의 아들)이라고도 한다. 이는 사회정의, 인권 운동 및 정치적 올바름(Political Correctness) 차원에서 차별을 줄이고자 만들어진 조어에 불과하다. 법률적으로는 '등록카스트' 또는 '지정카스트'라고 부른다. 사회의 정상적인 활동에 제한을 받는 특수집단으로 볼 수 있다.

부정의 원천이자 사회적 금기대상인 불가촉천민은 우리나라 백정, 일본의 부라쿠민, 남아프리카공화국의 흑인, 나치 치하의 유대인처럼 사회적 접촉과 삶의 기회를 제한받는 특수집단이었다(이옥순 2007, 204 참조). 카스트의 맨 마지막 계층인 수드라조차 불가촉천민을 부정 탄다는 이유로 보거나 접근하는 것이 금지되었다. 그들의 그림자조차도 부정되었다. 불가촉천민의 자녀들은 학교도 갈 수 없었고, 심지어 저수지 같은 공공시설의 이용조차 금지되었다. 평생 노예로 살 수밖에 없는 처지다. 자신들이 남긴 발자국을 지우기 위해 허리춤에 빗자루를 달고 다녀야 한다. 이 세상에 이런 대우를 받는 계급이 있을까 싶다. '신의 아들'이 아니라 '신이 버린 사람들'이다. 2020년 기준으로 인도 인구 중 불가촉천민이 약 16%를 차지한다. 이외에 수드라 25%, 맨 위의 브라만이 4%, 바이샤 내 상인 집단인 바니야가 3%, 그 외 나머지를 중간의 농민(바이샤)과 진사 계급(크샤트리아)이 차지한다(김문영 2020 참조).

인도의 인권 역사에서 중요한 역할을 했던 암베드카르(1891-1956)도 불가촉천민으로 마라타지방의 마하르 출신이었다. 마하르는 청소를 하거나 죽은 동물의 가죽을 벗기는 천한 일에 종사하였다(이옥순 2007, 207). 그는 근면과 재능에 운이 따라 후원자를 만났고 미국 컬럼비아대학교에서 박사학위를 취득했다. 철학자이자 교육자인 존 듀이가 그의 은사다. 불가촉천민으로서는 불가사의한 일이다. 그는 귀국하여 1947년 인도가 영국에서 독립한 후 헌법기초위원장과 초대 법무부 장관으로 일했다. 인도 공화국의 초석을 놓는 데 큰 기여를 했다. 헌법 초안 작성자는 불가촉천민 출신 암베드카르였다. 헌법의 첫 번째 조항은 다음과 같다. "국가는 종교, 인종, 카스트, 성별, 출생지를 이유로 그 어떤 시민도 차별할 수 없다."

암베드카르는 불가촉천민의 인권 신장에 앞장섰다. 인도에서 마하트마 간디를 상대로 대립각을 세우면서 자신의 목소리를 낸 몇 안 되는 사람이다. 그는 불가촉천민을 대표했다. 영국은 1930년 런던에서 열린 '인도 원탁회의'에서 불가촉천민을 독립된 소수집단으로 인정하면서 암베드카르를 불가촉천민의 유일한 지도자로 확인했다. 불가촉천민은 독자적인 분리 선거권을 부여받았다.

문제는 국내에서 발생했다. 영국의 결정에 간디와 의회당이 결사반대했다. 힌두교가 다수를 차지하는 인도에서 불가촉천민의 분리 선거권을 반대했다. 간디와 암베드카르는 대립하였고 1932년 푸나 협정을 체결하여 문제를 해결했다. 카스트를 옹호하는 간디와 추종자들은 다수의 힘으로 협정 체결에 압력을 가했다. 불가촉천민에게 분리 선거권을 부여하는 대신 인구비례에 따라 의회 의석을 할당하였다. 1942년에야 인도 정부는 역사상 최초로 공직의 8.5%를 불가촉천민에게 할당하였다.

암베드카르는 인도 독립보다 신분제도 폐지와 인권을 우선해야 한다고 주장하여, 카스트를 유지하고 분리 선거를 인정하지 않은 국민회의 간디와 많은 충돌을 빚었다. 암베드카르는 간디주의를 반대하였다. 간디는 암베드카르를 '힌두교에 대한 도전자'라 불렀다. 아래의 인용문은 불가촉천민 출신 암베드카르가 힌두교와 카스트에 대해 남긴 어록이다(아히르 2005, 244-245, 282 재인용).

> 간디주의는 관념적인 계급 차별에 만족하지 않는다. 그것은 차별화된 계급 구조를 주장한다. 부자와 가난한 사람, 상류층과 하류층, 고용인과 피고용인의 관계를 항구적인 사회 구조의 일부로

본다. 사회학적인 관점에서 이보다 더 유해한 생각은 없다. (…) 간디주의에서는 계층 구조가 단순한 우연이 아니라 공식적인 교리로 자리 잡고 있다.

불가촉천민들에게는 힌두교가 합법적인 공포의 연옥이다. '카스트'라는 철칙, '카르마'라는 냉혹한 법, 그리고 태생에 따라 신분을 결정하는 몰지각한 신분법—이 모든 것들이 힌두교가 불가촉천민들을 구속하기 위해 만들어놓은 합법적인 고문 도구들이다.

1956년 암베드카르는 불교로 개종했다. 그를 현대 인도불교의 개척자로 부른다. 불가촉천민의 가슴속에는 '바바사헤브(아버지 같은 스승이라는 뜻)' 암베드카르가 자리 잡고 있다. 암베드카르는 평생 차별에 맞서 투쟁한 위대한 행동가요 인권 수호자였다. 인도에서 암베드카르는 간디 못지않게 추앙받고 있다(오화석 2007, 202 참조). 인도 헌법은 카스트를 폐지했다. 법보다 사회적 관습이 더 무서운 법이다. 오늘날 인도는 특히 농촌을 중심으로 악명 높은 카스트 제도가 통용된다.

아히르, 디완 찬드. (2005). 《암베드카르》. 이명권 옮김. 에피스테메.
오화석. (2007). 《슈퍼 코끼리 인도가 온다》. 매경출판.
이옥순. (2007). 《이옥순 교수와 함께 읽는 인도현대사》. 파주: 창비.
자다브, 나렌드라. (2007). 《신도 버린 아이들》. 강수정 옮김. 파주: 김영사.
염철현. (2008). 〈인도의 차별철폐정책이 한국의 대학입시정책에 주는 시사점—기회균형선발제도를 중심으로〉. 《比較敎育硏究》. 18(1).
김문영. (2020). 〈내 안의, 우리 안의 카스트〉. 《한겨레》, 9월 3일.

라스카사스 신부

멕시코 치아파스주에는 '산크리스토발 데 라스카사스'라는 긴 이름의 지명이 있다. 스페인 사제 바르톨로메 데 라스카사스를 기리기 위한 지명이다. 멕시코는 약 300년 동안 스페인의 식민통치(1521-1821)를 받았다. 일본의 식민통치를 받았던 우리나라 지명에 일본의 저명인사를 기리는 지명을 사용한다면 어떻게 될까? 식민지배를 받은 민족이라면 쉽게 수용하기 어려운 문제이다. 멕시코인들도 그들에게 특별한 인물이 아니라면 그를 기념하는 이름을 지명으로 사용하지 않았을 것이다.

1492년 스페인 페르난도와 이사벨 공동 왕의 후원을 받은 콜럼버스가 아메리카대륙에 도착한 이후 스페인은 본격적으로 아메리카 신대륙을 식민지배 하기 시작했다. 아즈텍 문명을 꽃피웠던 멕시코도 1519년 정복자 에르난 코르테스에 의해 무너졌다. 코르테스가 이끄는 정복자들은 불과 2년 만에 아즈텍 제국을 멸망시켰다. 불과 수백 명의 군사로 수만의 원주민 군사를 물리쳤다. 가장 치명적인 무기는 유럽인들이 가져온 바이러스였다. 바이러스 면역 부재였던 원주민들은 속수무책으로 무너졌다. 정복지는 누에바 에스파냐(새로운 스페인)로 불렸다.

스페인 정복자들은 원주민들을 잔혹하게 학살하고 수탈했다. 원주민들을 인간으로조차 여기지 않았다. 대다수의 노예 신학자들은 원주민들이 선천적으로 노예로 태어났다고 주장하면서 스페인의 강압적 통치를 옹호했다. 도미니코 수도회의 라스카사스 신부(1474-1566)는 콜럼버스의 4차 항해를 따라 히스파니올라섬(지금의 아이티)에 도착하여 스페인이 현지인을 어떻게 다루고 있는가를 직접 목격했다(라스 카사스 2000, 5-38 참조). 그는 직접 목격한 실태를 〈인디언 말살에 대한 간결한 보고서〉로 엮었다. 보고서의 일부를 발췌한다(들라캉파뉴 2013, 161-162).

기독교인들에 대항해 싸운 인디언 추장이 화형을 당하게 되었다. 말뚝에 묶인 추장에게 수도사가 신앙고백을 요구했다. 추장은 수도사에게 하느님을 믿은 기독교인들이 천국에 갔느냐고 물었고 수도사는 당연히 그렇다고 대답했다. 이 말을 듣고 추장은 절대 천국에 가고 싶지 않고, 지옥에 가서 그런 사람들이 없는 곳에 있고 싶으며, 그렇게 잔인한 사람들은 절대 만나고 싶지 않다고 대답했다.

라스카사스는 정복자들과 일부 사제들의 원주민 착취와 수탈을 강도 높게 비난했다. 그는 원주민 노동력 착취자들과 정복자들을 비난하면서, 이들에게 고해성사의 기회조차 거부했다. 그의 주장을 여덟 가지로 정리할 수 있다.

> 첫째, 정복이라 불리는 모든 전쟁은 정의롭지 못하다.
>
> 둘째, 우리는 부당하게 인디언들의 왕국과 정부를 빼앗았다.
>
> 셋째, 엔코미엔다와 레파르트티미엔토는 잔인하고 그 자체로 악이다.
>
> 넷째, 이런 제도를 인정하거나 받아들이는 사람은 큰 죄를 저지른 것이고, 그것들을 포기하지 않으면 구원을 받을 수 없을 것이다.
>
> 다섯째, 튀르크인(터키인)이 기독교 공동체에 대한 전쟁과 약탈을 정당화할 수 없는 것처럼, 군주는 아메리카 인디언에 대한 전쟁과 도적질을 정당화할 수 없다.
>
> 여섯째, 스페인으로 온 금, 은, 진주를 비롯한 모든 재물은 훔친 것이다.
>
> 일곱째, 이를 보상하지 않으면 구원을 받지 못할 것이다.
>
> 여덟째, 아메리카 인디언들은 우리에 대해 정의로운 전쟁을 일으키고, 우리를 그들의 땅에서 몰아낼 권리가 있다.

위의 라스카사스의 견해 중 셋째의 두 제도에 대한 부연 설명이 필요하다. 엔코미엔다는 국왕이 식민지 정복자들에게 원주민을 위탁하는 제도다. 즉 스페인 정복자들이 원주민을 위탁받아 '보호'하고 '종교적으로 교육'시켜 그들을 '문명화'시키고 '그리스도의 어린 양'으로 만드는 의무를 가지는 대신에 그들의 노동력을 착취하는 제도였다. 레파르티미엔토는 토지와 원주민을 식민지 경영자에게 할당하고, 강제노동으로 원주민을 착취하는 방식이다. 종교와 문명화를 빌미로 원주민을 강제로 착취하는 악랄한 제도다.

라스카사스의 의견은 마치 16세기 유럽에서 종교개혁의 단초가 된 마르틴 루터의 95개조 반박문을 연상시킨다. 스페인 정부에 대한 반식민주의 선언문 같은 느낌을 준다. 팩트를 나열하면서 구원 문제와 연결시켰다. 한때 군인으로 참전하고 군종으로 식민지 '개척'에 부역하고 그 공로를 인정받아 원주민을 할당받아 노예로 부렸던 사제 라스카사스의 고해성사이기도 했다. 그는 인디언에 대한 약탈, 학살, 착취 행위의 잔인성, 불법성, 부당성을 인정하면서 성직자답게 구원과 연결 지었다. 고해성사에 그치지 않고 페르난도 국왕을 비롯한 식민지 주요 관계자를 만나 부단히 설득을 시도했다. 그를 '인디언의 수호자'로 부르는 이유다. 그는 스페인 왕실에 "인간은 모두 하나의 종이다. 인디언들도 인간이므로 짐승처럼 다루어져서는 안 된다. 인간사에서 자유보다 소중한 것이 없으며 더 귀한 것도 없으므로 인디언에게 모든 자유와 정의를 보장해 줄 것을 간청했다"(와인가드 2019, 255).

급기야 1550년 카를 5세의 중재로 스페인 수도 바야돌리드에서 세기의 논쟁이 벌어졌다. 원주민 입장을 대변하는 라스카사스와 그에 반대하는 철학자 세풀베다가 맞붙었다(박설호 2008, 75-92 참조). 쟁점은 신대륙 원주민들이 인간의 목숨을 제물로 바치는 야만인이냐는 것과 교황과 황제가 인디언에 대해 전쟁 선포의 권리를 가지고 있느냐에 대한 것이었다. 라스카사스는 "인디언들도 높은 문화를 유지하고 있으며, 어떠한 민족도 타인들에 의해 야만인으로 간주되어서는 안 된다. 원주민들이 참된 신앙의 계몽을 받지 못한 탓이기 때문에 설득과 교육으로 교화시키면 된다"(이종일 2014, 431)라고 주장했다. 반면 세풀베다는 "《성경》〈잠언〉의 '바보들은 똑똑한 사람들을 위해 봉사해야 한다'는 말을 인용하면서 인디언이 기독교 스페인을 위한 노예가 되는 것은 성서에 배치되지 않는다"(이종일 2014, 431)라고 맞섰다. 당시 국왕과 가톨릭교회에서는 라스카사스의 주장을 지지했다.

라스카사스는 현대 인권 사상의 효시로 평가받지만, 비난받을 점도 없지 않다. 그는 인디언의 수호자를 자처하고 그들을 보호하는 데만 관심을 가졌다. 그의 인권 사상은 한계를 지녔다. 아프리카 흑인에 대한 편견을 드러내면서 아메리카 원주민보다 육체적으로 건강한 아프리카 흑인을 노예로 사용하는 것이 낫다고 하였다. 아프리카 노예는 인권의 관점이 아니라 재산의 관점에서 바라보았다. 라스카사스가 아프리카 노예를 인간이 아니라 소유물과 재산으로 취급한 것은 미국 독립혁명과 프랑스대혁명의 가치를 품었던 존 로크, 장 자크 루소, 볼테르,

토머스 제퍼슨, 벤저민 프랭클린의 철학적 이상을 옹호한 셈이었다. 이들도 인권에 대해 열정적으로 주장하였지만 아프리카 노예에 대해서는 재산으로 간주했다(와인가드 2019, 255-256 참조). 라스카사스가 수천만의 아프리카대륙의 흑인들이 노예로 팔려가는 데 정당성을 부여했다는 오해를 살 만했다. 그가 일생 원주민 인권 개선에 헌신했지만 욕을 먹는 이유이다. 당시 인권 사상의 한계였다. 범인류적인 관점의 보편적 인권 사상을 적용하는 게 아니라 아메리카 인디언에 한정하는 우를 범했다.

서구 열강이 제국주의 이데올로기로 무장하고 해외 식민지를 '개척'할 당시 종교도 일정 부분 명분을 제공하고 그 역할을 수행하는 데 충실했다는 비난을 받는다. 전제국가와 절대왕정은 국가의 이익과 세력 팽창을 위해서라면 성직자조차 이용하는 데 주저하지 않았다. 비유럽인, 즉 타자에 대한 인권의 유린, 착취, 학대가 일반적 사고체계와 사회적 관습으로 자리 잡았던 시기에 인간의 보편적 인권을 주장하기란 결코 쉽지 않은 일이었을 것이다. 라스카사스의 인권 사상에는 분명히 한계가 있지만 탐욕과 광기와 야만의 시대에 보기 드문 용기 있고 양심적인 지성이었다.

들라캉파뉴, 크리스티앙. (2013). 《인종차별의 역사》. 하정희 옮김. 고양: 예지.
라스 카사스. (2000). 《콜럼버스 항해록》. 박광순 옮김. 범우사.
박설호. (2008). 《라스카사스의 혀를 빌려 고백하다》. 울력.
와인가드, 티모시 C. (2019). 《모기》. 서종민 옮김. 커넥팅.
이종일. (2014). 《다문화사회와 타자이해》. 파주: 교육과학사.

미국 연방 대법원의 브라운 판결

브라운 판결은 미국 역사의 흐름을 바꾼 기념비적 사건이다. 사회에 커다란 변화를 가져온 사건에 대해 '기념비적'이란 수식어를 붙이는데 '브라운 판결'이야말로 이 조건에 부합한다. 1954년 5월 17일은 미국 역사, 특히 교육사에 특별한 날이다. 연방 대법원은 만장일치로 공립학교에서 '분리 평등 원칙'의 위헌을 판결했다. "공교육에서 분리 평등 원칙은 위헌이다. 분리된 교육시설은 본래 불평등하다." 역사학자 루이스 폴락은 "남북전쟁과 세계 양차 대전의 승리를 제외하였을 때, 브라운 판결은 노예해방선언 이후 미국 정부의 가장 중요한 행동이다"(Pollak 1966, 266)라고 역설했다.

이 판결 이전 미국의 공립학교에서는 '흑과 백을 분리하지만 동등하다'는 해괴한 원칙을 적용하는 데 익숙했다. 사회 저변에 스며들어 공고해진 이 해괴한 원칙은 구성원들로 하여금 해괴한 행동을 하게 했다. 비백인 학교와 백인 학교가 분리되어 운영되었다. 심지어 대학에서도 흑인의 입학을 거부했다. 학교뿐 아니다. 모든 공공시설은 물론이고 화장실, 식수대, 열차와 버스 등 대중교통, 영화관, 심지어 교회에서도 흑과 백은 분리되었다. 비백인과 백인은 물과 기름처럼 영원히 섞일 수 없었다.

'브라운 소송'은 부성애에서 시작했다. 올리버 브라운은 딸 린다 브라운(당시 8세)이 집 근처의 학교를 놔두고 멀리 떨어진 비백인 학교를 가야 하는 안타까움과 분노에 소장을 제출하였다. 그는 교회 부목사이면서 철공소 노동자였다. 1950년대 미국 사회에서 흑백 분리는 법률적으로 불법은 아니었다. 브라운 목사는 '분리 평등 원칙'을 합법적이고 보편적 상식으로 생각하던 시대에 침묵하지 않고 변화를 위한 큰 걸음을 내디뎠다.

브라운 측 변호인은 서굿 마셜이었다. 그는 '전미유색인지위향상협회(NAACP)' 소속 수석 변호사로 활약했다. 대표적인 인권변호사다. 'NAACP'는 인종 문제로 피해를 본 소송 사건에 소속 변호사를 파견했다. 그 자신도 메릴랜드 로스쿨에 지원했다가 흑인이라는 이유로 입학이 거부된 경험이 있었다. 그는 메릴랜드 로스쿨을 상대로 소송을 걸어 흑인 입학 거부 정책을 바꾸게 했다. 마셜은 브라운 판결을 이끌어내는 데 결정적인 역할을 해냈다. 변론의 핵심은 인종을 기준으로 분리하는 것은 위헌이라고 강조한 점이었다. 1967년 민주당 소속의 존슨 대통령은 마셜을 연방 대법관으로 지명했다. 9명의 대법관 중 유일한 흑인이었다.

브라운 판결로 미국 공립학교는 흑백 분리에서 흑백 통합으로 바뀌었을까? 오랜 관행에 익숙한 사람들의 의식을 바꾸고 행동으로 옮기게 하는 데는 예상 밖으로 훨씬 더 많은 시간을 필요로 했다. 특히 전통적으로 인종 차별이 심했던 남부에서는 더 많은 시간을 필요로 했고 더 많은 희생을 요구했다. 대통령이 흑백 통합 학교에 다니는 흑인 학생들의 등하교를 보호하기 위해 군대를 파견할 정도였다. 법치 국가에서 법은 질서를 유지하고 사회 변화를 선도하는 역할을 하지만 곧바로 실행되지 않는 경우도 있다. 브라운 판결이 이 경우다. 흑인 노예를 기반으로 대농장을 경영하던 디프사우스(Deep South, 남부 주)의 경우 연방 정부보다 주 정부의 권리가 우선한다는 신념을 가진 사람들이 많았다. 연방과 주가 동거하는 미국 거버넌스의 복잡성이다. 1970년대에 이르러 공립학교에서 명시적인 흑백 통합은 실현되었다.

사법부의 최고 법원인 연방 대법원에서 '분리 평등 원칙(플레시 판결)'을 뒤집는 데 58년이 걸렸다. 기득권인 백인들은 분리와 평등이 전혀 별개라는 것을 모를 리 없었을 것이다. 브라운 판결은 20세기 중반 이후 흑인 민권 신장을 위한 법률적 토대를 놓았을 뿐 아니라 흑인은 물론 백인까지도 사회 개혁 운동에 적극적으로 참여하는 결정적 도화선이 되었다. 1960년대 민권법, 투표권법 제정이나 소수민족 우대정책 역시 브라운 판결의 정신을 실천한 결과이다. 기념비적이란 수식어를 붙인 이유다. 차별과 분리는 어느 사회나 존재한다. 차별이 없는 완벽한 사회가 어디 있겠는가? 명시적 차별은 법으로 금할 수 있지만, 마음속에 똬리를 틀고 있는 잠재적 차별까지 완전 퇴치하는 데 어려움이 많다. 그러나 어렵지만 할 수 있는 한 차별을 퇴치하려는 노력은 끝까지 해야 한다.

우리나라도 다문화사회로 급격히 이행되고 있다. 단일민족이란 이데올로기에 강한 집착을 보이는 한국인의 의식 구조는 다양한 구성원 간의 갈등 요인이 될 수 있다. 브라운 판결을 통해 우리나라 다문화사회의 바람직한 미래를 조망해 보는 기회가 되면 좋겠다. 덧붙여 사법부의 독립성과 중립성을 생각해 본다. 사법부의 판결은 사회변화의 시계추다. 그 시계추가 어느 쪽으로 움직이느냐에 따라 역사는 전진하기도 하고 후퇴하기도 한다.

Anderson, T. H. (2004). *The pursuit of fairness: A history of affirmative action.* New York: Oxford.

Pollak, Louis H. (1966). *The constitution and the supreme court: A documentary history.* Cleveland: The world publishing company.

염철현. (2014). 〈브라운 판결 60년의 유산과 과제〉. 《교육법학연구》. 26(3).

Brown v. Board of Education, 347 U.S. 483. (1954).

Plessy v. Ferguson, 163 U.S. 537. (1896).

토르데시야스 조약

콜럼버스가 네 차례에 걸쳐 시도한 항해는 세계사적으로 큰 획을 그었다. 콜럼버스 항해 이전의 유럽인들이 알고 있는 세계는 선교사들과 여행가들이 전해주는 정보에 의존했다. 이븐바투타나 마르코 폴로의 여행기도 내용이 부정확하거나 과대 포장된 경우가 많았다. 과대 포장된 정보는 유럽인들의 호기심을 자극했다. 당시 낮은 수준의 항해술과 부정확한 지도를 가지고 대서양을 건너는 것은 목숨을 건 일이었다. 오늘날 콜럼버스의 동상이 그가 자행한 원주민 착취와 인권 유린 탓으로 수난을 당하고 있지만 위험을 무릅쓰고 미지의 세계로 탐험을 시도한 콜럼버스를 높이 평가하는 이유다.

유럽 국가 중 해외에 눈을 가장 일찍 뜬 나라는 포르투갈이었다. 일찍이 국내 정치가 안정되고 지리적으로 대서양에 면한 포르투갈은 바다로 진출하는 데 유리했다. 실제 포르투갈은 1415년 북아프리카의 세우타를 점령하고 대서양의 카나리아, 아조레스, 마데이라제도를 손에 넣었다. 흑인 노예무역의 효시는 해양에 눈을 먼저 뜬 포르투갈이었다. 1444년부터 포르투갈 탐험대가 포르투갈 남동쪽의 작은 항구도시 라구스에 아프리카 노예 235명을 부리면서 노예무역이 시작되었다. 이후 포르투갈은 4세기에 걸쳐 노예로 팔린 아프리카인 중 3분의 1 이상을 실어 나르게 됐다(들라캉파뉴 2013, 168 참조).

포르투갈은 유럽 밖의 '미지의 땅'을 발견하고 자국의 영토로 편입시켰지만 이를 공식적으로 인정받고 싶었다. 1479년 포르투갈은 스페인과 알카소바스 평화협정을 체결(1481년 교황청 비준)하여 교황으로부터 아프리카의 기니와 보자도르곶(당시 유럽에서 가장 떨어져 있던 땅) 남쪽에서 발견되는 땅은 모두 포르투갈의 영토라는 칙서를 받았다(함규진 2014, 81-82 참조). 교황의 권위가 초국가적이었던 당시 교황은 교회의 중심일 뿐 아니라 국가 간의 세속적인 문제의 중재자 또는 경기장의 심판 역할을 했다.

선도적으로 해양으로 진출한 포르투갈이 선점 효과를 거두고 있는 듯이 보였지만 콜럼버스가 신대륙을 발견하고 귀환한 1493년 이후에 사태는 복잡해졌다. 콜럼버스는 바하마제도, 쿠바, 히스파니올라(지금의 아이티) 등을 발견했다. 이 지역은 포르투갈이 이미 확보한 보자도르곶 선보다 아래에 있었다. 교황의 칙서대로라면 그 지역은 포르투갈 땅이 되어야 하는데 스페인이 가만있을 리 없었다. 만약 포르투갈이 콜럼버스의 대서양 항해 프로젝트를 수용했다면 세계 역사는 크게 달라졌을 것이다. 스페인은 성공 확률이 매우 낮은 고위험의 프로젝트에 투자하여 대박을 터트렸다.

콜럼버스의 신대륙 '발견'은 세계 지도를 바꾸게 했고 유럽의 '대항해시대'를 열었다. 그리고 발견한 땅에 대한 소유권을 명확히 해야 할 필요가 있었다. 상황은 스페인에게 유리하게 돌아갔다. 우선 스페인 왕이 자금을 댄 콜럼버스가 땅을 발견했고 강력한 중재자인 교황 알렉산데르 6세도 스페인 출신이었다. 더욱이 교황은 선거에서 뿌린 막대한 돈을 스페인에게 빌렸다. 1493년 교황은 "카보베르데제도 서쪽에서 약 550km 떨어진 지점을 분기점으로 서쪽은 스페인이 관리한다"(함규진 2014, 83)라는 칙서를 발표했다. 콜럼버스가 발견한 땅을 스페인이 관리하도록 한 것이다. 이전의 포르투갈과의 약속은 휴지조각이 되었다.

포르투갈은 전쟁 불사를 마지노선으로 스페인과 협상을 했다. 당시 스페인은 장기간의 레콩키스타(718-1492)로 이슬람 세력을 축출하고 지금의 영토를 완성했지만 포르투갈과 전쟁까지 할 여력은 없었다. 양국은 1494년 6월 7일 스페인 토르데시야스에서 조약을 체결하여 기하학적으로 영토를 분할하였다. 두 나라가 지구를 반반씩 나눠먹었다. 자를 어디에 놓느냐에 따라 소유권이 갈렸다. 이 조약의 핵심 내용은 '스페인과 포르투갈 사이에서 아메리카 땅의 새로운 경계선을 카보베르데

제도의 서쪽으로 1,786km 떨어진 지역에 남북으로 선을 긋고 선의 서쪽은 스페인에 속하고 선의 동쪽은 포르투갈에 속한다'이다. 오늘날 브라질이 포르투갈어를 사용하게 된 것도 이 조약의 결과다.

토르데시야스 조약은 국제관계에서 매우 중요한 조약이지만 나쁜 선례를 남겼다. 영국의 헨리 8세가 영국 국교회를 세워 가톨릭과 결별한 원인도 교황이 중재한 토르데시야스 조약의 기득권을 인정하기 싫었기 때문이라는 시각도 제기되고 있다(권홍우 2017). 유럽 제국주의자들은 이 조약을 모방하여 아프리카, 중동, 아시아에서 기하학적인 지리적 경계선을 긋고 식민체제를 작동시켰다. 토르데시야스 조약은 제국주의 욕망을 충족하기 위한 도구가 되었다. 현대에도 이런 유형의 경계선이 당사국 간의 갈등과 분쟁으로 이어지고 있다. 한반도를 남과 북으로 갈라놓은 38도 선도 강대국의 이해관계에 의한 결과가 아니던가. 이 조약문은 유네스코 세계기록유산으로 등재되었다.

들라캉파뉴, 크리스티앙. (2013). 《인종차별의 역사》. 하정희 옮김. 고양: 예지.
함규진. (2014). 《조약의 세계사》. 미래의창.
권홍우. (2017). 〈토르데시야스 조약…지구를 반씩 나눠 먹다〉. 《서울경제》, 6월 7일.

마르틴 루터의 보름스 종교재판

16세기 유럽의 종교 이야기를 해보자. 당시 유럽은 이탈리아를 중심으로 르네상스가 꽃을 피우고 있었는데 그 꽃의 향기는 일반 평민들의 생활이나 의식에까지 이르지 못했다. 말초신경까지 피가 돌지 않았다. 르네상스는 신본주의에서 인본주의로의 이행을 촉진하는 촉매제 역할을 하였지만 동시대 사람들의 삶은 여전히 종교 이데올로기의 지배를 받았다. 성경만 해도 구절을 읽고 이해하는 사람은 귀족이나 성직자 등 소수에 한정되어 있어 무지한 민중들은 성직자들의 설교를 곧 하느님의 말씀으로 생각했다. 모국어조차 읽고 쓰기 힘든 백성들이 라틴어로 된 성경을 이해할 것으로 기대하는 것은 불가능했다.

종교는 정신문화의 한 유형이다. 16세기 유럽 민중들의 정신세계를 지배한 종교는 단연 기독교다. 유럽의 지리적·정신적 공간은 기독교 문화라는 배타성과 획일성으로 팽배했다. 종교의 속성을 보면 다양성이 들어설 여백이 없었다. 지배적 단일문화가 도그마로 변질되면 정신적·세속적 지배자들은 타락과 부패의 유혹에 빠지기 쉬운 법이다. 급기야 성직자들은 "돈통에 동전이 땡그랑 소리를 내며 떨어지는 순간 영혼이 연옥에서 천국으로 날아간다"(주경철 2015, 194)라고 하면서 면죄부를 팔았다. 영혼구제를 담보로 한 판촉 전략으로 요즘말로 '희대의 사기극'이다. 교황은 세속적인 대기업 회장으로 유체 이탈하였고 면죄부는 영혼구제용 상품이었다. 오죽하면 '연옥은 중세 최고의 발명품'이라고 꼬집었겠는가. 연옥의 설계자는 《신곡》의 저자 단테다(남종국 2018 참조). 대주교는 계열사 사장이고 수도사들은 세일즈맨으로 진락했다. 현세의 고통과 번뇌에서 벗어나 사후에는 천국에 가고 싶어 갈망하는 가난한 백성들의 주머니를 열게 하는데 이 얼마나 강렬하고 설득력 있는 유혹인가? 가톨릭에서는 면죄부를 악의적인 표현 방식이라고 설명한다. 용어에 대한 오해를 풀 필요가 있다.

2011년 3월 14일 한국천주교주교회의에서는 면죄부 용어의 오해와 가톨릭교회에서 죄와 벌을 어떻게 사면하는가에 대해 설명하였다. 요약하여 옮겨본다. 면죄부는 가톨릭교회가 금전적 대가를 받고 신자들의 죄를 사해주었다는 인상을 준다는 점에서 오해를 불러일으킬 수 있다. '면죄부'는 '대사(大赦)'의 오역으로, '대사부(大赦符)'가 적절한 표현이다. 면죄가 죄를 완전히 면해주는 것이라면, 대사는 죄가 아니라 죄에 따른 벌을 사면해 준다. 다시 말해 대사는 죗값에 해당하는 벌을 사면해 주는 것이지 죄 자체를 사면할 효력은 없다. 용서와 죄를 구분해야 한다는 것이다. 가톨릭에서는 고해성사를 통해 죄를 용서받으며, 고해성사 때 사제가 주는 보속(기도, 선행 등)을 통해 죄에 대한 보상이나 속죄를 한다. 대사는 교황이나 주교 들이 줄 수 있으며, 대사의 조건으로 제시되는 행위는 고해성사, 영성체, 기도, 성지 순례 등의 신앙 실천이다. 이러한 실천들은 어떠한 물질적 조건도 요구하지 않는다. 현세에서 완전한 속죄를 하지 못하여, 죄에 따른 벌이 남아있을 수 있다. 그러기에 인간은 끊임없이 참회하고 속죄하며 정화의 과정을 거쳐야 한다. 이를 다 마치지 못하면 죽은 다음에라도 정화의 과정(사후에 천국에 가기 전 죄를 씻기 위해 연옥이라는 곳을 거침)을 거쳐야 한다고 믿는다. 이러한 벌을 사면해 주는 것이 바로 대사이다. 대사의 뿌리는 《구약성서》 〈사무엘 하〉 12장에서 하느님이 다윗의 악행을 단죄하는 한편 용서하는 장면에서 찾을 수 있다.

이만하면 면죄부에 대한 오해는 풀렸을 것이다. 죄는 하느님만이 사면할 수 있는 것이며, 하느님의 대리인으로서 교황과 주교는 벌을 면하는 권한을 갖고 있다. 개념이나 용어는 시간이 흐르면서 악의적이거나 부정적으로 오용 또는 오역되는 경우가 많다. 부정적 의미로 사용하게 된 데에는 교회 탓을 할 수밖에 없다. 16세기 종교개혁 이전에도 대사 또는 대사부가 횡행했고 교회에서 민중들에게 대사부 판매를 남발·남용한 측면이 컸다는 점도 무시할 수는 없다. 대사의 오·남용은 이미

1215년 제4차 라테라노 공의회에서 단죄되었고, 1414년 콘스탄츠 공의회도 대사 오용의 위험을 경고했다.

초기에 대사부는 지역의 성직자들이 장례를 치르고 난 유가족들의 심란한 마음, 다시 말해 고인이 천국행 기차를 탔을까 하는 불안한 마음을 위로하기 위해 시행하였다. 죽음 이후의 세계에 대한 확신이 부족한 신자들에게 사제의 대사는 큰 위로가 되었을 것이다. 11세기에 시작된 십자군전쟁은 본격적으로 대사부를 정치적·세속적으로 이용하는 계기가 되었다. 교황 우르바노 2세는 십자군 참전을 장려할 목적으로 참전 군인과 군부대에 후원금을 낸 후원자들에게 교황의 권한으로 대사부를 발급해 주었다. 16세기 교황 레오 10세에 이르러 교황청의 부채 탕감과 교회 건축 비용 마련을 위한 모금 방안으로 대사부가 대대적으로 활용되었다. 수도사들이 대사부 판매원으로 나섰다. 요즘식으로 말하면 보편적인 '공공모금운동'이었다.

16세기 루터가 종교개혁에 신호탄을 당겼던 시기에 대사부 발급 비용이 궁금할 것이다. 판매가는 4분의 1플로린. 평민의 작은 집 6개월치 월세 또는 송아지 세 마리에 해당하는 금액이었다고 하니 거액이다. 대사부 구입비 말고도 각종 세금에도 힘겨워하는 일반 평민들에게는 큰 부담이 아닐 수 없다. 교회가 백성들의 고혈을 빨아 막대한 금전적 이익을 챙기고 이렇게 조성된 돈은 교황청으로 흘러갔다. 루터는 95개조 반박문의 86조에서 이렇게 반박한다. "또한 오늘날 제일 부자의 재산보다도 더 많은 재산을 가진 교황이 가난한 신자의 돈으로 행하는 대신 차라리 자기의 돈으로 성베드로대성당쯤은 세울 수 있지 않는가?"(김재성 2017).

중세 기독교의 대사부(면벌부 또는 면죄부라는 용어로도 사용되고 있어 문맥에 따라 대사부와 면죄부를 혼용)에 얽힌 내막을 알면 종교개혁의 필연성은 자연히 따라오게 된다. 이 정도로 부패한 교회의 행태를 보면 루터가 아니더라도 누군가에 의해 이슈가 제기되고 교단에서 개혁 방안이 나왔을 성싶다. 교회 개혁에 필요한 임계치를 훨씬 넘었다. 대사부에 관한 논쟁은 루터의 마음속에서 째깍거리던 시한폭탄을 마침내 폭발시킨 마지막 핀이었던 셈이다(에릭슨 1982, 269 참조).

마르틴 루터(1483-1546)는 1517년 10월 31일 비텐베르크대학교 성당 교회 출입문에 95개조 반박문을 붙였다. 동시에 교황 레오 10세가 면죄부 판매 책임자로 임명한 알브레히트 대주교에게도 반박문을 보냈다. 원제목은 〈면죄의 능력과 유효성에 대한 논쟁〉이다. 토론 제기 방식의 양심선언이었다. 면죄란 주제를 놓고 토론해 보자는 것이었다. 95개조 반박문을 보면 누구나 쉽게 나열한 조항이 아니라는 것을 알 수 있다. 웬만큼 성경과 교리에 대해 깊이 있는 연구를 하지 않았다면 이런 반박문이 나오기 어렵다. 비텐베르크대학교의 철학 교수이면서 목회자였던 루터는 누구와 교리를 놓고 토론을 해도 자신 있다는 방증이다. 토론의 쟁점은 간단했다. '인간이 지은 죄는 교황조차도 면죄할 수 없다. 사면권은 하느님에게 있다. 면죄받기 위해서는 참된 회개가 필요하다.'

영국의 역사학자 토머스 칼라일은 마르틴 루터가 1521년 4월 18일 보름스 제국의회의 종교재판에 죽음을 무릅쓰고 출두한 일을 이렇게 평가한다. "자신의 주장을 철회하지 않겠다고 말하는 장면은 인류 근대사에서 가장 위대한 순간이다." 루터는 의회 재판관들의 회유와 협박에 굴복하지 않고 이렇게 고백했다(백승현 2008, 176).

> 내 양심은 하나님의 말씀에 사로잡혀있습니다. 나는 아무것도 철회할 수 없고 또 그럴 생각도 없습니다. 왜냐하면 양심에 반해서 행동하는 것은 안전하지도 못할 뿐만 아니라 현명한 일도 아니기 때문입니다. 하나님이여, 이 몸을 도우소서, 아멘.

신성로마제국 황제 카를 5세가 개최한 보름스 제국의회에서 자신의 양심을 지켜낸 루터는 더 이상 법률의 보호를 받을 수 없었다. 1521년 1월 3일 로마 교황청이 루터를 파문한 데 이어 황제도 루터를 파문하여 응징했다. 법적으로는 누군가 그를 살해한다고 해도 죄를 묻지 않겠다는 것이다. 유럽의 대학에서도 루터의 가르침을 정죄했다. 지금의 독일 지역은 당시 신성로마제국의 황제를 선출하던 선제후들이 다스리고 있었다. 다행히 비텐베르크대학교 설립자이면서 작센의 선제후인 현명공 프리드리히 3세(1463-1525)가 루터를 보호하고 나섰다. 프리드리히는 교황청의 루터 소환을 거부했다. 루터가 로마로 보내졌으면 그의 안전을 보장할 수 없었을 것이다. 루터가 신변안전의 보호를 받지 못했다면 미완의 종교개혁으로 끝났을 수도 있었다.

루터는 작센 선제후의 보호 아래 바르트부르크성에서 신변 안전은 물론 교회사와 독일어 분야에서 역사적인 업적을 이루어냈다. 그는 라틴어로 된 성경을 독일어로 번역하여 1522년 9월에 출판했다. 《9월 성서》다. 루터가 성서를 번역하는 원칙은 시장 사람들, 가정주부들, 거리에서 뛰어노는 아이들도 이해할 수 있게 하는 것이었다. 루터의 독일어 성서 번역은 독일 기독교인들을 교회의 권위에서 해방시켰다. 더 이상 특정인을 위한 성경이 아니었다. 루터의 독일어 성경 번역본은 현대의 표준 독일어의 토대가 되었고 독일어 문법이 통일되는 계기가 되었다. 그는 평민들이 사용하는 평범한 언어를 사용하여 독일어 성경을 완성했다. 루터가 성서를 독일어로 번역하는 데 강력한 동기를 부여한 에피소드가 전해진다. 어느 날 루터가 길을 가다 밭에서 일하던 농부가 혼잣말로 중얼거리는 말을 들었다고 한다. "성경을 내 눈으로 직접 읽을 수 있다면 내 한 팔을 잘라도 좋겠다"(주경철 2015, 198). 그만큼 라틴어 성서를 독일어로 번역하는 작업이 어려웠다는 점을 강조한 에피소드일 것이다. 루터는 성서 완역본을 제일 먼저 선제후 프리드리히 3세에게 증정한다. 선제후는 사람 보는 안목이 높았다. 루터가 사망할 때까지 이 성경이 10만 부 정도 판매되었다고 한다. 오늘날의 베스트셀러다. 민중들이 쉽게 쓰인 성경을 얼마나 갈망했는가를 짐작케 한다.

루터의 종교개혁 소식은 구텐베르크의 인쇄술 덕분에 빠르게 전파되었다. 일이 잘되려면 주변의 여건이 따라주어야 한다. 루터의 종교개혁을 폭력적인 방법으로 달성하려는 세력도 있었다. 비텐베르크대학교의 동료 교수 안드레아스 카를슈타트가 대표적인 부류였다. 그는 성경을 읽고 배우는 것은 무용하고 성당의 성상까지도 없애야 한다고 주장했다. 이 주장에 동화된 시민들은 실제로 성상을 파괴했다. 루터는 폭력에 결단코 반대했다. "나는 어느 누구도 폭력과 피 흘림을 가지고서 복음을 위해 싸우는 것을 원치 않는다. 말씀을 통해 세상은 정복되며, 말씀을 통해 교회는 구원받으며, 말씀을 통해 교회는 부흥한다." 그의 메시지는 '오직 믿음, 오직 성경, 오직 은총'으로 요약된다. 오늘날 개신교의 목회 비전은 루터의 세 가지 메시지 그대로다.

르네상스는 14-16세기에 일어난 문예부흥 또는 문화혁신운동이다. 르네상스는 중세와 근세를 잇는 징검다리 역할을 했다. 르네상스의 결정기는 종교개혁이 아닐까 싶다. 개천의 물이 모여 시냇물이 되고 시냇물이 모여 강을 이루는 것처럼 16세기 사회 지도층과 백성의 의식 속에 형성된 인문사상이 모여 종교개혁의 꽃을 피울 수 있었다. 아이러니하게도 르네상스는 종교개혁으로 신교와 구교가 분열되면서 그 꽃을 피운 이탈리아를 시작으로 막을 내리게 되었다.

종교개혁이 시작된 지 500년도 더 지났다. 현대인과 중세인의 영혼관이나 천국관은 얼마나 다를까 싶다. 기독교 신앙인이라면 사후에 천국에 가고 싶은 것은 인지상정이다. 오늘날에도 천국에 가고 싶은 인간의 세속적 욕망을 이용해 대사부를 판매했던 중세 기독교의 행태가 없어졌다고 장담할 수 없을 것이다. 기독교는 용기 있는 한 사제의 양심선언으로 대개혁의 전기를 마련할 수 있었다. 루터는 평생 구원의 문제를 고민한 신앙인이었고 그리스도의 본질을 알고자 한 목회자이기도 했다. 루터가 주창한 종교개혁의 본질을 이해한다면 개혁은 종결이 아니고 진행형이어야 한다고 생각하는 것은 나만이 아닐 것이다.

에릭슨, 에릭. (1982). 《청년루터》. 최연석 옮김. 인간사.

주경철. (2015). 《문화로 읽는 세계사》. 파주: 사계절.

주경철. (2017). 《주경철의 유럽인 이야기》. 휴머니스트.

백승현. (2008). 〈종교개혁의 배경에 관한 정치사상적 고찰〉. 《사회과학연구》. 34(3).

김재성. (2017). 〈루터의 95개조 반박문의 중심주제〉. 《크리스천 투데이》, 10월 31일.

남종국. (2018). 〈연옥, 중세 유럽의 최고 발명품〉. 《경향신문》, 12월 19일.

이주연. (2011). 〈대사부(大赦符) 용어가 적절한 표현〉. 《가톨릭신문》, 3월 27일.

〈루터〉. (2003). 영화.

〈킹덤 오브 헤븐〉. (2005). 영화.

1492년 스페인

신대륙을 발견한 콜럼버스, 유대인을 발견한 스페인 왕

유럽에서 15-17세기 중반은 스페인의 시대였다. 특히 1492년, 스페인에는 국운을 좌우할 중대한 역사적 사건들이 많이 일어났다. 첫 번째로 손꼽을 수 있는 역사는 레콩키스타(Reconquista, 국토 재정복)이다. 스페인의 국토 재정복은 1492년 1월 2일, 이베리아반도 무슬림의 마지막 보루였던 그라나다를 정복하면서 종결되었다. 781년(711-1492) 만이었다. 레콩키스타로 국토 재정복에 성공한 스페인은 로마 가톨릭의 보호국을 자처하며 유대인과 무슬림을 추방하고 해외로 눈을 돌렸다.

1492년은 카스티야왕국과 아라곤왕국이 연합하여 스페인왕국을 수립한 해이기도 하다. 무슬림의 지배에서 벗어나 정치적·문화적 이해를 달리하는 지역 군주들이 하나의 통치구조에 합의했다. 합의에 이르게 된 모멘텀은 바로 로마 가톨릭이라는 종교였다. 그해 3월 31일 '알람브라 칙령'을 공포했다. 스페인판 '퐁텐블로 칙령'(1685년 프랑스에서 프로테스탄트를 추방한 칙령)이다. 칙령에서는 로마 가톨릭으로 개종하지 않은 무슬림과 유대인을 추방하고 4개월 내에 유대인은 재산을 처분해야 했다. 모든 재산권을 인정하고 보호하며, 동산과 부동산을 자유롭게 처분해 국외로 반출할 수 있지만 금과 은, 화폐의 반출을 비롯해 국가가 정하는 품목을 가져갈 수 없다는 단서를 달았다(홍익희 2016, 44-47 참조). 국가에서 유대인의 재산을 압류하겠다는 점잖은 표현이었다. 꿩도 먹고 알도 먹는 전략이다.

유대인 이주민 숫자는 약 20만 명으로 추정된다. 이들은 오스만제국과 발칸반도, 북아프리카, 멀리는 신대륙 남미까지 세계 전역으로 흩어졌다. 집단 디아스포라의 시조다. 그렇게 뿔뿔이 흩어진 '세파르디(Sefardí) 유대인'은 약 350만 명에 이르는 것으로 추산된다. 세파르디 유대인은 이베리아반도에서 나고 자란 유대인을 가리킨다. 스페인 거주 유대인들이 이베리아반도를 히브리어로 '세파라드'라고 불렀던 데서 유래했다. 스페인이 유대인을 쫓아낸 후 스페인의 금융과 유통망이 무너졌고 1557년 국가부도를 선언하였다. 프랑스가 위그노를 추방하면서 빚어진 결과를 확인한 바 있다. 국가의 경쟁력에는 문화적 다양성이 얼마나 큰 위력을 발휘하는가를 알 수 있다.

스페인 하원은 2015년 3월 25일, 중세 시기 '유대인 추방'을 사죄하고 그 후손들에게 스페인 국적을 부여해 이중국적을 허용하는 법안을 통과시켰다. 2019년 9월, 15세기 말 스페인에서 추방됐던 세파르디 유대인 후손들의 스페인 국적 신청에 봇물이 터졌다. 13만여 명의 유대인 후손들이 국적 취득 신청을 했다. 신청자는 가계 족보 또는 랍비(유대 율법학자)의 공증을 통해 유대인 혈통을 증명해야 한다. 스페인어와 역사·문화 지식에 대한 시험도 통과해야 한다. 소정의 과정을 통과한 신청자들은 기존 국적과 상관없이 스페인 시민권을 얻게 된다.

지구상에 수많은 민족이 있지만 유독 유대인은 핍박과 박해를 많이 받았다. 혹자는 예수를 죽게 했다는 죄 때문에 미워한다고 했다. 혹자는 상술에 뛰어나 부를 축적하고 고리대금을 한 것이 밉다고 했다. 레콩키스타 후 스페인에서 벌어진 유대인 추방과 처형은 제2차 세계대전의 나치 만행을 연상시킬 정도였다. 종교를 이유로 인간으로서 할 수 없는 끔찍한 마녀 사냥을 했다.

1492년 8월에는 콜럼버스가 아메리카를 '발견'했다. 콜럼버스는 4차례에 걸쳐 아메리카로 항해를 했다. 오늘날 콜럼버스가 원주민에 대한 인종차별과 박해로 비난을 받고 있지만, 대단한 탐험가인 것에 대해서는 이론의 여지가 없다. 그는 신대륙에 거주하는 원주민을 포교의 대상으로 생각했다. 자신을 그리스도의 복음을 전파하는 선교사로도 생각했다. 한 번도 항해를 마치기 어려운 환경에서 네 번씩이나 항해를 다녀온 것은, 그만큼 그의 메시아적 열정과 포부가 컸기 때문이다.

1492년은 스페인 국내사적으로뿐 아니라 세계사적으로 획기적인 해였다. 정치적으로는 레콩키스타로 무슬림을 축출하여 국토 재정복을 완성하고 종교적으로는 유대인을 추방하여 가톨릭 보호국으로 위상을 튼튼히 하고 대외적으로는 신대륙을 발견했다. "콜럼버스는 아메리카 대륙을 발견하고, 스페인 왕은 유대인을 발견했다"(주경철 2017ㄴ, 184)라는 말이 나온 유래다. 1492년은 이베리아반도의 스페인이 국내의 정치적 안정을 기반으로 세계 경영을 위한 기지개를 켠 해로 기록됐다.

유럽 역사를 보면 세계 경영을 위한 공통 조건을 발견한다. 국가는 지리적·종교적으로 통일되어야 하고 자본과 해양 기술을 구비해야 한다. 이베리아반도에서 무슬림을 쫓아내고 국토 재정복의 완성은 물론 가톨릭 국가로서 위상을 수립한 스페인을 시작으로 유럽은 본격적으로 해양에서 경쟁하기 시작했다. 동아시아 전쟁인 임진왜란(1592)이 발발하기 100년 전, 지구 반대편에서는 레콩키스타로 국력을 결집한 스페인을 시작으로 유럽인들은 바다의 정복, 즉 세계 패권을 놓고 대항해시대를 열었다. '대항해시대'는 가해자, 정복자의 위치에 있었던 유럽인들의 역사 인식이고 합리화다. 콜럼버스의 신대륙 탐험대를 시작으로 '탐욕호'와 '광기호'라고 이름을 붙인 배들이 본격적으로 대양을 누비게 되었다.

주경철. (2017ㄱ). 《그해, 역사가 바뀌다》. 파주: 21세기북스.

주경철. (2017ㄴ). 《주경철의 유럽인 이야기》. 휴머니스트.

홍익희. (2016). 《홍익희의 유대인 경제사 4》. 한스미디어.

《조선일보》. (2021). 〈소금 상권 장악한 유대인, 근대 첫 주식회사 설립…자본주의 열었다〉. 3월 30일.

채인택. (2018). 〈망명은 인류 역사만큼이나 길다〉. 《이코노미스트》, 7월.

《한겨레》. (2019). 〈쫓겨난 유대인 후손 13만 명 '스페인 국적' 신청 봇물〉. 10월 2일.

미국 시민 투표권

오늘날 미국이 민주주의와 인권을 수출하는 국가로서 자유민주주의 교과서처럼 생각되지만 역사를 들여다보면 결코 그렇지 않다. 투표권만 해도 그렇다. 남북전쟁(1861-1865)이란 내전을 겪은 후 1870년 연방 헌법 수정 제15조 투표권을 비준했다. "미국 시민의 투표권은 인종, 피부색 또는 이전 예속 상태(노예)를 이유로, 미국 또는 어떤 주에 의해서도 부정되거나 제한되지 아니한다." 단서도 두었다. "의회는 적절한 입법을 통하여 본조를 강제할 권한을 가진다." 이 헌법조항이 합중국의 선언적 법률에 불과하다는 것은 곧 드러났다.

연방 헌법의 수정을 위해서는 각 주에서도 비준 절차를 밟아야 한다. 수정안이 채택되기 위해서는 모든 주 중 4분의 3이 비준을 마쳐야 한다. 연방 헌법 수정 제15조(투표권)는 1869년

2월 발의되고 연방 의회가 비준했지만, 각 주에서의 비준 시기는 천차만별이었다. 오리건주는 1959년에, 캘리포니아주는 1962년에, 메릴랜드주는 1973년에, 테네시주는 1997년에 비준했다. 무려 128년이 걸렸다. 연방 헌법은 쉽게 바꿀 수 없게 되어있다. 연방 의회는 7천여 개의 헌법 수정안을 심의했으나, 33개 수정안을 통과시켜 각 주에 회부했다. 그중 27개 수정안만이 비준되었다.

연방 헌법이 미국 시민의 투표권을 보장하였음에도 남부의 많은 주에서는 흑인들의 투표를 조직적으로 방해했다. 합중국의 행동 규범이 되는 헌법도 무용지물이었다. 투표를 하려는 유권자는 문해 능력 테스트를 통과하거나 인두세(또는 투표세)를 내야 했다. 흑인들은 문맹자들이 많아 투표할 수가 없었다. 선거가 있을 때면 유권자 등록을 지원하는 자원봉사자들이 많은 이유다. 당시 투표세는 1달러 정도였는데, 오늘날 환산하면 20달러 정도다. 가난한 사람들 중 돈까지 내면서 투표할 사람이 얼마나 있겠는가? 어느 주에서는 투표소를 찾기 어렵게 만들기도 했다. 아래에서는 투표하려는 흑인이 어떤 장애물 코스를 통과해야 하는가를 묘사하고 있다(콸스 2002, 258-259).

> 신청자들은 유권자명부 담당자를 찾기 위해 '술래잡기' 놀이를 해야 했다. 유권자명부를 찾았다 하더라도 담당 공무원은 유권자가 되려는 흑인 신청자에게 '보증인'을 요구하거나 분명한 이유 없이 떨어질 게 뻔한 장문의 테스트를 요구한다. 공무원은 흑

인의 신청을 아주 느리게 처리하거나 결정 내용을 신청자에게 알려주지도 않는다.

어떤 주에서는 '할아버지 조항'을 명기하였다. 할아버지 조항은 1867년까지 투표권을 갖고 있던 사람과 그 자손에 대해서는 시험이나 투표세를 면제함으로써 백인의 투표율을 유지하려 했다. 상황에 편리하게 적용되는 고무줄 헌법이었다. 지식인 중에는 노예제도의 정당성을 그럴듯한 말로 포장한 이도 있었다. 윌리엄메리대학교의 토머스 듀 교수의 궤변이다(모로아 1994, 321).

최고의 지식과 능력을 가지고 있는 인간이 열등한 인간을 지배하고 이용하는 것은 자연의 법칙이며 신의 섭리이다. 동물 간에 약육강식이 성행하고 있듯이 인간이 인간을 노예로 사역하는 것은 자연의 섭리다.

기원전의 아리스토텔레스가 다시 나타난 느낌이다. 듀 교수는 독일에서 철학을 공부했는데 대학에서 불평등 현상은 사회의 기본 형태라는 신념을 가르쳤다. 당시는 노예제 옹호와 인종 차별이 하나의 습관이었고 그 습관은 인간의 감수성을 마비시켰다. 1915년에야 연방 대법원은 할아버지 조항에 대해 위헌 판결을 내렸다. 인두세는 1964년 연방 헌법 수정 제24조에 의해 폐지되었고, 1966년 연방 대법원은 위헌 판결을 내렸다.

존슨 행정부는 1964년 민권법 제정에 이어 1965년 투표권법을 제정하였다. 투표권법은 연방 헌법 수정 제15조를 구체화하여 주 정부와 지방 정부가 선거 자격을 제한하거나 투표에 필요한 요건, 표준, 관행, 또는 절차를 요구하는 것을 금지시켰다. 인종이나 피부색 때문에 미국의 시민의 권리로 선거를 할 수 있는 권한을 부정하거나 줄이는 것을 금지한 것이다.

1960년대 미국 사회는 반전운동, 페미니즘 운동, 민권운동 등 이데올로기적으로 백가쟁명의 시대였다. 시위와 소요가 끊이지 않았고 사회는 불안했다. 1963년 케네디 대통령이 암살된 뒤 대통령직을 승계한 존슨은 행운아였다. 케네디의 암살은 미국 사회의 분위기를 180° 바꿔놨다. 민주주의 제단에 케네디를 희생양으로 삼았다. 행정부와 연방 의회가 한 몸처럼 움직였다. 존슨은 '위대한 사회' 건설에 필요한 법률들을 제정하였다. 민권법을 비롯하여 복지, 교육, 보건, 국방, 과학, 국가 인프라 등 오늘날 미국이 문명국가로 발돋움하는 데 필요한 대부분의 법률을 제정하였다. 존슨 대통령을 'Mr.민권'으로 부르는 이유다. 죽은 케네디가 존슨과 미국 사회를 살렸다. 오늘날 케네디를 위대한 대통령으로 부르는 이유다. 그는 대통령 임기 중에 죽었지만 그가 추구하는 미국의 이상과 가치는 죽지 않고 살아 숨 쉬고 있다.

2019년 기준 전체 미국 인구(3억 2,823만 명) 중 백인 60.1%, 히스패닉 18.5%, 흑인 13.4%, 아시안 5.9% 순이다. 16세 이하 세대에서는 백인이 '소수 인종'이 됐다. 아시아와 히스패닉 인구가 급증하는 반면 백인의 출산율은 계속 떨어지고 있기 때문이다. 젊은이들의 인구 다양성이 심화되고 있다.

2020년 11월 3일 실시된 미국 대선에서 보여준 유권자의 투표 성향을 보면 흥미로운 사실을 발견한다. 농촌, 저학력 백인, 고령자 대다수는 공화당의 트럼프를 찍었다. 도시, 고학력 백인, 젊은이 대다수는 바이든에게 투표했다. 트럼프의 백인 우월주의적인 또는 인종차별적인 언행이 통하는 이유다. 인구 구성을 보면 백인 우월주의자들이 조바심을 낼 만도 하다. 건국 이래 누려왔던 기득권을 빼앗길 것 같은 심정일 것이다. 트럼프가 그들의 기득권을 되찾아 줄 것처럼 보였다. 트럼프는 정치 신인이지만 유권자의 마음을 읽어내는 데 천재다. 워싱턴 D.C.에서 정치인으로 노회한 사람들이 트럼프의 적수가 되지 못하는 이유다.

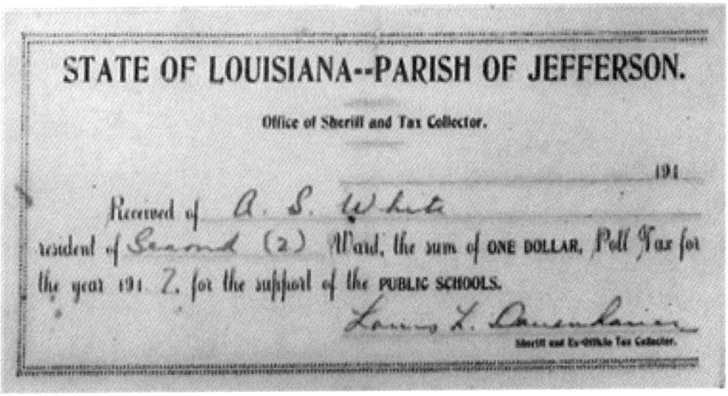

STATE OF LOUISIANA--PARISH OF JEFFERSON.

Office of Sheriff and Tax Collector.

191

Received of A. S. White

resident of Second (2) Ward, the sum of ONE DOLLAR, Poll Tax for the year 1912, for the support of the PUBLIC SCHOOLS.

Sheriff and Ex-Officio Tax Collector.

1912년 루이지애나주의 인두세 영수증
공립학교 지원 명목으로 1달러의 인두세를 받았다

투표는 '민주주의 꽃'이라고 한다. 유권자는 투표로 정부와 지도자를 선택하고, 심판하고, 메시지를 전한다. 정치인이 유권자를 두려워하는 이유는 바로 투표권 때문이다. 일부 국가에서 투표 기권자에게 벌금을 물게 하는 이유가 이해된다. 민주국가 시민들의 투표할 권리는 기본권의 출발이다. 미국도 오랫동안 시민의 기본권을 유린·탄압·박해해 온 아픈 역사를 가지고 있다. 오늘날 미국 시민들이 투표할 권리를 획득한 역사는 소중한 인권 쟁취의 역사다. '모든 투표가 개표'되어야 하는 이유이기도 하다.

모로아, 앙드레. (1994). 《미국사》. 신용석 옮김. 기린원.
서정갑. (2001). 《부조화의 정치》. 법문사.
유종선. (2012). 《미국사 다이제스트 100》. 가람기획.
케스터, L. 레너드·사이먼 정. (2012). 《미국을 발칵 뒤집은 판결 31》. 조미현 옮김. 현암사.
콰스, 벤자민. (2002). 《미국 흑인사》. 조성훈·이미숙 옮김. 백산서당.

미국 군대의 흑백 통합

1896년 5월 18일은 미국 인권 역사에 악명 높은 선례를 남긴 날로 기록되어 있다. 연방 대법원이 플레시(Plessy) 사건에서 '분리 평등 원칙'에 대해 합헌 판결한 날이다. 백인과 비백인을 분리하지만 평등하게 대우한다면 헌법 정신에 위배되지 않는다는 것이다. 이 원칙은 비백인들을 차별하기 위한 하나의 구실에 불과했다는 것은 굳이 설명할 필요가 없을 정도다. 미국의 백인들은 이 판결을 신줏단지 모시듯하면서 합법적으로 흑인을 격리하고 차별적으로 처우하였다. 공립학교는 물론이고 식수대, 화장실, 버스, 기차의 좌석에는 백인 전용과 흑인 전용을 따로 두었다. 심지어 영혼을 구제하는 교회에서도 흑인과 백인은 커튼을 사이로 앉아 예배를 보았다.

'분리 평등 원칙'이라 불리는 플레시 판결은 미국 사회에서 백인이 흑인을 어떻게 대우할 것인가에 대한 대원칙이 되었다. 법률적으로는 1954년 5월 17일 브라운 판결이 나오기 전까지 법원의 최종 판단이었다. '분리 평등 원칙'은 군대에서도 예외가 아니었다. 남북전쟁, 양차 세계대전에서 흑인들도 참전하였지만, 백인 부대와 분리되었다. 흑인 부대를 별도로 운영하였다. 미군은 입대 전에 적성검사를 보았다. 합격 기준은 백인은 70점, 흑인은 99점이었다. 흑인을 열등 인종으로 낙인 찍은 결과다. 흑인 부대는 총을 쏘는 전투에 참가시키지 않았다. 주로 후방에서 백인들을 지원하는 병참부대에서 주로 일을 했다. 취사, 노무, 세탁, 우편 업무 등을 도맡았다. 흑인 간호병들은 흑인 병사 또는 독일군 전쟁 포로만을 간호했다.

군에서 흑인 병사에 대한 인식은 제2차 세계대전 막바지에 반전되었다. 100만 명 이상의 흑인 남성들이 징집되었고, 8만 명은 자원했다. 연합군이 승리한 요인에는 흑인들의 공로가 크다. 흑인 자원자가 많아 백인 병력의 10%로 입영자 수에 제한을 두었다. 1950년 한국전쟁을 기점으로 군대에서 흑백 통합이 이루어졌다. 미군은 개전 초기 북한군을 쉽게 제압할 줄 알았다. 시간이 갈수록 계획은 틀어지고 사망자와 부상자는 늘어갔다. 미군은 흑인 입영 제한 비율을 없앴다. 더 많은 흑인 병사들이 한국전쟁에 참전할 수 있었고 흑백 군인 통합이 이루어졌다.

한국전쟁은 미군이 '흑백 통합으로 치른 첫 번째 전쟁'이었다. 전쟁 기간 연인원 총 180만 명의 미군이 참전하였는데, 그

중 10만 명 이상이 흑인이었다. 흑백은 참호에서 함께 보초를 서고 같은 막사에서 내무생활을 했다. 생사고락을 같이하는 전우가 되었다. 통합 참호 개념이 등장했다. "백인 병사가 흑인 하사관 아래 복무하는 데 아무런 문제가 없었다. (…) 전투에서 병사의 피부색이 백색이든 홍색이든 흑색이든 녹색이든 아니면 청록색이든 간에 아무런 차이도 없었다"(앤더슨 2006, 87-88).

1948년 7월 해리 트루먼 대통령이 군에서 흑인 차별을 철폐하는 대통령령에 서명함으로써 비로소 미군 내 흑인에 대한 인종차별이 공식적으로 철폐됐다. 하지만 위계와 명령을 생명으로 여기는 군대에서도 흑백 통합은 쉽게 이루어지지 않았다. 흑백 통합을 이룬 것은 군 통수권자인 대통령의 명령이 아니었다. 다른 결정적인 요소가 있었다. 많은 백인 군인들이 죽어 나가고 불리하게 돌아가는 전황이 차별 의식에 반전을 가져왔다. 제2차 세계대전 막바지가 그랬고 한국전쟁의 초반이 그랬다. 전쟁의 긴박한 상황이 군대에서 흑백 통합을 이루는 촉매제였다.

흑인에게 기회의 문이 열리자 놀라운 일들이 일어났다. 이 기회의 문으로 한국전 장진호 전투에서 사망한 최초의 흑인 조종사 제시 브라운(1926-1950) 해군 소위, 최초의 흑인 장성 프랭크 피터슨(1932-2015), 4성 장군 출신으로 흑인 최초 국무장관 콜린 파월, 클래런스 토머스 대법관, 버락 오바마 대통령 등 수많은 사람들이 들어왔다. 기득권 세력이 필요할 때는 제한된 기회만을 허락하고 그렇지 않을 때는 그 제한된 기회조차 박탈하는 것은 지독한 인종차별의 전형이다. 감탄고토(甘呑苦吐)요, 토사구팽(兎死狗烹)이다.

1954년 5월 17일 연방 대법원이 브라운 판결에서 "공립학교에서 흑인과 백인을 분리하는 것은 본질적으로 위헌이다"라고 판결하면서 흑백 분리가 공식적으로 철폐되었다. 군대에서 흑백 통합이 성공적이라는 평가도 이 판결에 영향을 미쳤다. 군대에서의 흑백 통합은 미국 사회가 흑백 분리를 끝내고 흑백 통합으로 가는 리트머스 시험지였다. 나쁜 선례를 뒤집는 데 무려 58년이 걸렸다.

앤더슨, 테리 H. (2006). 《차별철폐정책의 기원과 발자취》. 염철현 옮김. 파주: 한울아카데미.

염철현. (2014). 〈브라운 판결 60년의 유산과 과제〉. 《교육법학연구》. 26(3).

《세계일보》. (2020). 〈해리스 美대사 "6·25 참전한 흑인 병사 10만명 넘어"〉. 2월 2일.

미국 연방 대법원의 아미스타드 판결

1839년 6월 27일 스페인 국적 노예무역선 아미스나다드호가 53명의 아프리카 노예를 선적(당시 노예는 화물 취급)하고 쿠바 아바나항을 떠났다. 노예들은 이른 봄 서아프리카 해안 시에라리온의 노예 수용소로 납치되었고, 대서양 건너 쿠바에 도착하여 스페인 노예 상인 2명에게 팔렸다. 출항 5일 후 노예들은 선상 반란을 일으켜 백인 노예 상인 2명을 제외한 선장과 선원들을 죽였다. 노예들은 항해 기술이 없었다. 그들은 살려둔 백인 2명에게 키를 맡겨 아프리카로 향하도록 했다. 항해 중 미국 코네티컷주 롱아일랜드 해안에서 미 해군에 체포되어 연방 지방법원에서 재판을 받게 되었다.

노예 상인 루이즈와 몬테즈는 노예들이 그들의 재산이라고 주장하면서 반환을 요구했다. 연방 검사는 아프리카 '야만인'

들을 살인죄로 처벌할 것을 주장했다. 스페인 정부는 '화물'의 인도를 요구했다. 노예들은 아프리카 출신으로 불법적으로 강제 납치되었다고 주장했다. 코네티컷의 연방 지방법원은 노예들은 자유이며 아프리카로 송환되어야 한다고 판결했다. 당시 미국-스페인 간의 조약에 따라 노예들을 스페인의 재산으로 인정하고 송환을 주장했던 미국의 밴 뷰런 정부는 법원의 판결에 불복하고 연방 대법원에 항소를 제기했다. 골치 아픈 외교 문제에 얽히고 싶지 않았다. 행정부와 사법부 간에 소송이 제기되었고 행정부는 은근히 사법부를 압박했다.

이해관계자의 입장은 첨예하게 엇갈렸다. 노예들은 노예 상인의 재산인가? 미국 사법부의 최고 법원인 연방 대법원은 아니라고 판결했다. 연방 대법원은 스페인의 법률도 노예무역과 수입을 금지하고 있기 때문에 노예를 납치하고 운반하는 것은 불법이라고 판시했다. "아미스타드호의 흑인들은 어느 나라의 법에 의해서도 자유인이었고, 이들은 불법적으로 납치되었기에 노예의 신분과 재산의 존재를 전제로 하는 법리가 적용될 수 없다"(안경환 2000). "아프리카인들이 자유인으로 태어났으므로 자유인의 권리가 있고, 따라서 노예 상인들의 재산이 될 수 없다"(박상익 2009).

스티븐 스필버그 감독이 영화로 만든 〈아미스타드〉(1997)의 팩트다. 대법원의 판결이 나오기까지 만만치 않은 과정을 겪었다. 대법원의 대법관 9명 중 7명이 남부 출신이었는데 이들도 노예를 소유하고 있었다. 당시 아프리카 노예무역과 매매를 금지하는 국가는 늘고 있었지만, 여전히 불법적인 거래가 성행했다. 노예 거래는 고위험 고수익 무역이었다. 미국의 경우 1794년 노예 매매를 금지했고, 1808년에는 노예 수입금지법을 제정했다. 남부의 경우 노예는 경제활동의 중요한 구성요소이고 농장주들이 비싼 비용을 지불하고 구입한 재산이라는 점에서 남과 북의 이해관계는 큰 차이가 있었다.

노예들의 변론을 맡은 변호사는 존 퀸시 애덤스 전 대통령(재임 1825-1829)이었다. 미국 역사에서 첫 번째 부자(父子) 대통령이었다. 아버지는 2대 대통령 존 애덤스이고 자신은 6대 대통령을 지냈다. 41대 아버지 부시 대통령과 43대 아들 부시 대통령은 두 번째 부자 대통령이었다. 애덤스는 노예제 폐지에 대한 신념이 강해 노예제를 폐지하기 위해서라면 전쟁도 불사하겠다고 주장했다. 아프리카 노예들에게는 행운이었다. 법률가 출신에 대통령을 지낸 74세 고령 애덤스 변호사의 요지는 단순하고 명료했다. "노예도 인간이고 인간은 상품이 아니다."

아미스타드 사건은 심각한 국론 분열을 야기했다. 20년 뒤 결국 남북전쟁(1861-1865)이 터졌다. 미국 사법부는 행성부의 압박에도 인권의 최후 보루로서 역할을 해냈다. 미국 사법부는 약육강식의 논리로 사익과 국익을 위해 수단과 방법을 가리지 않았던 제국주의가 팽배하던 시기에, 아프리카인을 교환과 거래가 가능한 화물이나 재산으로 낙인 찍었던 인간의 반인륜적이고 비인간적인 탐욕에 쐐기를 박았다. 사법부가 세속 권력의 개입과 간섭에서 독립이 필요한 이유이다. 판사가 소신과 양심에 따라 판결을 해야 하는 역사적 교훈을 보여준다. 그래야 인권이 신장되고 인간이 인격으로 평가받는 세상이 온다.

박상익. (2009). 〈노예선 아미스타드호 선상 반란 "무죄" 평결로 정의 지킨 미 법원〉. 《중앙일보》, 7월 2일.

안경환. (2000). 〈아미스타드〉. 《동아일보》, 4월 5일.

United States v. The Amistad, 40 U.S. (15 Pet.) 518. (1841).

〈아미스타드〉. (1997). 영화.

남아프리카공화국의 아파르트헤이트 폐지

인종차별과 인종분리에 관한 한 미국의 〈짐 크로법〉 못지 않게 악명 높은 법이 남아프리카공화국의 아파르트헤이트(Apartheid)이다. 아파르트헤이트는 네덜란드 방언에 해당하는 아프리칸스어로 '격리' 또는 '분리'를 뜻한다. 아파르트헤이트는 1652년 네덜란드계 백인인 보어인이 행하던 차별 관습에서 비롯되었는데, 1948년 남아프리카공화국은 백인이 주축이 된 국민당이 집권하면서 아파르트헤이트를 공식 정책으로 채택하고 법률로 제도화하였다(박경태 2016, 112 참조). 백인이 합법적으로 비백인을 차별하고 격리하는 정책이다. 악랄한 아파르트헤이트 사례 중 하나로 '반투스탄(Bantustan)'이라 부르는 흑인 격리 시설을 들 수 있다. 불모지에 가까운 격리 지역에 흑인들을 집단 이주시켜 각종 권리를 박탈하고 노동력을 착취했다.

남아프리카공화국의 아파르트헤이트는 모든 사람을 백인, 흑인, 유색인, 인도인 등 인종 등급으로 구분했다. 인종별로 거주지 분리, 토지소유상한제, 흑백 간 접촉 금지, 통혼 금지, 출입 구역 분리 등의 법적 제재를 가할 수 있는 남아프리카공화국 버전의 카스트 제도이다. 지구상의 인종차별 중 가장 악랄한 정책이 아닐까 싶다. 백인 정권은 인종 '차별'이 아니라 '격리'한 것이라고 우겼다. 미국의 경우도 마찬가지였다. '단지 흑과 백을 격리하는 것뿐이다.' 국제사회는 악랄한 아파르트헤이트 정책에 항의하는 취지에서 월드컵과 올림픽 등 국제 스포츠대회에서 남아프리카공화국의 참여를 금지했다. 유엔에서는 회원국 지위를 박탈했다. 국제 제재로 경제적 손해와 불명예를 주어 정책 폐지를 촉구했다.

마하트마 간디도 남아프리카공화국에서 변호사로 활동할 때 인종차별로 많은 수모와 모욕을 겪었다. 간디는 1년 계약으로 인도계 상사에서 근무했다. 인도인들은 1860년대 인도와 남아프리카공화국을 지배한 영국인의 계약직 노동자로 고용되었다. 간디는 동족들이 백인들로부터 차별당하는 모습을 보면서 독립운동의 의지를 키우고 비폭력 저항 방식을 신념으로 굳혔다. 간디 자신도 1등석 기차에 탔다가 유색인종이라는 이유로 쫓겨나기도 했다. 이곳에서 비폭력 인종차별 투쟁인 '사티아그라하'를 실천에 옮겨 성과를 올리기도 했다. 간디의 핵심 사상인 비폭력 저항의 뿌리는 남아프리카공화국에서 만들어진 셈이다.

남아프리카공화국의 아파르트헤이트는 1990년대 폐지됐다. 흑인들의 무장 투쟁과 국제사회의 제재에 백기를 들었다. 백인 정부는 1990년 2월 흑인들의 희망이었던 넬슨 만델라를 석방하고 아파르트헤이트 폐지를 위한 전향적인 제스처를 취했다. 1994년 만델라는 민주적 선거에 의해 대통령으로 당선되었다. 남아프리카공화국의 첫 흑인 대통령이었다. 미국에서도 버락 오바마가 첫 흑인 대통령(재임 2009-2017)으로 당선되었다. 만델라의 영향도 있었을 것이다. 남아프리카공화국의 아파르트헤이트는 1994년 4월 완전히 폐지되었다.

남아프리카공화국이 아파르트헤이트 폐지를 위한 행동을 보였을 때 국제사회도 응답했다. 1992년 바르셀로나 올림픽과 월드컵 축구대회에도 참가할 수 있었다. 유엔에도 재가입되어 복권되었다. 1993년 데클레르크 대통령과 함께 만델라에게 노벨평화상을 수여하면서 인종차별 종식을 지지했다. 아파르트헤이트 폐지에 관한 한 국제사회의 공조와 협력이 빛을 발했다.

넬슨 만델라는 1962년 반역죄로 체포되어, 1964년 무기징역을 선고받고 27년 만인 1990년 2월 출소했다. 그는 백인이 흑인에게 저지른 박해와 탄압의 상징이었다. 그랬던 그가 대통령으로 취임(재임 1994-1999)하여 '진실과 화해 위원회'를 결성하였다. 이 위원회는 과거의 인권침해 범죄의 진실을 밝히기 위해 만들어진 기구이다. 과거사 청산을 위한 첫걸음이었다. 백인 정권의 탄압과 박해를 받았던 만델라가 용서와 화해를 주장하였다는 점에서 더욱 진정성이 있었다. 많은 노벨평화상 수상자 중 만델라만큼 적격자도 드물다고 생각한다.

만델라 대통령을 생각하면 럭비 경기에 얽힌 에피소드를 떠올리게 된다. 만델라는 럭비로 남아공의 백인과 흑인이 한데 뭉친 국가로 통합시켰기 때문이다. 만델라는 1990년 2월, 27년의 수감 생활에서 석방된 뒤 1992년 바르셀로나 올림픽에 초대받아 갔을 때 사람을 움직일 수 있는 스포츠의 힘을 목격했다. 만델라는 '국가 건립을 위해, 즉 이 나라를 평화와 안전으로 이끌어나가기 위해 스포츠의 힘을 활용하여 통합의 무지개 국가를 만들겠다'고 결심했다. 남아공에서 럭비는 백인의 전유물이었다. 남아공에서 럭비는 '또 다른 이름의 종교' 혹은 '보아인의 아편'이라고 부를 정도다. 특히 럭비 국가대표팀 '스프링복스'는 아파르트헤이트의 상징이었다. 선수들은 백인 일색이었고 백인들의 국기를 흔들고 백인들의 국가(國歌) 〈디 스템〉(남아공의 외침이라는 뜻으로, 백인들의 아프리카 남단 정복을 축하하며 하느님을 찬양하는 노래)을 부른다. 흑인들은 저항 노래 〈응코시 시키렐레〉를 따로 부른다. 한 국가와 국민을 통합하는 구심점인 국기와 국가가 다르다는 것은 하나의 나라가 아니라는 뜻이기도 하다.

만델라는 1995년 5월 남아공에서 개최된 럭비 월드컵 결승에서 남아공과 뉴질랜드가 맞붙었을 때 스프링복스의 유니폼을 입고 운동장에 등장했다. 이 정치적 행위는 만델라가 백인들에 대한 완전한 용서가 무엇인지 보여주었고, 남아공 백인들은 만델라의 너그러움에 보답하고 싶다는 뜻을 "넬슨! 넬슨!"

을 연호하면서 보여주었다. 용서와 속죄는 함께 찾아오는 법이다. 만델라가 백인들이 두려워하는 모든 것을 상징하는 인물이라면, 스프링복스 유니폼은 남아공 흑인들이 가장 증오하는 모든 것의 상징이었다. 운동장에서 이 두 가지의 부정적인 상징들이 긍정적이고 건설적이며 아름다운 상징을 만들어냈다. 증오와 두려움이 관용과 사랑으로 바뀌었다. 만델라의 말처럼 용서는 영혼을 해방시키고 공포를 없애준다. 그래서 강력한 무기가 된다. 1995년 럭비 월드컵의 우승컵은 '하나의 팀, 하나의 나라'가 된 남아공에 돌아갔다(칼린 2010 참조). 이 감동적인 스토리를 다룬 영화가 〈우리가 꿈꾸는 기적—인빅터스〉(2009)이다.

위원회에는 남아프리카공화국 민권운동의 정신적 지주인 성공회 데즈먼드 투투 주교가 위원장으로 참여하였고, 수많은 과거사 관련 자료들을 수집하여 조사하였다. 아파르트헤이트 체제 아래에서 흑인들을 잔악한 방법으로 탄압한 국가폭력 가해자가 진심으로 죄를 고백하고 뉘우친다면 사면하였으며, 나중에는 경제적인 보상이 이루어지기도 했다. 또한 피해자 가족들의 요청에 따라 피해자 무덤에 비석을 세워 아파르트헤이트 시절의 국가폭력 피해자들이 잊히는 일이 없도록 하였다.

투투 주교는 인종차별 종식을 위해 노력한 공로를 인정받아 1984년 노벨평화상을 수상했다. 투투 주교는 과거사 청산은 철저한 진상 조사와 용서가 실천될 때에 가능하다고 주장했다. 그의 철학을 담은 책이 《용서 없이 미래 없다》이다.

넬슨 만델라와 투투 주교의 '화해와 용서 모델'은 우리나라 김대중 대통령(재임 1998-2003)의 통치 철학에도 영향을 주었다. 김대중 대통령은 독재에 항거하는 민주화 투쟁을 하면서 사선을 넘나들었다. 김대중 대통령과 만델라의 삶의 궤적에는 유사한 면이 많다. 김대중 대통령을 아시아의 만델라로 부르는 이유이다. 두 사람 모두 노벨평화상 수상자다. 김대중 대통령은 집권 이후 그를 박해하고 탄압했던 박정희, 전두환, 노태우를 포함해 그들의 가족과 측근에게 정치보복을 하지 않았다. 법적으로 인적 청산을 중시하는 '정의 모델' 대신 화해와 용서를 강조하는 '진실 화해 모델'로 과거사 청산 작업을 했다.

우리나라도 만델라의 '진실과 화해 위원회'에서 영감을 얻어 2005년 '진실·화해를 위한 과거사 정리 위원회'를 출범시켰다. 이 위원회는 항일독립운동, 일제강점기 이후 국력을 신장시킨 해외동포사, 광복 이후 반민주적 또는 반인권적 인권유린과 폭력 학살 의문사 사건 등을 조사하여 은폐된 진실을 밝혀 과거와의 화해를 통해 국민통합에 기여하기 위해 만들어졌다.

위대한 실천가는 위대한 사상의 씨앗을 심는다. 씨앗은 인고의 세월을 견뎌내며 열매를 맺는다. 인권 사상도 마찬가지다. 헨리 소로가 뿌린 시민 불복종의 씨앗은 톨스토이의 평화사상 나무로 성장하고, 간디의 비폭력 저항 운동, 마틴 루터 킹의 비폭력 민권운동, 만델라의 진실과 화해 모델, 김대중의 화해와 용서 모델로 열매를 맺었다.

남아프리카공화국에서 아파르트헤이트가 철폐되는 과정을

보면서 교훈을 얻는다. 세계가 인류의 보편적 가치인 인권 신장을 위해 함께 힘을 합친다면 역사를 새로 쓸 수 있다. 국가 간에 싸울 때 싸우더라도 인간의 기본권 보호와 신장을 위해서는 모두가 팔을 걷어붙이고 힘을 모아야 한다. 인권은 전 지구적 대의명분이다. 카투사로 근무할 때 흑인의 손등에서 나는 피 색깔을 보고 깜짝 놀랐던 적이 있다. 붉은 피였다. 은연중에 나의 마음속에는 흑인의 피는 검은색일 것이라는 생각을 했다. 그 뒤로 나의 다문화 감수성은 커지고 넓어졌다. 모든 인간의 피는 똑같이 붉다. 단지 피부색이 다를 뿐이다.

김성진. (2015). 《남아프리카 흑인의 태양, 넬슨 만델라》. 고양: 시앤북스.
만델라, 넬슨. (2012). 《만델라 자서전—자유를 향한 머나먼 길》. 김대중 옮김. 두레.
박경태. (2016). 《인종주의》. 책세상.
칼린, 존. (2010). 《인빅터스—우리가 꿈꾸는 기적》. 나선숙 옮김. 노블마인.
《중앙일보》. (2010). 〈박성우 기자의 '남아공 리포트'—간디 손녀 인터뷰〉. 6월 23일.
〈진실·화해를 위한 과거사정리기본법〉. (2014).
〈우리가 꿈꾸는 기적—인빅터스〉. (2009). 영화.
〈파워 오브 원〉. (1992). 영화.

여성의 마라톤 출전

올림픽의 꽃은 마라톤이다. 42.195km. 불굴의 정신력과 강인한 체력이 뒷받침되지 않으면 완주하기 어렵다. 여성은 언제부터 올림픽에 참가했을까? 1900년 제2회 파리 올림픽이다. 무늬만 참가다. 여성이 참가할 수 있는 종목은 달랑 테니스 하나였다. 달리기 종목에 여성은 참가하지 못했다. 1928년 암스테르담 올림픽부터 육상 종목에 출전이 허락됐다. 남성은 100m부터 마라톤까지 모두 참가할 수 있었지만 여성에게 허락된 최장거리는 800m까지였다. 스포츠에서 여성 인권의 지표다.

보스턴 마라톤은 세계 4대 마라톤 대회 중 하나다. 우리나라 선수들과도 인연이 깊다. 1947년 서윤복 선수가 2시간 25분 39초의 세계 신기록을 세우며 우승했다. 정부 수립 전의 쾌거다. 1936년 베를린 올림픽 마라톤의 영웅 손기정은 감독, 3위남승룡은 코치 겸 선수로서 서윤복 선수의 페이스메이커를 맡았다. 김구는 서윤복 선수에게 '족패천하(足覇天下)', 즉 발로 천하를 제패했다는 뜻의 휘호를 선물했다고 한다. 1950년에는 우리나라 선수가 1, 2, 3등을 차지하는 기염을 토했다. 1등 함기용, 2등 송길윤, 3등 최윤칠. 2001년에는 이봉주 선수가 우승하면서 대한민국 마라톤의 저력을 전 세계에 과시했다. 함기용 선수의 우승 이후 51년 만이다.

보스턴 마라톤은 여성의 인권과 관련하여 유명한 일화가 있다. 1967년 대회에서 20살 시라큐스대학교 여학생 캐스린 스위처가 6km 구간을 통과할 즈음, '여성'이 뛰고 있다는 사실이 대회 조직위원회에 알려졌다. 규정에 따르면 여성은 대회에 참가할 수가 없었다. 조직위원회에서 스위처를 제지하려는 장면이 《라이프》지에 게재됐다. 세상을 바꾼 100대 사진에 선정됐다. 여성 인권 신장에 기념비적인 사건이다.

261번을 달고 스위처는 완주했다. 4시간 20분의 기록이었다. 그녀는 '여성의 달릴 자유'에 대한 공론화에 기여했다. 여성에게도 마라톤 출전의 문호가 열리기 시작했다. 1971년 뉴욕 마라톤 대회에서 세계 최초로 여성 마라톤이 허용됐다. 1972년에 보스턴 마라톤 대회에서도 여성의 참가를 허용했다. 올림픽에서는 1984년 LA 올림픽에서야 여성에게 마라톤이 허용됐다. 1900년 파리 올림픽부터 무려 84년 만이다. 인류의 스포츠 제전이라는 올림픽에서 규정이 바뀌고 편견이 사라지는 데 걸리는 시간이다.

스위처는 현재 여성운동가이자 작가로 활동하고 있다.

2017년 스위처는 보스턴 마라톤 대회 출전 50주년을 기념하여 다시 완주했다. 조직위원회에서는 스위처에게 261번을 부여했다. 50년 전과 같은 번호다. 조직위원회는 스위처의 배번 261번을 영구결번으로 지정했다. 조직위원회가 과거를 사과하고 참회하는 방법치곤 그럴싸하다. 4시간 44분 31초를 기록하였다. 2017년 3만 명의 보스턴 마라톤 참가 선수 중 13,702명(46%)이 여성이었다. 참가자 절반가량이 여성인 것이다. 세상이 변한 게 아니라 여성이 기회를 갖지 못했기 때문이다. 기회를 주는 것이 얼마나 중요한가. 하고자 할 의지가 있는 사람에겐 그것이 여성이든 남성이든 기회를 주고 봐야 한다.

여성에게 마라톤 같은 장거리 달리기를 왜 금지했을까 궁금하다. 여성이 마라톤을 하면 다리가 굵어지고 가슴에 털이 날 수 있으며 생식기에 심각한 문제가 생길 수 있다는 게 이유였다. 언뜻 여성을 끔찍이도 위하는 것 같지만 남성 중심의 비과학적인 여성에 대한 편견이다. 1960-1970년대 여성이 달리기 종목에 참가할 수 있느냐의 여부는 양성평등의 바로미터였다. 마라톤이 남성의 전유물이라는 생각과 여성에 대한 편견이 여성의 뛸 권리를 제한했다. 스위처의 남자친구 토머스 밀러는 조직위 사람을 밀치면서 스위처에게 이렇게 말했다. "죽을 힘을 다해 뛰어!"

《여성신문》. (2020). 〈'Go! 261 Fund' 조성〉. 12월 31일.
《조선일보》. (2021). 〈태극기 달고 국제 마라톤 대회에서 첫 '족패천하'〉. 6월 17일.
《한국일보》. (2017). 〈보스턴마라톤 261번, 세상을 바꾸다〉. 4월 18일.

다양성 공화국

다양성이 만들 인간생태계, 혼혈 파워

미국 제46대 대통령 바이든 행정부에서 일하는 각료들의 면면을 보면 역대 어느 행정부보다 다양성이 크다. 여성과 비백인 인사의 기용은 뉴스거리도 되지 않을 정도다. 눈에 띄는 대목은 각료로 임명된 성소수사와 원주민이다.

내무장관에 인선된 데브 할런드 연방 하원의원이 눈에 띈다. 할런드는 뉴멕시코주에 주로 살고 있는 아메리카 원주민 푸에블로족 출신이다. 아메리카 원주민은 아메리카대륙의 원래 주인이다. 주인 행세를 하고 있는 백인 다수민으로부터 박해와 탄압을 받은 대표적인 소수민이다. 내무장관의 역할 중에는 아메리카 원주민에 대한 지원 업무도 포함된다고 하니 그 감회가 특별할 것이다. 교통장관에 피트 부티지지 전 인디애나주 사우스벤드 시장을 임명했다. 그는 성소수자다.

바이든은 로이드 오스틴을 첫 흑인 국방장관으로 임명했다. 백인 중심의 미국 군대는 흑인이 제1, 2차 세계대전에 참가했을 때 총도 쏘지 못하게 했다. 군인이 아니라 노무자 취급을 했다. 후방에서 병참과 세탁, 청소, 탄약 운반 등 노무를 시켰다. 1950년 한국전쟁에서 처음으로 군인으로서 대우를 받았던 흑백 군인 통합 역사를 생각하면 격세지감이다. 미국의 모든 군인에게 흑인 국방장관이 명령을 내린다. 지구상 대표적인 다문화·다민족의 미국이지만 이 정도 규모의 소수자 발탁과 기용은 역사상 유례가 없다.

다양성은 시대적 대세이다. 정치, 경제, 사회, 교육, 문화, 예술, 스포츠 등 다양한 분야에서 다양성이 화두로 등장한다. 초연결의 글로벌 시대에 대학도 지리적·인종적으로 국가를 대표하는 대학이 되고 싶어 한다. 다양성 정책을 실천하면 학생 상호 간에 많은 것을 배우게 되고 학생들이 다양하면 다양할수록 배움의 기회는 더욱 풍요로워질 수 있다(로조프스키 2006, 102). 다양성의 시작은 피부색의 차이, 언어의 차이, 문화의 차이를 구성원들이 서로 존중하고 인정하는 데서 시작한다. 차이가 차별이 되지 않게 하는 것이다. '다르지만 같은 우리다.' 기업에서도 다양한 직원들이 협업할 때 가장 혁신적이고 우수한 기술이 만들어지고 성장할 수 있다. 성별, 인종, 장애 여부를 불문하고 다양한 직원을 채용하는 이유이다. 현대인을 거미줄과 같이 촘촘하게 만드는 연결 고리는 문화적 다양성이다.

다국적 기업에서 다양성 최고 책임자(CDO) 명함을 받는 것은 평범한 비즈니스에 속한다. 2005년 기준 《포천》지 선정 500대 기업 중 20% 정도는 'CDO'를 두고 있다. 대학에서는 본부에 '다양성 및 국제교류처'를 설치한다. 다양성 지수가 높은 대학에서는 신입생, 재학생, 교직원 등 학내 구성원을 대상으로 정기적으로 다문화 오리엔테이션을 실시한다. 학내에는 이중언어 사용자를 채용하고 안내문은 다중언어로 표기한다. 다양한 문화를 지닌 학생들의 종교 활동을 보장하기 위해 기숙사 등에 예배실을 구비한다. 기숙사나 교내 식당에서는 할랄 음식을 준비한다. 노동이 금지된 종교기념일에는 수업이나 시험을 연기한다.

유엔은 다문화국가의 진입 기준을 인구 대비 체류 외국인 비율로 구분한다. 5%를 차지할 때 다문화국가 또는 다문화사회라고 부른다. 우리나라 체류 외국인은 2019년 기준 전체 인구 51,851,427명 대비 4.9%(2,524,656명)이다. 광역시의 인구 기준이 100만 명이니 두 개 광역시의 기준을 채우고도 남는 숫자이다. 다문화사회, 다문화국가라고 불러도 틀리지 않다. 체류 외국인 비율은 저출산 고령화에 따른 외국인 노동자 증가, 국제결혼 증가로 인한 결혼이민자 증가, 외국 국적 동포의 유입, 유학생의 증가 등으로 지속적인 상승이 예상된다.

우리나라는 지역별로 다문화사회의 역동성이 다르게 나타난다. 서울 구로구, 금천구, 영등포구, 경기도 시흥, 안산, 포천, 화성, 경남 김해, 경주, 충남 천안, 아산, 충북 음성, 진천, 전남 영암 등은 외국인 비율이 상대적으로 높은 편이다. 대부분은 외국인 노동자를 필요로 하는 공단이나 도시와 농촌이 병존하는 도농 지역이다.

경기도 안산시의 시청 홈페이지는 한국어, 영어, 중국어, 러시아어, 베트남어 5개 언어로 구성되었다. 안산시는 2009년 단원구 원곡동 일대를 다문화특구로 지정했다. 국경 없는 마을인 '글로벌 빌리지'다. 이곳은 주민 3명 중 2명이 외국인이다. 외국인 주민센터가 행정편의를 제공하고 외국인 자율방범대가 질서 유지를 맡고 있다. 생업에 종사하는 외국인들이 평일 시간을 내기 어려운 사정을 배려하여 주말에 은행 문을 열고 병원이 진료한다. 몇 년 후 단원구와 같은 특구가 얼마나 생길지 모를 일이다.

2019년 안산시는 다문화특구 지정 10년이 되었다. 2019년 5월 기준 111개국에서 온 시민들이 안산에 체류하고 있다. 부룬디, 아제르바이잔, 기니비사우, 토고, 몰도바 출신도 있다. 낯선 국가의 이름이다. 안산 전체 주민 71만 6천 명 중 86,780명이 외국인이다. 2009년 특구 지정 때에 비해 2.5배 늘었다. 국내 지방자치단체 중 외국인 비율이 가장 높다. 거주 목적도 다양하다. 3만 명(약 36%)은 취업 비자로 거주하고, 유학이나 결혼 이민도 많다. 난민도 1,499명이나 된다. 다양성이 만든 인간생태계다.

우리나라는 일제강제기 한민족의 국권회복과 독립 의지를 한데 모으기 위해 단일민족, 단일문화를 강조했다. 단일혈통에 대한 자부심이 강하다 못해 피부색에 민감하다. 첨단과학기술로 저자의 혈액검사를 하면 중국계, 일본계, 베트남계 등 다양한 민족들의 피가 섞여있다. 오랜 인류의 이주와 교류의 역사를 직시한다면 지구상에 100% 순수한 혈통이 존재할까 싶다. 가야 수로왕과 인도 출신 허황옥(許黃玉)의 이야기는 문화사적으로 입증되었다(김병모 2018 참조). 김해 김씨와 김해 허씨는 허황옥을 자신들의 시조모로 삼고 있다. 민족 앞에 쓰는 수식어로서 '단일'이나 '순수'는 이데올로기다. 자민족중심의 문화는 인종차별과 편견의 온상이 된다. 우리 민족이 더 이상 단일하지 않다는 것을 인정할 때 포용국가가 되고 다양성 공화국이 될 수 있다.

2020년 11월 저신다 아던 뉴질랜드 총리는 원주민 마오리족 출신 여성 나나이아 마후타를 외무장관으로 임명했다. 마후타 장관은 얼굴에 마오리족 전통 문신을 하고 있다. 2021년 1월 출범한 미국의 바이든 행정부는 성별, 성적 지향, 피부색, 종교, 민족, 출신 지역에 관계없이 다양한 인사들을 내각과 정부 기관에 기용하면서 다양성 공화국을 만들고 있다. 국가의 각료는 민족과 인종을 대표할 수 있어야 한다. 국가, 공공기관, 기업, 교육기관 역시 지리적·인종적으로 국가를 대표할 수 있어야 한다. 다양성은 곧 포용력, 개방성, 자신감의 표현이고, 무엇보다 국가 발전의 중추적인 동력이 된다.

우리나라는 인구로 보았을 때 수년 내에 다문화사회, 다문화국가가 될 가능성이 높다. 지방자치단체 중에는 인구 대비 5% 기준을 상회하여 다문화공동체로 진입한 지역도 꽤 된다. 우리나라는 다문화사회에 관한 한 서구에 비해 후발 주자다. 유럽이나 미주 국가는 다문화사회를 경험하면서 많은 시행착오를 겪었다. 독일, 영국, 프랑스는 다문화정책이 실패했다고 인정하기에 이르렀다. 우리나라는 다른 다문화국가들의 시행착오를 면밀히 분석하고 그들의 실패를 반복하지 않는다면 지속적인 성장과 번영의 원동력을 마련할 수 있을 것이다. 다문화사회가 지향할 기본 철학은 중국 진(秦)나라 이사의 상소문 〈간축객서〉에 담겨있다. "태산이 큰 것은 한 줌의 흙도 양보하지 않으므로 그렇게 높아질 수 있었으며, 하해는 작은 물줄기 하나도 가리지 않으므로 그렇게 깊어질 수 있었습니다"(사마천 2002, 502). 다문화사회를 성공적으로 실현하기 위해서는 태산과 바다와 같이 한 줌의 흙도 뿌리치지 않으며 작은 물줄기도 마다하지 않은 포용성, 다양성, 개방성에 달려있다 할 것이다.

우리 사회에서 다문화 또는 다문화 가족에 대한 용어를 놓고 논란이 있다. 학계에서도 용어의 문제점에 대해 꾸준히 지적하고 있지만 공허한 메아리가 되고 있다. '다문화'라는 용어 자체가 낙인과 차별의 언어로 전락했다는 지적이다. 세대별, 성별에 따라 다양한 가치관과 생활양식을 가진 우리 모두는 다문화가족이라는 주장이다. 국제적으로는 다문화가족 대신에 다종족가족, 이민자가족, 국제결혼가족이 통용되고 있다(권숙인 2021 참조). 일리 있는 지적이고 동감한다. 실제 초등학교 교실에는 다문화가족 출신 아이들이 많다. 그들은 다문화가정이니 다문화가족이라고 부르는 것에 차별을 느낀다고 한다. 다문화 또는 다문화가족이란 용어는 우리 사회에 깊이 뿌리를 내렸다. 〈다문화가족법〉을 제정할 당시만 해도 용어의 의미를 깊이 고민하지 않았다. 1980-1990년대 지방자치단체에서 '농촌총각장가보내기'의 일환으로 주로 동남아시아 출신 여성과 우리나라 남성의 국제결혼을 성사시키면서 형성된 사회변화를 반영하기에 급급한 점이 있다. '혼혈아', '결혼이주여성', '결혼이민자가족'이라는 용어를 '다문화', '다문화가족'으로 바꾼 것이다. 사회변화를 반영하는 용어를 정하는 데 좀 더 신중했어야 한다. 그 부작용과 오용이 나타나고 있다. 다문화사회 또는 다문화국가로 깊이 진입하기 전에 국가 정책에서 용어 변화를 생각할 때다. 무엇보다 중요하게 생각해야 하는 것은, 사회 구성원이 나와 다른 문화에 대해 배타적 의식을 가지고 있는 한 어떤 용어를 사용하든 차별로 이어질 수밖에 없다는 점이다. 다문화교육이 사회를 구성하는 소수자가 아니라 다수자에게 필요한 이유이다. 문화가 내포하는 광의적 의미를 생각하면 결국 "우리 모두는 다문화이다"(글레이저 2011, 256-257).

글레이저, 네이선. (2011). 《우리는 이제 모두 다문화인이다》. 미래를소유한사람들.
김병모. (2008). 《허황옥 루트, 인도에서 가야까지》. 하남: 고려문화재연구원.
로조프스키, 헨리. (2006). 《대학, 갈등과 선택》. 이형행 옮김. 삼성경제연구소.
박희권. (2010). 《문화적 혼혈인간》. 생각의나무.
사마천. (2005). 《사기열전》. 김원중 옮김. 을유문화사.
지브, 앨런. (2006). 《혼혈 파워》. 윤재석 옮김. 부글.
권경희. (2012). 〈유럽 다문화주의의 위기—변화과정과 원인〉. 《유럽연구》. 30(2).
권숙인. (2021). 〈"다문화라고 부르는 게 제일 싫어요"〉. 《조선일보》. 4월 20일.

참고 자료

책

강세황. (2010). 《표암유고》. 변영섭·조송식·김종진·정은진 옮김. 지식산업사.

게이츠, 빌. (2021). 《빌 게이츠, 기후재앙을 피하는 법》. 김민주·이엽 옮김. 파주: 김영사.

공자. (1996). 《논어》. 이기석·한백우 옮김. 홍신문화사.

_______. (2009). 《논어》. 김연호 옮김. 하서.

국립제주박물관. (2003). 《하멜 제주도 표착 350주년 기념 '항해와 표류의 역사' 특별전 기념 강연회》.

글레이저, 네이선. (2011). 《우리는 이제 모두 다문화인이다》. 미래를소유한사람들.

김구. (1994). 《내가 원하는 우리나라》. 지성문화사.

_______. (1995). 《백범일지》. 범우사.

_______. (2002). 《백범일지》. 도진순 주해. 돌베개.

김동진. (2019). 《헐버트의 꿈 조선은 피어나리!》. 참좋은친구.

김득신. (2014). 《백곡 김득신의 산문》. 신범식 옮김. 파주: 조율.

김만선. (2008). 《유배》. 갤리온.

김명호. (2020). 《홍대용과 항주의 세 선비》. 돌베개.

김병모. (2008). 《허황옥 루트, 인도에서 가야까지》. 하남: 고려문화재연구원.

김봉호. (1992). 《초의선사와 완당 김정희》. 우리출판사.

김상구. (2014). 《김구 청문회 1—독립운동가 김구의 정직한 이력서》. 매직하우스.

김상기. (2019). 《의병전쟁과 의병장》. 파주: 경인문화사.
김상엽. (2004). 《소치 허련》. 학연문화사.
김성진. (2015). 《남아프리카 흑인의 태양, 넬슨 만델라》. 고양: 시앤북스.
김영상. (1994). 《서울 六百年 1》. 대학당.
김영흠. (1988). 《미국의 아시아 외교 100년사》. 박무성 · 이형대 옮김. 신구문화사.
김용삼. (2020). 《세계사와 포개 읽는 한국 100년 동안의 역사 1》. 파주: 백년동안.
김원모. (1999). 《한미수교사》. 철학과현실사.
______. (2002). 《한미 외교 관계 100년사》. 철학과현실사.
김정환·강선보. (2016). 《교육학개론》. 박영스토리.
다나카 아키라. (2013). 《메이지 유신과 서양 문명》. 현명철 옮김. 소화.
다이아몬드, 재레드. (2019). 《대변동—위기, 선택, 변화》. 강주헌 옮김. 파주: 김영사.
던, 롭. (2018). 《바나나 제국의 몰락》. 노승영 옮김. 반니.
들라캉파뉴, 크리스티앙. (2013). 《인종차별의 역사》. 하정희 옮김. 고양: 예지.
라스 카사스. (2000). 《콜럼버스 항해록》. 박광순 옮김. 범우사.
로건, 데이브·존 킹·헤일리 피셔-라이트. (2015). 《부족 리더십》. 염철현·한선미 옮김. 파주: 한울아카데미.
로조프스키, 헨리. (2006). 《대학, 갈등과 선택》. 이형행 옮김. 삼성경제연구소.
류성룡. (2020). 《징비록》. 오세진 · 신재훈 · 박희정 옮김. 홍익출판미디어그룹.
류시화. (2018). 《시로 납치하다》. 더숲.
______. (2020). 《마음챙김의 시》. 파주: 수오서재.
마르크스, 로버트 B. (2014). 《어떻게 세계는 서양이 주도하게 되었는가》. 윤영호 옮김. 사이.
마샬, 팀. (2016). 《지리의 힘》. 김미선 옮김. 사이.
만, 찰스. (2020). 《1493—콜럼버스가 문을 연 호모제노센 세상》. 최희숙 옮김. 황소자리.
만델라, 넬슨. (2012). 《만델라 자서전—자유를 향한 머나먼 길》. 김대중 옮김. 두레.
매팅리, 개릿. (2012). 《아르마다》. 콜린 박·지소철 옮김. 너머북스.

맥닐, 윌리엄. (2013). 《전쟁의 세계사》. 신미원 옮김. 이산.
______. (2020). 《전염병의 세계사》. 김우영 옮김. 이산.
머피, 태가트. (2021). 《일본의 굴레》. 윤영수·박경환 옮김. 파주: 글항아리.
멍셴스. (2008). 《정관의 치》. 김인지 옮김. 에버리치홀딩스.
모로아, 앙드레. (1994). 《미국사》. 신용석 옮김. 기린원.
______. (1996). 《영국사》. 신용석 옮김. 기린원.
______. (2016). 《프랑스사》. 신용석 옮김. 김영사.
밀그램, 스탠리. (2009). 《권위에 대한 복종》. 정태연 옮김. 에코.
박경태. (2016). 《인종주의》. 책세상.
박동춘. (2014). 《추사와 초의》. 파주: 이른아침.
박상진. (2018). 《문화와 역사로 만나는 우리나무의 세계 2》. 파주: 김영사.
______. (2020). 《우리 나무의 세계》. 파주: 김영사.
박석무. (2014). 《다산 정약용 평전》. 민음사.
박설호. (2008). 《라스카사스의 혀를 빌려 고백하다》. 울력.
박종채. (1998). 《나의 아버지 박지원》. 박희병 옮김. 돌베개.
박종화. (1997). 《대하소설 세종대왕》. 기린원.
박지향. (2019). 《슬픈 아일랜드》. 기파랑.
박철상. (2016). 《서재에 살다》. 파주: 문학동네.
______. (2018). 《세한도》. 파주: 문학동네.
박훈. (2020). 《메이지 유신을 설계한 최후의 사무라이들》. 파주: 21세기북스.
박희권. (2010). 《문화적 혼혈인간》. 생각의나무.
박희병. (2016). 《연암을 읽는다》. 돌베개.
배철현. (2016). 《심연》. 파주: 21세기북스.
브레흐만, 뤼트허르. (2021). 《휴먼카인드》. 조현욱 옮김. 인플루엔셜.
빅 히스토리 연구소. (2018). 《빅 히스토리》. 윤신영·이영혜·우아영·최지원 옮김. 사이언스북스.
사마천. (2005). 《사기열전》. 김원중 옮김. 을유문화사.
샐런버거, 마이클. (2021). 《지구를 위한다는 착각》. 노정태 옮김. 부키.
샤리쥔. (2021). 《시간의 압력》. 홍상훈 옮김. 파주: 글항아리.
서경호. (2020). 《아편전쟁》. 일조각.

서머싯, 앤. (2005). 《제국의 태양 엘리자베스 1세》. 남경태 옮김. 들녘.
서정갑. (2001). 《부조화의 정치》. 법문사.
석한남. (2017). 《다산과 추사, 유배를 즐기다》. 시루.
소준섭. (2011). 《사마천 경제학》. 파주: 서해문집.
손영호. (2003). 《마이너리티 역사 혹은 자유의 여신상》. 파주: 살림.
송혁기. (2018). 《고전의 시선》. 와이즈베리.
송호성. (2020). 《독서의 위안》. 화인북스.
슈미드, 앙드레. (2007). 《제국 그 사이의 한국 1895-1919》. 정여울 옮김. 휴머니스트.
신성려. (1988). 《하와이이민약사》. 고려대민족문화연구소.
쌍찌롱. (2017). 《마흔 제갈량의 지혜를 읽어야 할 때》. 박주은 옮김. 고양: 다연.
아렌트, 한나. (2006). 《예루살렘의 아이히만》. 김선욱 옮김. 파주: 한길사.
아탈리, 자크. (2020). 《생명경제로의 전환》. 양영란 옮김. 한국경제신문.
아히르, 디완 챤드. (2005). 《암베드카르》. 이명권 옮김. 에피스테메.
앤더슨, 테리 H. (2006). 《차별철폐정책의 기원과 발자취》. 염철현 옮김. 파주: 한울아카데미.
에겐스, 린다. (2001). 《아미쉬》. 조연숙 옮김. 다지리.
에릭슨, 에릭. (1982). 《청년루터》. 최연석 옮김. 인간사.
염철현. (2021). 《평생학습사회와 교육리더십》. 박영스토리.
예이츠, 윌리엄 버틀러. (1995). 《1916년 부활절》. 황동규 옮김. 솔출판사.
예종석. (2006). 《노블레스 오블리주》. 파주: 살림.
오주석. (1999). 《옛 그림 읽기의 즐거움》. 솔.
______. (2003). 《오주석의 한국의 미 특강》. 솔출판사.
______. (2006). 《단원 김홍도》. 솔출판사.
______. (2008). 《그림 속에 노닐다》. 솔출판사.
오페르트, 에른스트. (2000). 《금단의 나라 조선》. 신복룡·장우영 옮김. 집문당.
오화석. (2007). 《슈퍼 코끼리 인도가 온다》. 매경출판.
와인가드, 티모시 C. (2019). 《모기》. 서종민 옮김. 커넥팅.
와츠, 셸던. (2009). 《전염병과 역사》. 태경섭·한창호 옮김. 모티브북.
웨스트오버, 타라. (2020). 《배움의 발견》. 김희정 옮김. 파주: 열린책들.

위리. (2021). 《제왕의 스승 장량》. 김영문 옮김. 더봄.
유재주. (2005). 《초한지》. 랜덤하우스코리아.
유종선. (2012). 《미국사 다이제스트 100》. 가람기획.
유홍준. (2001). 《화인열전 2》. 역사비평사.
______. (2002). 《완당평전》. 학고재.
______. (2017). 《나의 문화유산답사기 9》. 파주: 창비.
______. (2018). 《안목》. 눌와.
______. (2018). 《추사 김정희》. 파주: 창비.
윤동환. (2015). 《삶따라 자취따라 다산 정약용》. 강진: 다산기념사업회.
윤행임. (미상). 《석재고—해동 외사 박연》.
이기주. (2018). 《말의 품격》. 황소북스.
______. (2019). 《언어의 온도》. 고양: 말글터.
이길용. (1992). 《미국이민사》. 대한교과서주식회사.
이시형. (2007). 《에이징 파워》. 파주: 리더스북.
이영림·주경철·최갑수. (2015). 《근대 유럽의 형성》. 까치.
이옥순. (2007). 《이옥순 교수와 함께 읽는 인도현대사》. 파주: 창비.
이익태. (1696). 《지영록—서양국 표인기》.
이자경. (1998). 《한국인 멕시코 이민사》. 파주: 지식산업사.
이종일. (2014). 《다문화사회와 타자이해》. 파주: 교육과학사.
이종찬. (2016). 《열대의 서구, 조선의 열대》. 서강대학교출판부.
이주형·황혜성·김연진·조지형·김형인. (1996). 《미국현대사》. 비봉출판사.
이충렬. (2019). 《천년의 화가 김홍도》. 메디치미디어.
이태룡. (2014). 《한국 의병사》. 파주: 푸른솔나무.
이태원. (2004). 《현산어보를 찾아서》. 청어람미디어.
이태진. (1994). 《한국사시민강좌 14》. 일조각.
이훈. (2003). 《조선인의 표류와 기록물》. 솔.
자다브, 나렌드라. (2007). 《신도 버린 아이들》. 강수정 옮김. 파주: 김영사.
장승규. (2006). 《존경받는 기업 발렌베리家의 신화》. 새로운제안.
장지연. (2018). 《경복궁, 시대를 세우다》. 너머북스.
장호순. (2005). 《미국 헌법과 인권의 역사》. 개마고원.

전진문. (2009). 《경주 최 부잣집 300년 부의 비밀》. 민음인.
정민. (2011). 《삶을 바꾼 만남》. 파주: 문학동네.
_______. (2014). 《18세기 한중 지식인의 문예공화국》. 파주: 문학동네.
정약전. (2021). 《玆山魚譜》. 권경순 · 김광년 옮김. 더스토리.
정하미. (2014). 《일본의 서양문화 수용사》. 파주: 살림.
조용헌. (2002). 《5백 년 내력의 명문가 이야기》. 푸른역사.
_______. (2018). 《조용헌의 인생독법》. 불광출판사.
조윤제. (2021). 《다산의 마지막 습관》. 청림.
조정육. (2002). 《신선이 되고 싶은 화가 장승업》. 미래엔아이세움.
주경철. (2008). 《대항해 시대》. 서울대학교출판부.
_______. (2015). 《모험과 교류의 문명사》. 산처럼.
_______. (2015). 《문화로 읽는 세계사》. 파주: 사계절.
_______. (2017ㄱ). 《그해, 역사가 바뀌다》. 파주: 21세기북스.
_______. (2017ㄴ). 《주경철의 유럽인 이야기》. 휴머니스트.
주희 · 유청지. (2019). 《소학》 윤호창 옮김. 홍익출판사.
지브, 앨런. (2006). 《혼혈 파워》. 윤재석 옮김. 부글.
천웨이핑. (2002). 《공자 평전》, 신창호 옮김. 미다스북스.
최성환. (2012). 《문순득 표류연구》. 민속원.
최승제. (2011). 《미국 대법관 이야기》. 대구: 경북대학교출판부.
최인호. (2007). 《유림 3》. 열림원.
_______. (2012). 《소설 공자》. 열림원.
_______. (2012). 《소설 맹자》. 열림원.
최중태. (2009). 《순례하는 물》. 새로운사람들.
최진석. (2013). 《인간이 그리는 무늬》. 고양: 소나무.
_______. (2017). 《탁월한 사유의 시선》. 파주: 21세기북스.
최태성. (2019). 《역사의 쓸모》. 파주: 다산초당.
최해진. (2007). 《경주 최부자 500년의 신화》. 뿌리깊은나무.
최효찬. (2005). 《5백년 명문가의 자녀교육》. 예담.
칼린, 존. (2010). 《인빅터스—우리가 꿈꾸는 기적》. 나선숙 옮김. 노블마인.
캐럴, 션 B. (2016). 《세렝게티 법칙》. 조은영 옮김. 곰출판.

케스터, L. 레너드·사이먼 정. (2012). 《미국을 발칵 뒤집은 판결 31》. 조미현 옮김. 현암사.
콸스, 벤자민. (2002). 《미국 흑인사》. 조성훈·이미숙 옮김. 백산서당.
폴로, 마르코. (2000). 《마르코 폴로의 동방견문록》. 김호동 옮김. 사계절.
프랭클, 빅터. (2005). 《삶의 의미를 찾아서》. 이시형 옮김. 파주: 청아출판사.
______. (2005). 《죽음의 수용소에서》. 이시형 옮김. 파주: 청아출판사.
피셔, 루이스 외. (2001). 《교사와 법》. 염철현 옮김. 원미사.
하라리, 유발. (2015). 《사피엔스》. 조현욱 옮김. 파주: 김영사.
하멜, 헨드릭. (2019). 《하멜 표류기》. 신복룡 옮김. 집문당.
한국연구재단. (2006). 《치원유고 해제(巵園遺稿 解題)》. 대전: 한국연구재단 기초학문자료센터.
한승주. (2021). 《한국에 외교가 있는가》. 올림.
한정주. (2015). 《호, 조선 선비의 자존감》. 파주: 다산초당.
함규진. (2014). 《조약의 세계사》. 미래의창.
허경진. (2016). 《조선의 중인들》. 알에이치코리아.
헐버트, 호머. (2019). 《대한제국멸망사》. 신복룡 옮김. 집문당.
헤세, 헤르만. (1991). 《데미안》. 김충남 옮김. 학원사.
호크쉴드, 애덤. (2003). 《레오폴드왕의 유령》. 이종인 옮김. 무우수.
홍사중. (1998). 《리더와 보스》. 사계절.
홍익희. (2016). 《홍익희의 유대인 경제사 4》. 한스미디어.
KBS 명견만리 제작진. (2016). 《명견만리—미래의 기회 편》. 인플루엔셜.
Anderson, T. H. (2004). *The pursuit of fairness: A history of affirmative action*. New York: Oxford.
Pollack, L. H. (1966). *The constitution and the supreme court: A documentary history*. Cleveland: The world publishing company.
Woods, M. B. & Woods, M. (2011). *Ancient transportation technology: From oars to elephants*. Minneapolis: Twenty-First Century Books.

논문

구사회·김규선. (2012). 〈새 자료 『치원소고(巵園小藁)』와 황상(黃裳)의 만년 교유〉. 《동악어문학》. 58.

권경희. (2012). 〈유럽 다문화주의의 위기—변화과정과 원인〉. 《유럽연구》. 30(2).

백승현. (2008). 〈종교개혁의 배경에 관한 정치사상적 고찰〉. 《사회과학연구》. 34(3).

송미령. (2017). 〈이사(李斯) 〈간축객서(諫逐客書)〉의 수사 전략 분석〉. 《한국수사학회》. 30.

염철현. (2008). 〈인도의 차별철폐정책이 한국의 대학입시정책에 주는 시사점—기회균형선발제도를 중심으로〉. 《比較教育研究》. 18(1)

______. (2014). 〈브라운 판결 60년의 유산과 과제〉. 《교육법학연구》. 26(3).

이강인. (2017). 〈오원 장승업의 생애와 예술세계〉. 세한대학교 대학원 석사학위논문.

조현범. (2017). 〈덕산 사건과 프랑스 선교사 페롱〉. 《정신문화연구》. 40(3).

최성환. (2012). 〈조선후기 문순득의 표류노정과 송환체계〉. 《한국민족문화》. 43.

최식. (2015). 〈韓中 知識人 交流와 記錄—洪大容과 嚴誠을 중심으로〉. 《반교어문연구》. 40(40).

신문 및 잡지

《가톨릭신문》. (2011). 〈대사부(大赦符) 용어가 적절한 표현〉. 3월 27일.

《경향신문》. (2013). 〈한국전 참전한 아이젠하워 아들 존 아이젠하워 사망〉. 12월 23일.

______. (2018). 〈연옥, 중세 유럽의 최고 발명품〉. 12월 19일.

《국가인》. (2013). 〈홍어장수 문순득의 표류기, 표해시말〉. 봄.

《동아일보》. (2020). 〈“권력 잃은 트럼프, 대형 망치 든 도자기 가게 악동처럼…” ‘몽니’ 우려〉. 11월 9일.

______. (2000). 〈아미스타드〉. 4월 5일.

______. (2021). 〈美 ‘아시아계 대상 증오범죄’ 왜 늘고 있나〉. 3월 27일.

《매일경제》. (2019). 〈노인 기준 65세 시초는 1889년 獨 비스마르크…유엔은 “80세부터 노인”〉. 2월 26일.

______. (2019). 〈장 그르니에(1898-1971)〉. 2월 1일.

《매일신문》. (2019). 〈海納百川(해납백천)—바다는 모든 물줄기를 받아들인다〉. 12월 30일.

《메디포뉴스》. (2015). 〈말라리아의 역사〉. 12월 11일.

《목포시민신문》. (2015). 〈한나라 고조 유방, 건달이 황제가 되기까지〉. 8월 4일.

《문화일보》. (2021). 〈우리와 같은 처지 韓 돕자…한국戰 당시 3171명 파병〉. 3월 19일.

《서울경제》. (2017). 〈토르데시야스 조약…지구를 반씩 나눠 먹다〉. 6월 7일.

《세계일보》. (2018). 〈매케인·최민정으로 본 ‘노블리스 오블리주’와 ‘노블리스 말라드’〉. 9월 3일.

______. (2020). 〈해리스 美대사 “6·25 참전한 흑인 병사 10만명 넘어”〉. 2월 2일.

《아틀라스》. (2019). 〈‘미국의 세기’ 연 파나마 운하〉. 4월 18일.

______. (2019). 〈진시황 천하통일의 비밀…치수와 운하〉. 4월 5일.

《여성신문》. (2020). 〈‘Go! 261 Fund’ 조성〉. 12월 31일.

《연합뉴스》. (2016). 〈9년간의 대공사…366m 길이 배도 통행 ‘거뜬’〉. 6월 19일.

《월간중앙》. (2019). 〈도학(道學) 개척한 ‘소학동자’ 김굉필〉. 6월.

《이코노미스트》. (2018). 〈망명은 인류 역사만큼이나 길다〉. 7월.

《조선일보》. (2013). 〈문경새재의 헐버트〉. 8월 14일.

______. (2016). 〈20달러 지폐 모델로 흑인여성 인권운동가〉. 4월 22일.

______. (2017). 〈“어떤 공사였길래” 2만 명 넘는 근로자가 죽어간 기적의 운하〉. 4월 30일.

______. (2020). 〈굵은 감자 만들려고 따버리는 꽃…6월에 피지만 쉽게

못 본대요〉. 6월 26일.
《조선일보》. (2020). 〈코로나 시대, 모든 것이 잘못될 수 있다…건설적 편집증 가져야〉. 7월 10일.
______. (2021). 〈가진 나라와 못가진 나라…백신, 경제상식을 뒤집다〉. 4월 30일.
______. (2021). 〈"다문화라고 부르는 게 제일 싫어요"〉. 4월 20일.
______. (2021). 〈獨·佛, 아프리카 약탈 문화재 속속 돌려주는 까닭은〉. 5월 4일.
______. (2021). 〈美, 백신 지재권 면제 가능성…한국, 원료 있으면 6개월내 생산〉. 5월 4일.
______. (2021). 〈美흑인, 이번엔 한인가게 쇠파이프 난동〉. 4월 5일.
______. (2021). 〈소금 상권 장악한 유대인, 근대 첫 주식회사 설립…자본주의 열었다〉. 3월 30일.
______. (2021). 〈영국이 해상권력 거머쥐자…유대인의 돈도 도버해협을 건넜다〉. 5월 11일.
______. (2021). 〈영화 '미나리'와 한국인의 미국 농업 이민史〉. 3월 18일.
______. (2021). 〈"우리끼린 여행해도 돼"…방역선진국 '트래블 버블' 시동〉. 4월 8일.
______. (2021). 〈일본은 내일부터 '정년 70세' 시대〉. 3월 31일.
______. (2021). 〈'저질러진 기후 붕괴' 아직 한참 남았다〉. 3월 10일.
______. (2021). 〈지구 기온 낮추기 위해 '인공나무', 인공구름 만들어요〉. 4월 6일.
______. (2021). 〈추사의 '세한도' 속에 잣나무는 없다〉. 1월 22일.
______. (2021). 〈태극기 달고 국제 마라톤 대회에서 첫 '족패천하'〉. 6월 17일.
______. (2021). 〈'태양엔 특허권이 없다'〉. 5월 4일.
《주간한국》. (2020). 〈세계사를 바꾼 1588년 칼레해전, 영국 해적이 스페인 무적함대를 깨다〉. 5월 13일.
《중도일보》. (2018). 〈명당 차지해 자손이 왕 된다면…역사 속 남연군 묘〉. 9월 30일.
______. (2020). 〈공자천주(孔子穿珠)〉. 7월 14일.

《중앙SUNDAY》. (2021). 〈미 대통령이 보낸 쿠싱, 4만 달러로 청 관리들 회유〉. 5월 29일.
______. (2021). 〈gaslighting〉. 5월 1일.
《중앙일보》. (2008). 〈유머 한 방 ㅋㅋ 당신도 직장 스타〉. 2월 20일.
______. (2008). 〈'한국의 문(門)'을 찾아서 ⑦ 숙정문〉. 4월 10일.
______. (2009). 〈노예선 아미스타드호 선상 반란 "무죄" 평결로 정의 지킨 미 법원〉. 7월 2일.
______. (2010). 〈박성우 기자의 '남아공 리포트'—간디 손녀 인터뷰〉. 6월 23일.
______. (2018). 〈분열시대에 생각하는 통합의 지도자—그는 적을 끌어안았다〉. 4월 14일.
______. (2018). 〈지역갈등 끝판 왕 벨기에…독일서 수입한 왕실이 해결사?〉. 1월 13일.
______. (2018). 〈콩고人 손목 수백만 개 사라졌다, 레오폴드 대학살〉. 2월 17일.
______. (2019). 〈김홍도의 외침 "그림에는 신분이 없다"〉. 12월 12일.
______. (2020). 〈권력의 칼집에 권력을 넣어둘 수 있는 역량이 권위를 낳는다〉. 12월 10일.
______. (2021). 〈고개 숙이지 않은 바이든, 부축 사양한 영국 여왕〉. 6월 15일.
______. (2021). 〈시베리아에 갑자기 생긴 분화구…온난화 '시한폭탄' 드러냈다〉. 4월 6일.
______. (2021). 〈정치꾼(politician)은 선거를, 정치인(statesman)은 다음 세대를 걱정〉. 3월 13일.
______. (2021). 〈흔하다고 가치 없나? 스마트폰은 이 시대 국보, 전화 덕분에 목숨 건진 백범〉. 6월 2일.
《크리스천 투데이》. (2017). 〈루터의 95개조 반박문의 중심주제〉. 10월 31일.
《프레시안》. (2015). 〈실크로드 역사 단상 ②〉. 11월 2일.
《한겨레: 온》. (2020). 〈숙정문(肅靖門)〉. 8월 10일.
《한겨레》. (2013). 〈경주 최부자집은 박정희에게 어떻게 몰락했나〉. 2월 1일.

《한겨레》. (2013). 〈'노사 타협·좌우 상생' 전통…신뢰 바탕 변화 모색〉. 7월 1일.
______. (2016). 〈고갱이 삽질했던 그 운하처럼〉. 4월 6일.
______. (2016). 〈노예해방 운동가 해리엇 터브먼〉. 12월 5일.
______. (2019). 〈쫓겨난 유대인 후손 13만 명 '스페인 국적' 신청 봇물〉. 10월 2일.
______. (2019). 〈충북 중앙도서관은 왜 '백곡 도서관'이 되지 못했나?〉. 2월 4일.
______. (2020). 〈내 안의, 우리 안의 카스트〉. 9월 3일.
______. (2020). 〈벨기에는 왜 60년 '침묵의 전통' 깨고 콩고에 사과했나?〉. 7월 8일.
______. (2021). 〈보수 절대우위 미 대법원, '오바마케어'손 들어준 까닭은?〉. 6월 18일.
______. (2021). 〈수에즈운하 닷새째 막혀…HMM, 45년 만에 희망봉 돌아 유럽 간다〉. 3월 28일.
《한경비즈니스》. (2010). 〈'위대한 바보'에게 배우는 승리의 기술〉. 10월 15일.
《한국경제》. (2018). 〈논란 커지는 트럼피즘(Trumpism)〉. 7월 2일.
______. (2021). 〈프랑스 하원 "기후변화와 싸운다" 헌법1조 개정안 가결〉. 3월 18일.
《한국일보》. (2014). 〈모기 수컷만 태어나게 만들어 말라리아 막는다〉. 6월 11일.
______. (2016). 〈박원순 "문화예술인 블랙리스트…대통령 탄핵 대상"〉. 10월 12일.
______. (2016). 〈존 브라운〉. 12월 2일.
______. (2017). 〈보스턴마라톤 261번, 세상을 바꾸다〉. 4월 18일.
______. (2021). 〈내년부터 '플라스틱 제로'…특급호텔 어메니티 어쩌나〉. 4월 5일.
______. (2021). 〈'백신 여권' 반대하는 WHO "불평등 더 심화 우려"〉. 3월 9일.
《현대불교신문》. (2018). 〈유산 정학연의 '일속산방기'〉. 11월 9일.

인터넷사이트

〈경희궁〉. 서울역사박물관.

〈나는 소학동자, 나랏일을 어찌 알겠는가—남효온의 「사우명행록」 중 김굉필〉. 한국고전번역원.

문화재청 국가문화유산 포털.

문화재청 궁능유적본부 경복궁관리소.

문화재청 궁능유적본부 덕수궁관리소.

문화재청 궁능유적본부 창경궁관리소.

문화재청 궁능유적본부 창덕궁관리소.

〈사단칠정〉. 한국민족문화대백과사전.

〈역사상 가장 많은 인류를 해한 동물, 그리고 말라리아〉. 건강보험심사평가원.

〈의병〉. 한국민족문화백과사전.

〈medal〉. 영국박물관.

기타 자료

〈조미수호통상조약〉. (1882).

《조선왕조실록》. 〈순조실록〉.

법제처. (2016). 〈파리협약 번역본〉.

〈진실·화해를 위한 과거사정리기본법〉. (2014).

〈병역법 제88조 제1항 등 위헌소원〉. (2011). 헌법재판소_2011헌바379.

〈여호와의 증인 신도가 아닌 피고인이 자신의 비폭력주의·반전주의 신념과 신앙을 이유로 현역병 입영을 거부하여 병역법 위반으로 기소된 사건〉. (2021). 대법원_2020도17564.

〈피고인이 병역거부에 이르게 된 원인으로 주장하는 '양심'이 '진정한 양심'으로서 병역법 제88조 제1항의 정당한 사유에 해당하는지 여부가 문제된 사건〉. (2020). 대법원_2020도8055.

Brown v. Board of Education, 347 U.S. 483. (1954).

Plessy v. Ferguson, 163 U.S. 537. (1896).

US v. The Amistad, 40 U.S. (15 Pet.) 518. (1841).

Wisconsin v. Yoder, 406 U.S. 205. (1972).

〈갱스 오브 뉴욕〉. (2002). 영화.

〈루터〉. (2003). 영화.

〈미나리〉. (2021). 영화.

〈아미스타드〉. (1997). 영화.

〈아이히만 쇼〉. (2017). 영화.

〈아편전쟁〉. (1997). 영화.

〈애니깽〉. (1995). 영화.

〈오퍼레이션 피날레〉. (2018). 영화.

〈우리가 꿈꾸는 기적—인빅터스〉. (2009). 영화.

〈위트니스〉. (1985). 영화.

〈자산어보〉. (2021). 영화.

〈취화선〉. (2002년). 영화.

〈컨테이전〉. (2011). 영화.

〈킹덤 오브 헤븐〉. (2005). 영화.

〈트럼보〉. (2015). 영화.

〈파 앤드 어웨이〉. (1997년). 영화.

〈파워 오브 원〉. (1992). 영화.

〈홍권대사〉. (1984). 영화.

현대인의 인문학

초판 발행 2021년 7월 20일
초판 2쇄 2022년 10월 25일

지은이 염철현
펴낸곳 고려대학교출판문화원
www.kupress.com
kupress@korea.ac.kr
(02841) 서울특별시 성북구 안암로 145
Tel 02-3290-4230, 4232
Fax 02-923-6311
찍은곳 네오프린텍(주)

ISBN 979-11-91161-69-4 03900

값 21,000원